決定版

# 明治学院大学事件

## 授業盗聴と教科書検閲

寄川条路 編
小林節
丹羽徹
志田陽子
山田省三
幸津國生
小川仁志
福吉勝男
宇波彰
末木文美士
島崎隆

社会評論社

まえがき

# 広がる「秘密録音」社会

相手に知られることなく無断で会話や電話を録音する「秘密録音」が社会に急速に広がっている。ＮＨＫの「クローズアップ現代」で特集された「広がる〈秘密録音〉社会」が、いまでは会社や家庭を超えて学校にまで入ってきた。

大学の授業も例外ではない。熱心な学生が復習のために授業を録音するのではなく、休んだ学生のために録音するのでもない。そうではなく、教授が何を話しているのかをチェックするために、大学当局が授業を録音するのだ。

大学では、教室にこっそり忍び込んで、学生に気づかれないように授業を録音して、教員を処分するための証拠に仕立て上げる。録音資料は本人のいないところで使用し、だれが録音したのかはわからないように隠しとおす。

先生たちは、自分の授業が録音され、ほかの先生たちに聞かれているのではないかと、おびえながら授業を進めていく。教員同士の信頼関係はくずれ、そこに学生たちも巻き込まれていく。

二〇一五年、特定秘密保護法に反対して声を上げた学生たちがいた。安全保障法案に反対して国会を包囲した学生たちがいた。シールズ（ＳＥＡＬＤｓ）が誕生した、まさに同じ大学で、授業が盗聴され、録音資料が使い回されている。

大学の講義を盗聴しても、秘密録音しても、録音テープをかってに使用しても、何とも思わない大学教授の集団が、体制に順応し、組織を守り、規則に従い、国家に奉仕する、そうした模範的な青年を作り上げていく。

　標的とされるのはまずは思想系の教員で、哲学や倫理学を担当する教員が大学から排除される。空いたポストに実務経験者が学長推薦で採用され、就職のための教育を施す。

　職業教育に馴らされた学生たちは、飼育されて去勢され、りっぱな大人となって社会へ送り出されていく。異様な光景を見た若い先生は別の大学に移っていき、ベテランの先生はうつ病で辞めていく。こころの病で休んでいる先生は大学にも多い。

　かつて授業の盗聴をめぐって裁判があった。録音資料をもとに教員を解雇した学校は違法ではないと主張し、解雇された教員は違法だと主張した。裁判所の判決は、教員の同意なく授業を録音することは適切な手段ではなく、そのようなことをすれば、「教育の自由の空気」が失われ、「教員の授業における自由および自主性」も損なわれるから、不当な支配に当たるというものだった。

　まっとうな判決だが、ことは法律の問題だけではないだろう。

　授業を盗聴しても秘密録音しても、録音資料を無断で使用しても、まったくかまわないと開き直る大学人もいる。だが、信頼関係を確立すべき教育の場では、隠れて授業を録音するようなことはやめるべきだ。

　いつだれがどこで自分の声を録音しているのかわからない。大学のキャンパスからは、雑談や世間話をする声が消えてしまった。教室とは盗聴とか秘密録音とかをするところではなく、安心して教員と学生が自由に議論のできる場でなければならない。

　キリスト教主義の明治学院大学が天皇制に反対しているのはよく知られているが、大学の方針に反対する教員の授業を盗聴したり、キリスト教に批判的な教員の教科書を検閲したりしていたのを知る人は少ない。

　授業盗聴が公になったとき、「リベラルな大学だと思っていたのでショックを受けた」というのが大半の反応で、ＯＢからは「原始的な大学に成り果ててしまったのか」とのコメントもいただいた。「他の教員は大学を批判せずにうまく振る舞っているのか」との質問も受けたが、答えを知りたければ試しに教職員に尋ねてみるとよい。一様に押し黙って一言も答えることはない。キリスト教や大学の方針に異を唱えれば大学から排除されてしまうので、末端の教職員は保身に走らざるをえない。

裁判も終わり落ち着いてきたところなので、そろそろ関係者の証言を公表してもよいだろうか。授業を盗聴していた人にも、教科書を検閲していた人にも、それぞれに言い分もあれば言い訳もある。理事会・教授会・調査委員会などの資料から、そして授業盗聴や教科書検閲に関与した末端の教職員の証言から、大学側の主張を再現しておこう。

ナチスによるユダヤ人虐殺のように、キリスト教組織の中の人間がどのように考え、どのように語り、どのように振る舞っていたのかは、資料が明らかにしてくれる。忘れ去られることのない事件として、キリスト教学校の組織的な「犯罪」を歴史に刻み込んでおく。

本書は、大学当局が教授に無断で授業を録音し、無断録音を告発した教授を解雇した「明治学院大学事件」の資料集である。「日本の大学界の病弊を象徴する大事件」とも呼ばれ、学問の自由、教育の自由、表現の自由の根幹を揺るがした裁判の記録である。

決定版　明治学院大学事件　授業盗聴と教科書検閲　＊　目次

## 第四部　明治学院大学事件の裁判資料――137



## 第五部　専門家の意見書――167

第一部

# 「明治学院大学事件」とは何か

# 第一章　盗聴事件の概要と経緯

大学当局が教授に無断で授業を録音し、無断録音を告発した教授を解雇した「明治学院大学事件」。学問の自由、教育の自由、表現の自由の根幹を揺るがした「日本の大学界の病弊を象徴する大事件」をめぐり、二〇一八年六月、東京地方裁判所は、大学当局による教授の解雇は無効である、との判決を下した。

訴えによると、明治学院大学は二〇一六年一〇月、授業を盗聴され秘密録音されたことを告発した、教養教育センターの教授を懲戒解雇していた。大学の組織的な盗聴行為を告発して解雇されたのは、教養科目の倫理学を担当する教授で、同大学の教職員が授業を盗聴して秘密録音し、授業の録音テープを本人に無断で使用していた。

大学当局によれば、明治学院大学では「慣例」として授業の盗聴が行われており、今回の秘密録音も「大学組織を守るために行った」とのこと。また、同大学では、大学の権威やキリスト教主義を批判しないように、授業で使用する教科書を検閲したり、教材プリントを事前にチェックして配付を禁止したりしていた。さらに、学生の答案用紙を抜き取って検閲したり、インターネット上の書き込みを調査したりしていた。

二〇一六年一〇月、解雇された教授が東京地方裁判所に労働審判の申立を行ったところ、労働審判委員会は解雇を無効と判断して同教授を復職させるよう明治学院大学を説得したが、大学側が労働審判委員会の調停案を拒否したため通常の裁判手続きに移行した。

本訴訟では、授業を秘密録音して教員を解雇した「目黒高校事件」と同様、学問の自由、教育の自由、表現の自由をめぐって争われることになった。

二〇一八年四月、東京地方裁判所は明治学院大学に対し解雇の撤回と無断録音の謝罪を提案したが、大学側がこの提案を拒否したため和解は実現しなかった。そのため、裁判所は二〇一八年六月、解雇については合理的な理由も社会的な相当性もないので無効であるとの判決を下し、録音については授業のガイダンス部分なので適法と判断した。

二〇一八年七月、大学側は地裁の判決を不服として東京高裁に控訴し、教授側も慰謝料の支払いを求めて東京高裁に控訴した。双方が控訴したので本件はひきつづき高裁にて審理されることになった。

二〇一八年一二月、高裁は解雇無効の判断を示したうえで双方に和解を勧めてきた。高裁が出した和解案は、大学が教授に退職までの賃金を支払い、双方が袂を分かつことであった。二〇一九年三月、教授側が和解協議を拒否したところで、裁判官の異動があり審理は振り出しに戻った。教授だけが最後まで判決にこだわり最高裁への上告も考えていたが、裁判官も双方の弁護士も和解をつよく勧めてきて、高裁で和解がなされることになった。

二〇一九年一一月、東京高裁で和解が成立して本件裁判は終結した。和解内容は、大学は授業の無断録音を謝罪して和解金五、〇〇〇万円を支払い、教授は和解金を受け取って円満に退職するというものだった。

ここで事件の経緯を時系列で整理しておく。

二〇一五年〇四月：大学当局が教授に無断で授業を盗聴して録音。

二〇一五年一二月：授業で大学を批判したとして教授を厳重注意。

二〇一五年一二月：授業を無断録音された教授が大学当局を告発。

二〇一六年一〇月：大学当局は告発した教授を懲戒解雇。

二〇一六年一〇月：解雇された教授が地位確認の労働審判を申立。

二〇一六年一二月：労働審判委員会は解雇無効と

教授の復職を提案。和解は不成立。

二〇一六年一二月：解雇された教授が地位確認の訴えを東京地裁に提起。

二〇一八年〇四月：東京地裁は解雇の撤回と無断録音の謝罪を提案。和解は不成立。

二〇一八年〇六月：東京地裁は解雇は違法であり録音は適法であると判決。

二〇一八年〇七月：大学と教授の双方が東京高裁に控訴。

二〇一九年一一月：東京高裁で和解が成立。大学は無断録音を謝罪し和解金を支払う。

本書では、事件の発生から東京地裁による解雇無効判決を経て、東京高裁での和解成立にいたるまでの事件の全貌を明らかにする。盗聴事件の概要と詳細、大学の主張と教授の反論、関係者の証言と陳述、地裁の判決文と高裁の和解案、専門家の意見書と学者の論説、マスコミの報道とメディアの記事などを収録し、本来「学問・教育・表現の自由」が保障されるはずの大学界への教訓として、ここに公刊する。

明治学院大学事件が報じられたとき、本件は「リベラルな大学」での特異な出来事として受け止められたが、実際のところは、現在の日本の大学界に広く蔓延している病状の一例である。明治学院大学のように授業の盗聴や録音を無断で行っている大学もあれば、授業の撮影や録画を平気で行っている大学もある。日本の大学の現状を知ってもらうためにも、裁判記録を公刊することにした。

本書は「明治学院大学事件」という個別案件の裁判記録であるが、日本の大学界全体の教訓として必要不可欠なものであるとの指摘を受け、公共性と公益性があるものと判断して事件の詳細と経緯を公表する。正確を期するためにも、そして客観性・透明性を担保するためにも、不法行為に関与していた人物の職名と氏名を伏せずに記載している。

# 第二章 盗聴事件の詳細と影響

「大学の方針に反対している教員が複数いたので、授業を録音していた」（調査委員長）。

## 第一節 「明治学院大学事件」とは何か

大学当局が教授に無断で授業を録音し、無断録音を告発した教授を解雇した「明治学院大学事件」。事件はその後、解雇された教授が裁判に訴えたため、「大学における学問・教育・表現の自由の根幹を揺るがす大事件」として広く知られることになった。

裁判では、まずは労働審判委員会で教授の復職が提案され、つぎに東京地方裁判所で解雇無効の判決が下され、そして東京高等裁判所で和解が成立するに至った。法律上の争いは終わったので、事件の経過を振り返っておきたい。

## 第二節 大学組織を守るための授業盗聴

二〇一六年一〇月、明治学院大学は、授業を無断で録音されたことに抗議し告発した教授を懲戒解雇した。大学の組織的な盗聴行為を告発して解雇されたのは、教養科目の倫理学を担当する教授で、大学当局は教授の授業を盗聴して秘密録音し、授業の録音テープを本人に無断で使用していた。

大学は裁判になってはじめて授業の無断録音を認めたが、大学が裁判所に提出した録音テープには、教室にいた教員と学生たちの話し声が記録され保存されていた。

法律用語では、相手の発言を無断で録音することを「秘密録音」といい、話し手でも聞き手でもない第三者が無断で録音することを「盗聴」という。今回の無断録音は、学長から指示を受けた副学長が教室に潜入して教員や学生の発言内容を秘密裏に録音していたことから、明確な盗聴行為であるといえる。

大学当局によれば、明治学院大学では授業の盗聴が「慣例」として行われており、今回の秘密録音も「大学組織を守るために行った」とのことだった。この点について副学長はつぎのように語っている。「組織を守るための一つの手段として録音が必要だったわけですから、何も問題ないです」。

教養科目を担当する別の教員もまた、授業を盗聴されたうえ「職務態度に問題がある」との理由で解雇されていた。

明治学院大学では、授業を調査するための盗聴ばかりか、大学の教育理念であるキリスト教主義を批判しないように、授業で使う教科書を検閲したり、学生の答案用紙を抜き取って検閲したりしていた。プリント教材を事前に検閲して配付を禁止したりしていた。「大学の慣例では、授業もテストも公開されているから」というのが、大学当局の言い分だった。

ところが、教授が大学当局による授業の盗聴と秘密録音を公表すると、大学側は「名誉を毀損された」との理由で教授を解雇してきた。そこで、解雇された教授が裁判所に地位確認の申し立てを起こしたので、授業を秘密録音して教員を解雇した「目黒高校事件」（一九六五年）と同様、学問・教育・表現の自由をめぐって争われることになったのである。

では、事件の詳細を見ていこう。

## 第三節　「授業盗聴」事件の詳細

二〇一五年四月、春学期一回目の授業を聞くため横浜キャンパスでもっとも大きな七二〇教室に二〇〇人の学生が集まっていた。そこに授業を調査するように指示された教職員がこっそりと忍び込んでいく。教授が話し始めると、教職員はあらかじめ用意していたスマートフォンを使って教授の発言を録音する。授業が終わると、スマートフォンの録音データをＩＣレコーダーにダビングして、これを調査委員会に手渡すのである。

　調査委員は録音を聞き、テープ起こしされた反訳を読んだうえで、調査対象の教授を呼び出して尋問する。授業の録音があることは隠したまま、教授に対し、「授業の中で、大学の方針に反することを語っていたのか」と、詰問していく。その後、調査委員長が尋問の結果を教授会に報告して、その教授を処分するのである。これが明治学院大学の伝統的な手法である。

　大学当局は、法に触れないぎりぎりのところで盗聴行為を繰り返して授業の秘密録音をしていた。日本の法律では、盗聴も秘密録音もそれだけでは違法行為とはならないので禁止されてはいないし罰せられることもない。このあたりは顧問弁護士がしっかりしていて、大学執行部や調査委員会に対し事前に指示を出しておく。

　慣例的に授業の盗聴を行っている明治学院大学では、法的な対応にはぬかりがない。たとえ盗聴行為や秘密録音がばれたとしても、裁判にでもならなければけっして事実を認めることはないし、ましてや録音者や録音資料を開示することもしない。「録音について説明する必要もないし、録音を開示する義務もない」というのが、大学当局の公式見解だ。

　二〇一五年一二月、明治学院大学は、授業の中で大学の運営方針を批判していたとして教授を厳重注意する。本当は懲戒処分にしたかったのだが、大学を批判した程度で懲戒処分にすると裁判で負けるからという顧問弁護士のアドバイスに従って、とりあえずは注意したことにして、つぎの機会に確実に解雇できるようにと注意を重ねていく。細かな注意を積み重ねていくことを、明治学院大学では「がれき集め」と呼んでいる。

　ところが、ここから予期せぬ方向へと事態は急展開していく。厳重注意がなされたので、授業を盗聴された無断録音された教授は、録音テープを使用していた嶋田彩司調査委員長の名前を公表して大学当局を告発した。教室に忍び込んで録音していた者を特定して訴えようとしたのである。

大学の不正行為を知った学生たちは、手分けをして情報収集に出かけていく。調査委員長のところに行った学生によると、「大学の方針に反対する教員が複数いて、教授もその一人だったから、授業を録音していた」とのことだった。学生は調査委員長の言葉をしっかり録音していた。

大学当局による授業の盗聴と秘密録音が学生たちのあいだにも知れ渡ると、大学は開き直って、授業の録音は正当なものであると言い逃れをしてきた。にもかかわらず、調査委員長があたかも不正行為にかかわったかのごとき告発をしたので、大学は当該の教授に訂正と謝罪をさせようとしたが、あわてて火消しに走ったため、逆に、学生たちが教授を支援したり、大学を非難したりするに至り、事態は炎上した。

教授が行った学期末の授業評価アンケートによると、多くの学生が大学の盗聴行為を「犯罪」だと非難していた。アンケート結果を教授が公表しようとすると、ついには理事会が出てきて、二〇一六年一〇月になって盗聴行為を告発した教授を懲戒解雇したのである。

ところが、懲戒解雇はハードルが高いので裁判では認められないという顧問弁護士からの助言もあり、ハードルの低い普通解雇を抱き合わせにして教授を解雇することにした。普通解雇の理由は何もなかったから、いつのまにか明治学院大学のキリスト教主義を批判する不適切な教員ということになっていた。

理事会は、まずは解雇しておけばよいだろうと考えて、たとえ裁判になっても、どうせ民事訴訟なのだから金さえ払えば済むだろうと予想していた。ここが裁判で負け続けている明治学院大学の浅はかなところだ。

顧問弁護士と相談した副学長は、「定年までの賃金の半分を支払えばよいから、八、〇〇〇万円から九、〇〇〇万円くらい、解雇が無効だとしても、一億円から一億数千万円の和解金を支払えば済むことだ」と豪語していた。こんな生々しい話もしっかり録音されていて、保有資産が一、〇〇〇億円を超える明治学院大学らしい話になってきた。

法曹界ではよく知られた話だが、明治学院大学には「前科」があって、二〇一〇年にも不当解雇裁判で敗訴しており、解雇した事務職員に三、五〇〇万円の和解金を支払っていた。

## 第四節　労働審判委員会の調停

二〇一六年一〇月、解雇された教授が東京地裁に地位確認の労働審判を申し立てたところ、同年一二月に一回目の協議が開かれることになった。

労働審判とは、審判官役の裁判官と経営者側の審判員と労働者側の審判員の三人からなる裁判員裁判で、解雇や給料の不払いなど、労働関係のトラブルを解決する簡易裁判だ。

労働審判委員会は、一回目の協議で大学側と教授側の双方の主張を聞いて、すぐさま解雇を無効と判断して教授の復職を提案した。大学側は事前に「復職を内容とする解決はできないが、その他の条件による解決は検討する」と通知していたので、事前通知のとおり労働審判委員会の調停案を拒否した。

裁判官は何とか調停を成立させようと条件を探っていたが、民間の審判員らはむしろ、授業を無断で録音したのはだれなのかと、授業の盗聴を問題視していた。大学側からは明確な回答はなく、「事情のわかる者が出席していないので」と話題を逸らしていた。盗聴に関与していた教員もその場に同席していたのだが、大学は録音者をひたすら匿っていたので、労使双方の審判員にとって、大学側の印象はかなり悪かったようだ。

大学側が労働審判委員会の調停案を頑なに拒否していたので、和解は不成立となり労働審判は終了した。和解が成立せずに終了した場合、労働審判は本来の訴訟となって同じ裁判所に提訴される。そこで、二〇一六年一二月、本件解雇事件は東京地裁に地位確認訴訟としてあらためて提訴されることになった。

## 第五節　東京地方裁判所の判決

争いの場が東京地裁の法廷に移ると、原告教授側と被告大学側から数回にわたって主張と証拠を記した書面が提出された。

書面の内容は労働審判のときとまったく同じものであったが、明治学院大学は、裁判対策として経営者側の労働審判員をしている東京電力の副社長を理事長に据えていた。

原告と被告の双方の主張が尽きると、事件にかかわった者の証人尋問が行われることとなった。原告側からは解雇された教授、被告側からは盗聴に関与していたセンター長、録音を使用していた調査委員長、教材を検閲していた教務課長が選ばれた。

証人尋問では、授業を盗聴していた張本人が「授業の無断録音は許されるべきではない」と真面目な顔つきで証言していたので、大学側の顧問弁護士は慌てふためいていた。証人尋問での発言内容は、本書でその一部を紹介し、全文を後日公開することにしている。

証人尋問ののち、裁判所の提案ですぐさま和解協議に入った。

二〇一八年四月、東京地裁は、解雇の撤回と無断録音の謝罪を和解案として提示した。裁判所が提示した和解案は、①解雇は無効なので大学は教授の解雇を撤回すること、②無断で録音するのはよくないので大学は教授に謝罪すること、③大学は教授に一年間のサバティカル（研究休暇）を与えることなどであったが、双方の希望が折り合わず和解協議は不調に終わった。

そしてついに、二〇一八年六月、東京地裁は、解雇は違法であるとの判決を下した。判決主文は、つぎのとおりである。

一　原告が被告に対して労働契約上の権利を有する地位に在ることを確認する。

二　被告は、原告に対し、三三万二、七一四円及びこれに対する平成二八年（二〇一六年）一〇月二三日から支払済みまで年五％の割合による金員を支払え。

三　被告は、原告に対し、平成二八年（二〇一六年）一一月二二日からこの判決の確定の日まで、毎月二二日限り、六九万八、七〇〇円及びこれに対する各支払期日の翌日から支払済みまで年五％の割合による金員を支払え。
四　原告のその余の請求をいずれも棄却する。
五　訴訟費用は、これを一四分し、その五を原告の負担とし、その余は被告の負担とする。

判決の内容を簡単に説明するとつぎのようになる。
一　解雇は無効なので原告に教授の地位を認める。
二　大学は教授に解雇月の賃金の残りと遅延金を支払え。
三　大学は教授にその後の賃金と遅延金を支払え。
四　教授の大学への慰謝料請求は認めない。
五　裁判費用は教授が三割、大学が七割を支払え。
　裁判費用の負担割合からわかるように、原告教授の七割勝訴である。


　結論としては、大学による解雇は労働契約法の解雇権を濫用したものだから無効であり、教授の地位と賃金を認めたものの、授業の無断録音は教授の人格権を侵害するものとまではいえないから慰謝料は認めない、というものだった。

　まず、懲戒解雇について見ると、大学は教授の四つの行為（①録音に関与した教員の氏名を公表したこと、②教授会の謝罪要請に応じなかったこと、③無断録音について学生にアンケート調査をしたこと、④調査結果を公表しようとしたこと）について、就業規則の懲戒理由に該当すると主張していた。これに対して裁判所は、就業規則への該当性は認めたものの、大学が教授に対し録音行為について説明していなかったこと、教授会の要請が教授の認識に反する見解を表明させるものであったことから、懲戒解雇には該当しないと判断した。

　つぎに、普通解雇について見ると、大学は教授の授業における言動やキリスト教を批判する教科書を解雇理由として主張したが、裁判所は、教授の言動もそれほど重大なものではなく意見聴取もされていないし、教科書のキリスト教批判も風刺と理解できるから普通解雇には該当しないと判断した。

そして、慰謝料請求について見ると、教授は無断で授業を録音されたから人格権が侵害されたと主張するが、大学が録音したのは一回目の授業で行われたガイダンス部分であったから、研究や教育の具体的な内容を把握するためのものではないし、録音は大学の管理運営のための権限の範囲内において行われたものであるから違法ではない、というものだった。以上の理由から裁判所は、授業の無断録音は教育基本法の不当な支配には当たらず、教授の研究活動を侵害し自由な教育の機会を奪うものではない、と判断した。

判決の意義としては、大学当局に反対の意見を表明した教授の解雇について、裁判所が大学教授に憲法二三条の教授の自由が保障されていることを重視して、解雇を無効と判断した点は評価できる。大学の組織運営に対する反対意見を表明したり、大学が標榜する教育理念を批判したりしただけで解雇するといった不寛容を許さないという意味がある。しかしながら、裁判所が一般論として教授に断ることなく授業を録音することは不法行為を構成すると認めながらも、本件では録音が初回授業のガイダンス部分であった点を重視するあまり慰謝料請求を否定した点に不満が残った。

なお、地裁判決の要点と意義については、本書の第四部第一章第四節に収録されている、担当弁護士による「判決解説」を参照。

## 第六節　東京高等裁判所の和解案

二〇一八年七月、被告の明治学院大学は東京地裁の判決を不服として東京高裁に控訴した。ついで、原告の教授も慰謝料の支払いを求めて東京高裁に控訴した。こうして、原告と被告の双方が控訴した結果、本件はひきつづき高裁にて審理されることになった。

原告と被告の控訴理由書がそれぞれ提出されたあと、二〇一八年一二月、高裁は解雇無効の判断を示し、つづいて和解案の協議に入った。

高裁の裁判長によると、判決で地位を確認することもできるが、裁判所が教授の地位を確定すると、大学はすかさず新たな懲戒処分を出してくるから、ここは判決ではなく和解で終えるほうがよい、とのことだった。

高裁が出した和解案は、地裁の和解案に足して、大学が教授に退職までの賃金を支払い、双方が袂を分かつことであった。すなわち、解雇事件にはよくある金銭による退職和解である。そこで大学側は何度も金額を提示してきたが、教授側が示した和解のための条件は金銭ではなく大学側の謝罪であったので、和解協議は難航を重ねた。

二〇一九年三月、高裁は大学側の謝罪と和解金の上乗せという再度の提案をしたが、原告教授が拒否したため和解は不成立となった。和解協議が決裂したところで、裁判官の人事異動があり、三名の新しい裁判官のもとで審理は振り出しに戻った。

高裁での再審理では、まずは、大学が教授を解雇するにいたった解雇理由が問題にされた。大学は教授を解雇するまえに、懲戒解雇理由を四つ、普通解雇理由を一つ、合計で五つの解雇理由を教授に提示していた。その後、労働審判では一〇個、地裁では二〇個、高裁では三〇個もの解雇理由を挙げてきた。

労働法上、労働者を解雇するには、解雇前に、経営者は労働者に解雇理由を告げていなければならないから、裁判所は、大学が高裁で提示した解雇理由三〇個のうち、解雇前に提示されていなかった二五個を無効とした。

大学側の弁護士は、普通解雇であれば解雇理由をあとから追加しても問題ないと、いくつもの判例を出してしつこく食い下がっていたが、裁判所は大学側の主張をきっぱりと退けていた。そこで大学側は、解雇後の教授の行為を解雇理由として挙げてきた。しかし、労働法上、労働者の解雇後の行為を解雇理由にすることは認められていないから、裁判所は大学側のこの主張も全面的に退けた。

高裁の審理で確認されたのはつぎの二点である。

①解雇後に提示された解雇理由は認められないし、

②解雇後の行為も解雇理由として認められない、とい

うものである。正確にいうと、懲戒解雇であっても普通解雇であっても、①解雇理由は労働者に対し解雇前に明示されていなければならないし、②解雇理由となりうるのは労働者の解雇前の行為のみである、ということである。裁判所の判断ははっきりしていたので、この二点は今後の労働訴訟において大事なポイントになるものと思われる。

この間、法廷では裁判官と大学側弁護士との間で激しいやりとりが何度も行われていたが、法壇の上に座る裁判官が高いところから弁護士を見下ろして怒鳴りつけていたので、傍聴席で見守る大学側の関係者はそのたびに縮み上がっていた。裁判官による弁護士に対する一方的なともいえる攻撃が終わると、いきなり結審となり、再度の和解協議となった。

その際、裁判官からこっそり言われたのは、大学側はすでに敗訴を覚悟しているので、教授側から和解条件を出してほしいというものだった。裁判所の提案は、教授側に有利な和解案を出させて、敗訴を確信している大学側を説得しようとするものだった。

ところが、裁判官の心証を読み間違えていた教授側は、解雇無効の判決はもちろんのこと、ひょっとすると慰謝料請求も認められるのではないかと思い込み、和解案を出さずに判決を求めることにした。これが裏目に出てしまったのだった。

和解を拒否して判決を求めた場合、どのような結果が待ち受けているのか。教授側の判断は揺れ動いた。金銭的に有利な条件を出して和解したほうがよいという代理人弁護士の意見もあれば、判決をとって教授の地位を確定したほうがよいという大学関係者の意見もあり、高裁で不利な判決が出ても最高裁では勝てるのだからという法学者の意見もあった。

最終的には、大学側が出してきた和解案を受け入れることにしたが、本来ならば、もっとよい条件を教授側から出して和解することもできたはずだった。原告本人が判決にこだわっていたために、教授側から和解案を提示することもできず、ずいぶんがっかりするような和解内容で終わってしまった。

作戦ミスといえばそれまでなのだが、高裁の裁判官は最高裁には上告させまいとプレッシャーを与えていたし、大学側の弁護士は敗訴を確信していたので金銭をちらつかせてきたし、教授側の弁護士も高額の報酬を期待して金銭和解に持ち込もうとしていた。

ひとり教授だけが最後まで判決にこだわり、最高裁への上告も考えていたが、上告が受理される可能性はきわめて少ないので、高裁にて和解がなされることになった。残念な結末だが、現行の司法制度を考えると、引き分けで終わったのも致し方ないのかもしれない。

こうして大学当局が行った授業の盗聴と無断録音を告発したことで二〇一六年一〇月に解雇された事件は、二〇一九年一一月、東京高裁において和解で終結した。和解内容は、大学は授業の無断録音を謝罪して和解金五、〇〇〇万円を支払い、教授は和解金を受け取って円満に退職するというものだった。

高裁での和解で法的な争いはすべて終わったので、あとは裁判記録を公刊するだけだ。

## 第七節　明治学院大学事件の影響

最後に、明治学院大学の最新情報をお届けしたい。

大学を経営する理事会は、学生定員を一五パーセント増加する決定をしたにもかかわらず、教養科目の担当教員は二〇パーセントも削減する方針を打ち出してきた。

大学当局はこれに合わせて、授業態度が悪いといって言語文化論のA講師を雇い止めにし、大学を批判したといって倫理学の原告教授を解雇した。辞めさせられたのは、学生による「人気授業ランキング」で一位と二位の教員だった。

人件費の削減に貢献したセンター長と主任は、その功績によって副学長と学部長に昇格し、いつのまにかキリスト教の信者にもなって理事会のメンバーに抜擢された。

その後、大学内で日常的に横行している「非公式の懲罰や私刑や制裁」を告発した、哲学のH教授も解雇された。それとは別に、かねてより「大学による組織的な人権侵害」を監督官庁に告発していた、哲学のN教授も懲戒処分された。

明治学院大学のニュースメディア『明学プレス』によると、「大学を追われた教授は多数いる」とのこと。つぎに首を切られるのはだれだろうか。教授たちはひたすら自らの保身だけを考え、首を縮めて声を押し殺している。学内には憤慨しているまともな教員もたくさんいるようだから、その声もしだいに大きくなってくるのだろう。

# 第三章　事件に関与していた三人の学長

明治学院大学事件の法的な争いは終わったので、事件に関与していた三人の学長の文書を公開しておきたい。裁判では、原告が裁判所に提出した文書を甲○号といい、被告が裁判所に提出した文書を乙○号という。

まず、教授を解雇した松原康雄（第一四代学長）の文書と、それに反対していた教授の文書を掲載する。つぎに、事件にかこつけて、すでに決定されていた教授の特別研究（サバティカル）を撤回した鵜殿博喜（第一三代学長）の文書を掲載する。そして、事件とはまったく関係のない学生を裁判に引きずり込んできた大西晴樹（第一二代学長）の文書を掲載する。

最後に、キリスト教学校の組織的な「犯罪」を記念するため、明治学院大学事件に関与していた大学関係者の氏名と職名を挙げておく。

## 第一節　松原康雄（第一四代学長）による「教員解雇」

まず、松原康雄（第一四代学長）が書いた「解雇事由説明書」、それに対する教授の「反論書」、そして学長の「解雇通知書」を掲載する。ついで、解雇事由の一つである教授が書いていた「授業評価結果の考察」とそれに対する学長の「非掲載通知書」を挙げる。

### 一　学長が書いた「懲戒事由説明書」（甲四）

懲戒事由説明書および陳述の機会の告知書

（一）貴殿は、①授業において「授業の無断録音・無断撮影は著作権侵害にあたりますから禁止しています。授業を無断録音して、録音テープを嶋田彩司先生に提供した人を探しています。録音者と録音資料の使用者に対して法的措置を取りますので、ご存じの方はご一報ください」と記載した「大テスト用紙」「レポート用紙」を学生に配付した。

②教養教育センター長が、記載内容の訂正と削除、および学生への謝罪を貴殿に要請したのに対し、この要請に応じないばかりか、授業において学生に対し「補足説明」として、氏名を記載された教員嶋田彩司の名誉をさらに毀損する発言を行った。

③教養教育センター長が、ポートサイトにて学生に訂正・謝罪の文書を一斉配信することを貴殿に通知し、配信文書の作成を貴殿に要請したにもかかわらず、文書の作成を拒否し訂正・謝罪を行わなかった。

④春学期の授業評価アンケートにおける目的外使用について厳重注意を受けたにもかかわらず、秋学期の授業評価アンケートの目的外使用によって得た無断録音についてのアンケート結果を、大学の授業評価報告書の「授業評価結果の考察」に掲載するように要請した。

（二）②③④の行為は就業規則第三一条（一）に該当し、①②③の行為は同規則第三一条（二）に該当するので、同条および第三二条により、貴殿を懲戒解雇とするのが相当と認められる。よって第三四条第三項により、この説明書を貴殿に交付する。

（三）陳述の機会を学長応接室にて設けますので、陳述の機会を請求する場合は来室ください。都合が悪い場合は、陳述を記載した書面を提出してください。

（四）①②③④の行為、厳重注意の対象となった行為、倫理学の授業における不適切な教科書の使用等から、就業規則第二六条第一項（二）および（四）に該当すると判断され、貴殿を懲戒解雇相当と判断するとともに予備的に普通解雇とするのが相当とも判断している。

## 二　教授が書いた「反論書」（甲五）

反論書

①から④の行為は、事実と異なり、就業規則の懲戒事由に該当せず、処分をする相当性もない。すでに厳

重注意、特別研究制度の撤回、授業評価結果の考察の掲載拒否等の不利益処分がなされており、これを理由に新たな処分はなしえない。

①について

調査委員長の嶋田彩司教授は、一方的な立場から詰問調の事情聴取を行い、その際、証拠として、私の授業を盗聴して秘密録音した録音テープを所持し、あらかじめ本人に断ることなく録音資料を使用していた。私が録音者と録音資料の提供者を問うたところ、嶋田彩司教授は「答えないことにしている」と言い、録音者と録音資料の提供者を知っているにもかかわらず、あえて隠蔽した。私は嶋田彩司教授の行為が不法行為であることを指摘して、録音資料の開示を要求しているが、嶋田彩司教授は録音資料の開示を拒否している。

大学の授業を教員に無断で録音すること、録音資料を無断で使用することは、不法行為を構成し、表現の自由や学問の自由を侵害する行為であるので、私は録音にかかわる情報提供を呼びかけることにした。授業を録音した者は、授業が行われた教室にいたはずであるから、教室にいた学生は録音者を目撃することができたはずである。したがって、私が学生に資料を配付して情報提供を呼びかけたのは合理的な行為であるといえる。

私の授業を秘密録音した録音テープがあり、嶋田彩司教授は録音資料を私に無断で使用していたという客観的事実が存在する。授業を録音するためには、授業に先立ってあらかじめ録音装置を準備していなければならない。録音資料があるということは、最初から私の処分をねらって授業をひそかに録音しようとしていたと考えられる。したがって、秘密録音された授業の録音資料を受け取って、本人に無断で使用し録音者と録音資料の提供者を隠蔽した、嶋田彩司教授の行為は不法行為であるといえる。

以上のような事実および経緯に照らせば、私の行為は名誉棄損には当たらない。配付資料は、嶋田彩司教授が秘密録音された授業の録音資料を本人に無断で使用したという客観的な事実に基づいて、私が学生に対し録音者と録音資料の提供者について情報提供を呼びかけたものであって、嶋田彩司教授の名誉を毀損したといえるものではない。

教員の同意なしに授業を盗聴し、秘密録音して、録音資料を本人に無断で使用することは、教員のプライバシーを侵害する行為であり、憲法、民法、教育基本法、著作権法、個人情報保護法等に違反する、不法行為である。東京地裁の判決が示しているように、学校での授業の無断録音は違法である。教員の同意なしに授業を録音することは、「適正な手段とはいい難い」のであり、このような方法では「教育の自由の空気は失われ、教員の授業における自由および自主性が損なわれることは否定できない」。不適正な手段によって収集した録音資料を証拠として教員を解雇することは、教育基本法の「不当な支配」に該当し「権利の濫用として許されないもの」であるから、無効である。

②について

調査委員長の嶋田彩司教授は、私に「録音資料の無断使用者を嶋田彩司先生と特定しているわけではない、と学生に話していただきたい」と要求している。私は授業の中で嶋田彩司教授のことばを学生に伝えている。

教養教育センター長の永野茂洋教授は、私に「解答用紙欄外注の訂正と謝罪について」という文書を渡している。私がこの文書を読み上げ、「これでよいか。残された問題はまだあるか」と問うたところ、センター長は「残された問題はない」と答えている。センター長は要請をすべて満たしたと判断している。

したがって、センター長の要請に応じないばかりか、授業において学生に対し嶋田彩司教授の名誉をさらに毀損する内容の発言を行ったという事実は存在しない。

③について

教養教育センター長の永野茂洋教授は、ポータルサイトにて学生に訂正・謝罪の文書を一斉配信すると通知しながらも、みずからの判断で文書の配信を止めている。

センター長は私に学生への謝罪を要請しているが、そもそも私に謝罪を要求している学生など一人もいない。むしろ学生たちは、授業評価アンケートからもわかるように、大学の行った授業の盗聴、秘密録音、録音資料の無断使用を厳しく批判していた。したがって、謝罪すべきは教員および学生たちに無断で授業を録音した者であり、録音資料を使用した者である。

④について

春学期の授業評価アンケートの質問内容は、「三〇〇名の履修者制限に賛成ですか反対ですか。理由も書いてください」であった。秋学期の質問内容は、「「授業の秘密録音」「録音資料の無断使用」に賛成ですか反対ですか。理由も書いてください」であった。

授業評価アンケートを目的外に使用したという事実はないし、アンケート結果を大学の授業評価報告書の「授業評価結果の考察」に掲載するよう要請したという事実もない。

結　論

①から④の行為は、前提となる事実を欠いているばかりか、就業規則にも該当しない。したがって、懲戒処分を有効ならしめる合理的理由はない。合理的理由がない以上、懲戒処分が社会通念上相当であると認められないことは明らかである。

教授会は、私に対し、懲戒処分（降格）を決定し、特別研究制度の適応も取消していた。教授会の決定を受けて、松原康雄学長は、理事会において懲戒処分（降格）を提案し承認を求めたが、理事会はこの提案を承認せず、私に対する懲戒解雇と普通解雇を提案した。理事会による教授会決定の未承認、審議の差し戻しにより、教授会は理事会の提案に沿って私に対する懲戒解雇と普通解雇を決定している。

以上のような事実および経緯に照らせば、松原康雄学長は再度、懲戒処分をしようとしていたといえる。同一の行為にもかかわらず、懲戒処分をもって重ねて処分することになるから、一事不再理の法理および二重処罰の原則からしても、懲戒処分をすることはできない。

## 三　学長が書いた「解雇通知書」（甲十六）

解雇通知（辞令）および自宅待機命令

当学校法人は、貴殿に対し、「懲戒事由説明書および陳述の機会の告知書」一記載の貴殿の各行為が同二記載のとおり、就業規則第三一条（二）及び同条（二）の懲戒事由に該当すると判断し、同規則第三二条及び第三四条第一項（二）に基づき、懲戒解雇する。

懲戒解雇として効力が認められない場合には、貴殿は同規則第二六条第一項（三）及び（四）の解雇事由に該当すると判断し、同規則第二六条第四項及び第一七条（二）に基づき、普通解雇する。

なお、当学校法人は、同規則付則第六項③、同項③記載の旧規則第一六条第一項に基づき、懲戒解雇・普通解雇のいずれについても、三〇日前に予告するとともに、本日、三ケ月分の平均賃金にあたる金一、六四六、一〇〇円を貴殿指定の給与振込用銀行口座に振り込み送金する。

また、上記解雇に伴い、本日以降、自宅待機を命じる。荷物の整理等、構内に出入りする必要がある場合は、必ず事前に総務課に対し連絡をされたい。

## 四　教授が書いていた「授業評価結果の考察」（甲二五）

大学が解雇事由の④とした「授業評価アンケートの目的外使用」とは、学期末に行われた授業評価アンケートで教授が行った学生への質問のことである。一つは、大学が導入した「三〇〇名の履修者制限」について賛否と理由を尋ねる質問であり、もう一つは、大学が行った「授業の秘密録音」と「録音資料の無断使用」について賛否と理由を尋ねる質問である。

### （一）「三〇〇名の履修者制限」について

質問「三〇〇名の履修者制限に賛成ですか反対ですか。理由も書いてください。」

| 登録者 | 回答者 | 履修者制限賛成者 | 履修者制限反対者 | その他 |
|---|---|---|---|---|
| 一、五一四人 | 九七四人（六四％） | 一五二人（一六％） | 八一七人（八四％） | 五人（〇％） |

賛成のおもな理由

・たくさんの学生が来ると混み合って邪魔になるから。
・学生の私語が増えて先生の話が聞きづらくなるから。
・資料配布や採点など、先生の負担が大きくなるから。

反対のおもな理由

・好きな科目を履修できなくなり、自由選択科目ではなくなるから。
・高い学費を払っているから履修者制限は納得いかない。学生は顧客だ。
・履修できる人と履修できない人がいて、不平等になるから。
・大学は自由に学びたい科目を学ぶところだから、学生の学ぶ権利を制限してはいけない。
・座席が余っているのだから、そもそも履修者を制限する必要はない。
・講義形式の授業なのだから、履修者を制限する必要はない。
・履修者を制限する理由が学生に説明されていないから。
・履修者制限はたんに大学側の都合によるものだから。

(二)「授業の秘密録音」と「録音資料の無断使用」について

質問一「授業の秘密録音に賛成ですか反対ですか。理由も書いてください。」

| 登録者 | 回答者 | 秘密録音賛成者 | 秘密録音反対者 | その他 |
|---|---|---|---|---|
| 一、四八四人 | 一、〇五〇人（七一％） | 一二二人（一二％） | 八八八人（八四％） | 四〇人（四％） |

質問二「録音資料の無断使用に賛成ですか反対ですか。理由も書いてください。」

| 登録者 | 回答者 | 無断使用賛成者 | 無断使用反対者 | その他 |
|---|---|---|---|---|
| 一、四八四人 | 一、〇三五人（七〇％） | 三二人（三％） | 九七〇人（九四％） | 三〇人（三％） |

賛成のおもな理由
・学生が授業を復習できるから。
・大学が授業を監視できるから。

反対のおもな理由
・先生の教育権と著作権を侵害し、学生の人権とプライバシーを侵害する違法行為だから。
・先生と学生が不快な思いをしたし、自分がされたら嫌だから。
・道徳にも常識にも反した悪質な行為だから。

・事前に本人から許可をとるのが最低限のマナーだから。
・監視されると大学に合わせた授業になるから。
・学校のイメージを損なうから。

**五　学長が書いた「授業評価結果の非掲載通知書」**（甲二七）

**「授業評価結果の考察」について**

この度二〇一五年度の授業評価の実施に際し、「授業評価結果の考察」と題した書面を提出され、授業評価報告書への掲載希望を表明されました。このお申し出について、ＦＤ・教員評価検討委員会で検討した結果、授業評価報告書への掲載はしないことといたしました。

以上の五つの書面、①学長の「解雇事由説明書」、②教授の「反論書」、③学長の「解雇通知書」、④教授の「授業評価結果の考察」、⑤学長の「授業評価結果の非掲載通知書」が、解雇を決定した学長と解雇された教授との間で交わされた文書のすべてである。

## 第二節　鵜殿博喜（第一三代学長）による「特別研究」の撤回

つぎに、事件にかこつけて、すでに決定されていた教授の特別研究（サバティカル）を撤回してきた鵜殿博喜（第一三代学長）の文書を掲載する。

**学長が書いた「特別研究の撤回通知書」**（甲二〇）

通知書

教養教育センター教授会は、貴殿に特別研究制度を適用することを決定し、さらに大学評議会は、教授会決定につき承認しました。

しかしながら、その後貴殿は、今後大学人としての常識を逸脱する言動を行わないよう厳重注意を受けたにもかかわらず、再度大学人としての常識を逸脱する言動を行いました。貴殿配付予定の資料について厳重注意を受けていたにもかかわらず、貴殿は上記言動を控えなかった事実もあります。
教授会決定および評議会承認がなされた後に判明した前記二記載の各事実に鑑み、教授会は、厳重注意にもかかわらず大学人としての常識を逸脱する言動を繰り返している貴殿には、教員の教育・研究能力を増進することを目的とした特別研究制度を適用することは不相当であると判断し、教授会決定を撤回する旨決定しました。そして、大学評議会は教授会決定につき承認しました。
以上の結果、貴殿には特別研究制度は適用されないこととなりましたので、本書によりご通知いたします。

学長は事件にかこつけて、すでに決定していた教授の特別研究を撤回していたため、和解協議の席上で裁判所は大学に対し「特別研究の撤回」を撤回するように指示した。

## 第三節　大西晴樹（第一二代学長）による「学生のブログ」問題

大学は、裁判が始まったあと、事件とはまったく関係のない過去の出来事を持ち出してきた。学生を事件に引きずり込んできた大西晴樹（第一二代学長）の文書を掲載する。

### 学長が書いた「陳述書」（乙七四）

授業中に学生のブログをスクリーンに公開し本名・生年月日・学籍番号等の個人情報を読み上げた行為について

私は嶋田彩司教養教育センター長（当時）同席のもと、寄川先生に対し、教室内で学生の実名等を公開することは不適切であり、学生に非があったとしても個人的な教育指導を行うべきであったと口頭で注意しました。寄川先生は、これを認め、謝罪の意を示しました。

また、寄川先生は、私が『日々の栞』をフィクションだと理解したと伝えたと言っていますが、その事実はありません。学生がインターネット上で学長の本の悪口を書いていたので、その学生の指導教授に書き込みを削除するようにその学生に伝えてほしいと伝えたと言っていますが、これは、私の個人的な教育指導の経験として、寄川先生への助言になると判断して述べたものであり、早口でまくしたてるための話題ではありませんでした。

以上は、学長が裁判所に提出した「陳述書」である。陳述書の内容はどれも事実に反し虚偽である。教授が学生の個人情報を読み上げたという事実もないし、学生の実名を公開したという事実もない。学長が注意したという事実もないし、教授が謝罪したという事実もない。学長の陳述はすべて、事件後に、裁判のために作られたものである。

事実は、ある学生がインターネット上のブログで学長の本について悪口を書いていた、というものである。学生の書き込みを見つけた学長は、学生に対して「削除するように」とは言わずに、その学生の指導教授に対して「削除するように学生に伝えてほしい」と言ったとのことである。本件とはまったく関係のない話である。

## 第四節　明治学院事件に関与した大学関係者

明治学院大学では慣例的に、学長の指示で副学長や学部長クラスの役職者が授業を盗聴したり教科書を検閲したりして、教員の授業内容を調査していた。また、事務職員を使って、学生が提出したテスト用紙を抜き取って調べたり、学生がインターネット上の掲示板に書き込んだ投稿を検索したりして、大学の方針に反する授業が行われていないかを調べていた。

これらの不正行為はすべて、代々の学長が組織的かつ計画的に指示してきたものである。それればかりか、大学の方針に反する教員や職員を解雇したあとには、裁判を有利に進めるために、職務に忠実な教職員に対して、些細なことでもよいから、解雇理由となりそうなことを探してくるように指示していた。民事訴訟では客観的な証拠がなくてもよく、間接的な伝聞証拠でも十分事足りるからである。「状況証拠でもよいから」という顧問弁護士の助言に従って、大学はこれらを「がれき集め」と呼んで推奨していたのである。

顧問弁護士が集めた「がれき」は、病気を理由に授業を休講にしていたとか、学生の成績評価が甘かったり厳しかったりしたとか、第三節の大西晴樹（第一二代学長）の陳述書にあるように、解雇理由にはなり得ないような些細な理由や言い掛かりばかりだった。解雇後に提示されたこれらの解雇理由はすべて、手続き上無効なので高裁できっぱりと却下された。

ここで、事件に関与していた大学関係者の氏名と職名を記し、大学の組織的な不法行為に関与した者たちを特定しておく。あわせて、大学が裁判所に提出した陳述書の番号（乙〇）を挙げておく。裁判記録はすべて東京地裁で公開されているので、だれでも「がれき集め」に参加した大学関係者の陳述書を読むことができる。なお、役職名はすべて当時のものである。

**一　理事会（教員を調査して教授会に対し教員の解雇を指示する）**

・理事長：青本健作（みずほリース取締役）、のち山﨑雅男（東京電力元副社長）
・学院長：小暮修也（明治学院高等学校元校長）
・大学長：大西晴樹（経済学部教授）陳述書（乙七四）、のち鵜殿博喜（経済学部教授）、のち松原康雄（社会学部教授）
・副学長：永野茂洋（教養教育センター教授）陳述書（乙五四）
・学部長：黒川貞生（教養教育センター教授）陳述書（乙五五）
・学校長：伊藤節子（明治学院中学校高等学校校長）陳述書（乙六四）

**二　教授会執行部（授業を盗聴して録音する）**

・センター長：永野茂洋（教養教育センター教授）陳述書（乙五四）

・主任教授：黒川貞生（教養教育センター教授）陳述書（乙五五）

## 三　調査委員会（教員の授業と教科書を調査する）

・第一次調査委員会（録音した授業を調査する）
・調査委員長：嶋田彩司（教養教育センター教授）陳述書（乙五〇、乙五七）
・調査委員：亀ヶ谷純一（教養教育センター教授）陳述書（乙五一）
・調査委員：原田勝広（教養教育センター教授）陳述書（乙五二）
・調査委員：高桑光徳（教養教育センター教授）
・調査委員：鄭栄桓（教養教育センター教授）
・第二次調査委員会（教科書を検閲し調査する）
・調査委員長：原田勝広（教養教育センター教授）陳述書（乙五二）
・調査委員：亀ヶ谷純一（教養教育センター教授）陳述書（乙五一）
・調査委員：大森洋子（教養教育センター教授）陳述書（乙五三）
・調査委員：森田恭光（教養教育センター教授）陳述書（乙五八）
・調査委員：渡辺祐子（教養教育センター教授）

## 四　事務局（学生のテスト用紙やネット上の書き込みを調査する）

・事務職員：高橋千尋（学生部）陳述書（乙四四）
・事務職員：青山尚史（総務部）陳述書（乙四五）
・事務職員：野田翔（キャリアセンター）陳述書（乙四六、乙一〇九）
・事務職員：花本昌彦（教務部）陳述書（乙四七、乙一一〇）
・事務職員：飯島正人（総合企画室）陳述書（乙四八）
・事務職員：山下篤（教務部）陳述書（乙四九、乙一〇八）
・事務職員：海老原延佳（自己点検推進室）陳述書（乙一七五）

## 五　代理人（調査方法と教員解雇について助言する）

・顧問弁護士：小池健治（長野国助法律事務所）

・顧問弁護士：松居智子（長野国助法律事務所）

・顧問弁護士：横澤康平（長野国助法律事務所）

# 第四章　事件についてのよくある質問Q&A

最後に、明治学院大学事件について、よくある質問にあらかじめ回答しておきたい。

Q：大学による授業の無断録音を告発して解雇されたのはだれですか。
A：教養教育センターの教授です。
Q：大学は授業の無断録音を認めたのですか。
A：裁判で無断録音の事実を認めました。
Q：授業を盗聴したのはだれですか。
A：副学長とセンター長です。
Q：授業を録音したのはだれですか。
A：副学長です。
Q：授業を盗聴し録音したのはなぜですか。
A：大学を批判している教員を調査するためです。
Q：調査を指示したのはだれですか。
A：学長です。
Q：録音資料を使用したのはだれですか。
A：調査委員会です。
Q：調査委員会とは何ですか。
A：授業を調査して教員を処分するための秘密組織です。
Q：解雇の理由は何ですか。
A：懲戒解雇と普通解雇の二つがあります。
Q：懲戒解雇の理由は何ですか。
A：授業の無断録音が行われていたことを関与者の名前を挙げて告発したことです。
Q：普通解雇の理由は何ですか。
A：授業の内容と教科書の内容が大学の権威とキリス

ト教を批判していたことです。

Q：大学の主張はどのようなものですか。

A：録音に関与していた教員の名前を公表したから名誉毀損である。授業や教科書で大学やキリスト教を誹謗中傷したから教員不適格である。

Q：教授の主張はどのようなものですか。

A：授業の盗聴や無断録音、録音の無断使用は違法行為である。授業や教科書の検閲は、学問の自由、教育の自由、表現の自由の侵害である。

Q：労働審判での調停の結果はどのようなものでしたか。

A：解雇は無効とのことで復職和解を勧められましたが、大学の同意が得られなかったので訴訟に移行しました。

Q：東京地裁での本訴訟の結果はどのようなものでしたか。

A：解雇は無効だから教授の地位を確認する、授業の無断録音はガイダンス部分の録音だから違法とはいえない、との判決でした。

Q：東京高裁での控訴審の結果はどのようなものでしたか。

A：大学は授業の無断録音について教授に謝罪し和解金を支払い、教授は和解金を受け取って大学を円満に退職することで、和解が成立しました。

Q：裁判の資料を見ることはできますか。

A：本件の裁判資料はすべて東京地方裁判所で閲覧・謄写できます。

第二部

# 大学による授業盗聴

# 第一章　授業の盗聴と教科書の検閲──教授側の主張

本章では、労働審判、東京地裁、東京高裁での原告教授側の主張を紹介する。労働審判での主張は二〇一六年一〇月二五日の陳述書（甲一五）から、東京地裁での主張は二〇一七年一二月一三日の陳述書（甲一〇五）から、東京高裁での主張は二〇一九年五月二一日の陳述書（甲一八〇）から、それぞれ要約して引用する。

## 第一節　労働審判での主張──陳述書（甲一五）から

紛争の端緒は、二〇一五年四月、私の授業を大学が同意なく録音したことです。その経緯は以下のとおりです。

### 一　調査開始の経緯について

二〇一五年四月一〇日、白金キャンパスで一回目の授業を行ったところ、履修登録ができないとのクレームが学生からありました。教務課に問い合わせると、黒川貞生主任から、履修者を三〇〇名に制限し、申し込みはすでに終了しているとの連絡がありました。事前に知らされていなかったので、教室には登録できなかった学生がたくさんいました。四月一三日、横浜キャンパスで一回目の授業を行いました。このとき、もちろんあとでわかったことですが、大学は私の授業をこっそり録音していました。その後、黒川主任は教授会で、私の授業によって教務課のサーバーがダウンしたこと、学生と保護者から教務課へクレームがあったことにより業務に支障が生じたと報告しました。そこで調査委員会が設置されることになりました。

## 二　調査の内容と録音の存在について

二〇一五年七月、調査委員会の一回目の事情聴取が行われ、横浜キャンパスの一回目の授業について質問されました。調査委員の質問は一方的なもので、「授業の中で何々と言っただろう」というような、かなり威圧的で詰問調のものでした。いま思うと、あらかじめ録音テープを聞いたうえで質問していたのだと思います。同月、二回目の事情聴取があり、そのときに嶋田彩司委員長は「証拠として録音テープがある」と語りました。私が秘密録音の違法性を指摘して、録音者と録音資料の提供者を尋ねると、嶋田委員長は「その問いには答えないことにしている」と回答を拒否しました。回答しない理由を尋ねると、嶋田委員長は「その問いにも答えないことにしている」と再度回答を拒否しました。授業を無断で録音したことについては、少なくとも事後的にでも同意を取るか事情を説明すべきだと考えます。授業が無断で録音されたのはもちろん遺憾でしたが、それと同時に、調査委員が主張するようなことを私が本当に言っていたのかどうかを確認したいと思いました。この思いは正当であるように思えますし、この紛争は録音資料が開示されれば解決する問題のように思えました。

## 三　厳重注意処分について

サーバーダウンやクレームなどのトラブルがあったとして、通常そこから遡って原因を究明するため、トラブル以前の私の講義の録音があるのは不可解です。録音があるということは、最初から私の処分をねらって講義を録音していたと推測せざるをえません。大学は私に対する懲戒処分ありきで動いているように思えました。そこで弁護士を通じて青本健作理事長に通知書を送りました。大学の顧問弁護士は書面にて回答しますと伝えてきましたが、回答がなかったことから、私は再度、録音証拠の開示および調査・処分について文書を送りました。その後、大学からの回答がないまま、教授会は私に対する厳重注意処分を決定し、二〇一五年一二月、永野茂洋センター長は私に厳重注意文書を送ってきました。教授会は懲戒処分を予定していたのですが、顧問弁護士の助言により処分は厳重注意に止まりました。厳重注意の理由については事実無根であるわけですし、録音資料が最後まで開示されないことやそもそも無断で授業が録音されたという事実について不満や不安がありました。

## 四　懲戒解雇に至る経緯について

懲戒解雇は、二〇一五年一二月、私が授業で「欄外注」を記載した用紙を配布したことに端を発しています。その経緯についてはつぎのとおりです。

私が直接大学に働きかけても弁護士を通じて通知しても、大学は情報を開示しないままであったため、まずは情報提供を求めることにしました。私は録音者を特定するため、二〇一五年一二月、授業の中で学生に対し、「授業を無断録音して、録音テープを嶋田彩司先生に提供した人を探しています。録音者と録音資料の使用者に対して法的措置を取りますので、ご存じの方はご一報ください」と欄外に記載したテスト用紙とレポート用紙を配布して情報提供を呼びかけました。まもなく学生から情報提供がありました。嶋田調査委員長は調査内容について学生に語り、私を含めて複数の教員が大学の決定した履修者制限に反対していたので、大学が私の授業を秘密録音したとのことでした。

それに対し教授会は、私が配付資料に嶋田調査委員長の名前を出していたため、謝罪を求めてきました。その際、授業の秘密録音について、亀ヶ谷純一調査委員は「組織を守るために授業の録音は必要だった」と述べていました。二〇一六年一月、永野センター長は私に文書を送ってきました。その文書には授業の無断録音と録音資料の無断使用は「不法行為」と書かれていたので、私が「不法行為というのは録音と録音資料の使用のことなのか」と尋ねたところ、永野センター長は「そうだ」と答えました。私が「録音をしたのか」と確認したところ、永野センター長は「録音した」と答え、「授業の秘密録音も録音資料の無断使用も大学の慣例で許容されているし、大学の顧問弁護士から録音資料は使ってもかまわないという指示があった」と語っていました。

二〇一六年二月、教授会は私の懲戒処分（教授から准教授への降格）を決定し、翌年の特別研究（サバティカル）も取り消しました。しかし、理事会は教授会の決定（降格処分）を承認せず、懲戒解雇または普通解雇を提案して差し戻してきました。四月、私が一回目の授業を行ったあと、永野茂洋副学長は、教授会において、私の教科書について「大学の名誉を毀損している」と語り、黒川貞生センター長は、私の授業について「のぞいてきたところ、問題があった」と語っていました。そこで、教授会は新たな調査委員会を設置して理事会の提案を検討することになり、七月になって理事会の提案どおり解雇を決定しました。原田勝広調査委員長が私の授業の録音資料を配付して解雇理由を説明していたところ、渡辺祐子調査委員からは「録音テープありというところは消したほうがよい」という発言があり、黒川センター長からも「相手の弁護士に余計な情報が入るから」とか、永野副学長からは「裁判所の命令があった場合には明らかにしなければならない」等、授業の秘密録音について言及がありました。理事会の提案に従って教授会が私の解雇を決定したので、理事会は教授会の決定をそのまま承認しました。八月、松原康雄学長が懲戒理由説明書を送ってきたので、私は反論書を送付しましたが、九月、松原学長は解雇通知を送付してきました。同月、秋学期に予定されていた私の授業はすべて閉講したとの掲示が学内サイトに出ました。

## 五　学生アンケートについて

私はこれまで二〇年以上にわたっていくつもの大学で授業をしてきました。明治学院大学では教養教育センターの教授として二〇一〇年から共通科目の倫理学を担当してきました。明治学院大学には一六〇〇名以上の教員がいて、学生サイトによれば、人気のある教員の第一位は私で、第二位は青木洋一郎講師でした。私も青木講師もアンケート結果が発表されたあとに解雇されています。

二〇一五年、大学は履修者数の制限を導入して一クラスの人数を三〇〇名に制限し、二〇一六年、共通科目の二〇パーセント削減を決めました。それでも私は担当した五クラスの授業で合計一、五〇〇名の学生を受け持っていました。私の担当科目にはすべて二倍を超える希望者がいましたし、学生の授業評価アンケートでは私の授業はすべて平均点以上の高い評価を得ていました。

履修者の制限については、八四パーセントの学生が反対していました。反対の理由としては、「好きな科目を履修できなくなり自由選択科目ではなくなる」、「高い学費を払っているから履修制限は納得いかない」、「履修できる人と履修できない人がいて不公平になる」、「大学は自由に学びたい科目を学ぶところだから学生の学ぶ権利を制限してはいけない」、「大教室で座席が余っているのだからそもそも履修者を制限する必要はない」、「講義形式の授業なのだから履修者を制限する必要はない」、「履修者を制限する理由が学生に説明されていない」、「履修制限はたんに大学側の都合によるものだ」などという、学生からの意見は、正当なものであり、もっともなものであるように思えました。

授業の録音については、八四パーセントの学生が授業の秘密録音に反対し、九四パーセントの学生が録音資料の無断使用に反対していました。反対の理由としては、「教員の教育権と著作権を侵害し」、「学生の人権とプライバシーを侵害する違法行為だから」、「教員と学生が不快な思いをしたし、自分がされたら嫌だから」、「道徳にも常識にも反した悪質な行為だから」、「事前に本人から許可をとるのが最低限のマナーだから」、「監視されると大学に合わせた授業になるから」、「大学のイメージを損なうから」、などという意見が多数ありました。

二〇一六年のアンケートには、「引きつづき、授業を行ってほしい」と書かれていましたし、二〇一六年度秋学期にも私は授業を担当する予定でいましたし、各クラス三〇〇名の学生たちが履修登録を済ませていました。いまでも、たくさんの学生が私の授業を待ち望んでおり、復帰を期待しています。

## 第二節　東京地裁での主張——陳述書（甲一〇五）から

### 一　普通解雇理由とされた教科書について

　私が担当していた授業科目は、前任校では思想文化、明治学院大学では倫理学でした。思想文化を対象とする基礎学問のうち、哲学は理論的な思考にかかわり、倫理学は実践的な行為にかかわります。私が授業で使用していた教科書は私が書いた本です。大学では文部科学省の検定教科書ではなく、教員が自分で書いた本を教科書として使用します。私は毎年一冊の本を書いて、そのつど新しい本を教科書としていましたので、二〇年のあいだに約二〇冊の本を書いて使っていたことになります。大学は私の本のうち三冊を挙げていますが、二冊は前任校時代に書いたものなので、最後の一冊について述べます。

　大学は、私の書いた本『教養部しのろ教授の大学入門』のなかに登場する「平成学院大学」が明治学院大学であり、私が本の中で「平成学院大学」を誹謗中傷しているので明治学院大学の名誉を毀損したことになる、と主張しています。しかし、大学の主張は事実に反しています。なぜなら、本の中に書かれているように、私の作品はそもそもフィクションであり、「平成学院大学」は架空の大学だからです。強いていえば、「平成学院大学」とは現在の「日本の大学」です。過去の大学でもなければ、外国の大学でもないという意味です。その証拠に、私の本は「日本の大学」を知るために「最適の本」として高く評価されていて、「キャンパス小説」として多くの人に読まれ、広く受け入れられています。私の本には、明治大学や大正大学や昭和大学のように実在する大学も数多く登場します。明治学院大学も実名で登場していますが、大学はこの点をすっかり見落としています。明治学院大学は「平成学院大学」としてではなく明治学院大学として登場しているのです。もちろん明治学院大学も明治大学や大正大学や昭和大学と同じように「日本の大学」の一つですから、「平成学院大学」と重なるところもあるし重ならないところもあります。

　私は教科書の中で「日本の大学」を批判的に取り上

げています。それには二つの理由があります。一つには、日本の大学の多くがもはや「学問の場」としては機能しておらず、就職のための「予備校」に成り下がっているからです。明治学院大学の言葉でいえば、「キャリアセンター」にすぎないのです。もう一つには、哲学や倫理学に限らず、学問は存在するあらゆるものを批判する営みだからです。こちらのほうがより本質的な問題ですので、少し説明しておきます。

歴史的に見ると、学問は既成の価値観にとらわれず既存の秩序を疑って、そのつど新たな発見をして真理を作り上げてきました。これが学問の発展であり、大学の使命でした。大学の授業とはまさにそうした学問的な営為の場であって、それ以上でもそれ以下でもありません。したがって、大学の授業が既存の価値に従属したり、既存の制度に隷属したりすることはありません。ましてや大学の教科書が特定の主義、たとえば「キリスト教主義」や「マルクス主義」に制約されることもありません。大学での学問的営為は、原理上、学問以外のいかなる制約も受けないのです。特定の主義に基づいて大学における研究や教育を制限したり禁止したりすることは、学問上は認められていません。それが人類史上長い年月を経て築き上げられてきた「学問の自由」なのです。学問の自由とは、研究や教育などの学問的な営為が学問以外のものから介入も干渉も受けることはあってはならない、というものです。わかりやすくいえば、特定の立場に立って、この内容は良いけれどもあの内容はダメだとか、この本は良いけれどもあの本はダメだとか、大学の授業や教科書を制約することは、学問上は許されないということです。したがって、キリスト教主義という特定の立場から、私の教科書や授業内容を不適切と断じ、学問の場である大学から私を排除した明治学院大学の行為は、大学における研究と教育への不当な介入であり、学問の自由を侵害するものであることは明白です。

## 二　普通解雇理由が存在しないことについて

大学が普通解雇理由として挙げている私の行為はどれも事実に基づくものではありません。そもそも大学は、私を解雇したときに、普通解雇理由として私の行為を挙げていませんでした。大学は、裁判になってからはじめて、普通解雇理由として私の行為を挙げてきました。もしも私の行為が普通解雇理由となるのであれば、大学は私の行為があったときにすでに私を解雇していたはずです。でも大学はそのときには私を解雇しませんでした。それはなぜでしょうか。論理的に考えれば、普通解雇理由として大学の挙げた私の行為はどれも、そのときには普通解雇理由としては存在していなかったからです。つまり、私の行為とされているものは、裁判になってはじめて大学が普通解雇理由として考え出したものなのです。大学はこの点を否定することはできません。

大学は、私を懲戒解雇したときに予備的に私を普通解雇しました。それはなぜでしょうか。大学の顧問弁護士によれば、懲戒解雇はハードルが高くて裁判所に認められないので、ハードルの低い普通解雇を抱き合わせにしたほうがよいからでした。その際、大学の弁護士は普通解雇理由には客観証拠がないことを認めていました。それにもかかわらず、大学は数多くの普通解雇理由を挙げてきました。それは何としても私を解雇するためでした。大学の弁護士を中心とする理事会の調査委員会は、教授会の決定に先立って私を解雇することを決めていました。だからこそ理事会は教授会の決定を退けて普通解雇を提案してきたのです。教授会においては、普通解雇が検討されたことは、それ以前には一度もありませんでした。

教授会が私への厳重注意を決定したとき、大学の顧問弁護士は「がれき集め」といって厳重注意を積み重ねて懲戒処分をするよう助言していました。教授会が私への懲戒処分として解雇ではなく降格を決定したとき、大学の弁護士は、さらにもう一段進めて解雇するように助言していました。以上のことはセンター長が教授会ではっきりと語っています。だとするならば、大学は弁護士の指示に従って私を解雇するために解雇理由を作り上げていたことになります。

まず私の行為があって、その行為が普通解雇理由に当たるから大学は私を解雇したのではありません。そうではなくて順番は逆なのです。私を解雇するために、大学は弁護士の指示に従って解雇するための普通解雇理由をあとから作り上げていたのです。正確にいえば、裁判のために普通解雇に当たりそうな理由をたくさん集めてきた、というのが真相なのです。以上のことは、大学の教職員が作成した陳述書のすべてに例外なく同一文章があることからもわかります。とくに事務職員の陳述書は、誤記を含めて一字一句同じ文章になっていますので、大学当局によって無理やり書かされたことがわかります。大学は、普通解雇理由には客観証拠がないことが最初からわかっていたので、客観証拠の代わりに陳述書をコピーしたり証拠を捏造したりしていたのです。したがって、大学の挙げた私の行為はいずれも事実に反し、普通解雇理由に当たらないことは明白です。

## 三　裁判についての希望

私は今回の裁判が私の解雇にかかわる個人的な問題だとは認識していません。そうではなくて、大学当局が教授に無断で授業を録音したばかりか、その行為を告発した教授を解雇したという、大学史上まれに見るきわめて重大な事件だと理解しています。だからこそ私は当初より一貫して大学による組織的で計画的な盗聴行為を問題視し、盗聴行為に関与した教職員を追及してきました。私が提訴したのも、裁判所に私の地位を確認してもらいたいからなのですが、それ以上に大学による授業の盗聴と秘密録音が不法行為であるとの判決を強く望んだからです。裁判所に大学の不法行為を確定してもらうことが提訴にいたった最大の理由なのです。

万一、大学当局が教授の授業を無断で録音し教授を解雇したことが許されるならば、今後日本にある七七〇もの大学で合法的に授業の秘密録音が大学当局によって行われることになります。これは間違いありません。だからこそ現在、授業の秘密録音についての法的判断を全国の大学関係者が固唾をのんで見守っているのです。明治学院大学にかぎらず、数十万人の大学関係者が本件についての裁判所の判決に注目しています。このことは全国の大学関係者から私のところに裁判の結果について数多くの問い合わせが来ていることからもわかります。

「目黒高校事件」では、裁判所は、学校側による授業の秘密録音を「不当な支配」に当たるものとみなして、解雇無効の判決を下しました。そのときの判決文には、どのような授業であっても授業を無断で録音することは「確知方法において適正な手段とはいい難い」と記されています。私は、明治学院大学の現状では、同様の判決が下されることによってのみ学問の自由・表現の自由・教育の自由などの基本的な権利が保障されるものと考えます。逆に、裁判所が大学による授業の無断録音を「不当な支配」に当たらないと判断した場合、今後は日本中の多くの大学で授業の無断録音が行われることは容易に想像できます。そして、授業の無断録音が容認されたときには、目黒高校事件の判決文にあるように「教育の自由の空気は失われ、教員の授業における自由および自主性が損われる」ことは否定できません。裁判所が判決をいったん下せば、その判決はどのような内容であっても私にかかわる個人的な問題を超えて「明治学院大学事件」として将来にわたって日本の教育裁判における「基準」を示すものとなります。

労働審判のときには、大学による授業の無断録音についても裁判所の判断は示されませんでした。解雇については、裁判所は労使双方の審判員を含め、大学に対し私の復職を勧めてくれましたが、大学側は頑なに私の復職を拒んで金銭解決に固執していました。そこで労働審判では決着に至らず訴訟に移行したわけですが、今回の訴訟でも私の主張と大学の主張はずっと平行線のままで水掛け論に終わっています。双方ともに幾度も書面を提出したものの、議論はまったくかみあっていません。大学という巨大な組織にたった一人の教員が挑むには限界がありますし、ここに至っては両者の争いを平和的に解決する方法は裁判所の判決によるしかない、と考えています。

## 第三節　東京高裁での主張――陳述書（甲一八〇）から

### 一　明治学院大学の「誤り」について

明治学院大学はキリスト教主義に基づいて、私には「他者への配慮」が欠けているから大学教員の資質がないと主張していますが、大学の主張はまったくの的外れです。

明治学院大学は規程によって理事者二〇名をキリスト教信者で独占し、理事会から非キリスト者を排除しています。日本人の九九パーセント以上はキリスト教信者ではありません。にもかかわらず、一パーセント未満のキリスト教信者が明治学院大学の理事職すべてを独占しているのです。そればかりか学生全員にキリスト教の学習と奉仕活動を強要し、それを批判している思想系の教員を排除してきました。明治学院大学は「他者への貢献」という言葉を使って、学生や教員に無償の奉仕を要求しています。他者への貢献を説くのは教会の宗教活動であって大学における学問ではありません。大学とは真理を学んで人間を解放し自由にする場所だからです。明治学院大学は、キリスト教主義という偏った思想をもとに他者への貢献という「奴隷の道徳」（ニーチェ）を学生や教員に押し付けています。キリスト教主義を絶対化して異なる思想を排除していますが、そうした排外主義を批判することができる学者こそ大学教員としての資質を持っているのです。大学教員とは独立した学者であり研究者なのであって、キリスト教に奉仕する奴隷でもなければキリスト教を広める宣教師（サンドイッチマン）でもありません。大学教授とは第一義的には博士号をもった学問研究者であり、学問の研究成果を学生や社会に伝達しそれによって学問の発展に寄与する者なのです。

### 二　明治学院大学の「主義」について

（一）明治学院大学はキリスト教主義を強制していること

明治学院大学は教員らにキリスト教主義を強制したばかりか、大学の決定に反対したという理由で複数の思想系教員を懲戒処分したり解雇したりしてきました。

したがって私の解雇が私の資質によるものではなく大学の偏った「主義」に由来するものであることは明白です。私は、大学が自己の主義を唱えることはかまわないけれども、教員にキリスト教主義を強要することは良くないと考えます。大事なのは「他者への貢献」ではなく「他者への寛容」だからです。大学当局が自分と違う考えや思想を持つ者を排除するのは、学問の場である大学にはふさわしくありません。どの宗教も思想も等価なのですから、私は特定の信仰や主義を強制したり排除したりする明治学院大学の教育方針に反対しています。これは、倫理学者としての学問的な態度です。

私は明治学院大学に来るまえに他の大学で哲学と倫理学の授業を担当していました。私はその間に一度たりとも大学から注意を受けたこともなく、学生からクレームを受けたこともありません。他の大学では私は適切な教員として評価されていました。それにもかかわらず私が明治学院大学には適任ではないと判断するならば、それは私を採用した明治学院大学の責任ではないでしょうか。六年間も雇っておいて、今頃になって明治学院大学にはふさわしくない教員だといわれても、私としては困ってしまいます。かりに明治学院大学の教育理念に合わないのであれば、明治学院大学は私を教授として招聘しなければよかったのです。明治学院大学は私が教員不適切なのは資質によるものだから私には改善の可能性がないとまで主張していますが、大学の主張は教授として招聘した私に対したいへん失礼な物言いだと思います。明治学院大学の主張は、他の大学における私のこれまでの実績とそれを高く評価していた明治学院大学自身の判断に反するものです。私は明治学院大学でも他大学でも同じ教科書を使用し同じ内容の授業をしていましたので、問題があるとすれば、それは私にではなく明治学院大学にあると考えるのが自然です。

授業の中で「寛容の倫理」を説く私の思想に一切のぶれはありません。強いていえば、私の唱える「多元主義」が明治学院大学の唱える「キリスト教主義」に反することでしょうか。私から見れば、前任校の理念であっても明治学院大学の理念であっても、どちらも等価なのです。どちらが優れているということはありません。私はただ、「特定の主義」を学生に強制したり、それに反対する教員を排除したりする明治学院大学の方針に、倫理学者として強く反対しているのです。

天皇即位の日に明治学院大学は秘密の反対集会を開いていました。明治学院大学では元号や君が代や日の丸が禁止され、西暦やキリスト教が強制されています。私は明治学院大学のような偏った思想は持ちません。他人に自分の好みを押し付けるのは良くないし、他人の好みを禁止するのも良くないからです。「良くない」というのは、法律の問題ではなく倫理の問題です。大学当局による授業の秘密録音について、東京地裁の裁判長は「無断で録音するのは良くないことだ」と語り、東京高裁の裁判長は「法律上の問題はなくても当不当の問題はある」と語っていました。まさにこれが倫理の問題なのです。

## （二）教科書は適切なものであること

理事会は、私の教科書がキリスト教の理念や大学の権威を批判していることを理由に、私を解雇するよう教授会に提案しました。しかしながら理事会が私の教科書を問題視するまで教授会においてさえ私の教科書が問題にされたことは一度もなかったのです。教授会が私を降格処分にしようとしたとき、理事会は教授会の決定を承認しませんでした。それはなぜかというと、降格処分をしても私は引き続き大学で授業をすることになるからです。理事会は、教授会が処分を決定するまえから委員会を作って私の教科書を調査していましたし、私にキリスト教を批判するような授業をさせたくなかったから降格ではなく解雇しようとしたのです。これが私を解雇した最大の理由です。時系列で見ると事件の経緯がよくわかります。

① 二〇一四年〇四月：教科書を問題視して調査を開始する。

② 二〇一四年〇九月：ネット上にある授業評価を調査する。

③二〇一四年〇九月：授業の配布資料を持ち出して調査する。
④二〇一四年一〇月：学生のテスト用紙を抜き取って調査する。
⑤二〇一五年〇四月：授業の履修者を三〇〇名に制限する。
⑥二〇一五年〇四月：授業を盗聴して無断で録音する。
⑦二〇一五年〇四月：盗聴者が学生に見つかり退室させられる。
⑧二〇一五年〇七月：調査委員会を設置して事情聴取する。
⑨二〇一五年一二月：授業の配布資料を検閲し配布を禁止する。
⑩二〇一六年〇四月：授業を盗聴し教授会において報告する。

一連の行為から、教科書を問題視していた大学当局が、私の授業を調査していたことがわかります。

私の教科書は全国の大学図書館に所蔵されていますが、明治学院大学の図書館では利用できないようになっています。明治学院大学事件を記録したブックレットは全国の大学図書館に所蔵されていますが、明治学院大学の図書館には所蔵されていません。明治学院大学は私の本を学生の目に触れないようにしています。私の教科書は倫理学者の意見書にもあるとおり、キリスト教を教育理念とする他の大学においても倫理学の教科書として高く評価されています。日本随筆家協会賞を受賞しており、すでに他の大学においても倫理学の教科書として使用されていました。さらに私の教科書はキリスト教系の同志社女子大学やその他の大学においても国語や小論文の入試問題として採用されていました。今年も仏教系の京都文教大学において入試問題として採用されています。明治学院大学は「授業を確認するまでもなく、教科書だけから明治学院大学の教員にふさわしくない」と評価していましたが、他の大学では、私の本は倫理学の教科書として適切なものと判断されていたのです。

明治学院大学は教科書を理由に私を大学から排除したのですから、大学による私の解雇は教育基本法の定める「不当な支配」に該当するといえます。理事会は、教授会が私の処分を決定するまえから私の教科書を問題視していましたので、教授会決定の降格処分を差し戻して、私を教員不適切として普通解雇しました。大学が授業を監視し調査していたのは私を大学から排除するため当初より計画されたものでした。したがって解雇は明治学院大学による組織的かつ計画的な犯行であり、きわめて悪質なものであり、不法行為を構成するものであるといえます。

## 三　大学による授業の無断録音について

私の教科書を問題視した大学当局は、授業で配布するプリントを事前に検閲したり、学生のテスト用紙を抜き取って調査したりしていました。そしてついに大学は私の授業を盗聴し無断で録音するに至ったのです。大学の一連の行為はプライバシーの侵害であるばかりか、授業内容への思想調査であり、教育基本法の定める不当な支配に該当するといえます。授業の無断録音については、録音の具体的方法を検討する必要がありますが、録音データは、音声学者の意見書によると、録音後にトリミングされていたことが判明しています。また、ステレオ録音であったことから、大学が主張するスマートフォンで録音されたものではなかったことも判明しています。さらに、提出されたCDの録音時間とスマートフォンの画面に表示された録音時間が違っていました。したがって、大学はスマートフォンとICレコーダーの提出を頑なに拒否しています。以上のことを総合考慮する必要がありますが、東京地裁はこれらの点を見落とし、無断録音の違法収集を認めずに証拠採用したばかりか、誤った事実認定により誤った結論を導いていました。これらの点に関しては、地裁の事実認定にも法律判断にも合理性がないといわざるをえません。大学が提出した録音証拠は違法収集証拠として証拠能力が否定されるべきであるばかりか、訴訟上の信義則にも反していますから、損害賠償請求も容認されるべきことは明らかです。

この点については、同じキリスト教主義の大学である「関東学院大学事件」が参考になります。東京高判二〇一六年五月一九日の関東学院大学事件は、証拠収集の方法および様態、証拠収集によって侵害される権利利益の要保護性、当該証拠の訴訟における重要性等を総合考慮し、その証拠を採用することが訴訟上の信義則に反するといえる場合に証拠能力が否定されると解しています。関東学院大学事件は秘密録音の証拠採用について基本的な認識において正鵠を射ており、明治学院大学事件の東京地裁判決はこの点に関し的外れなものであったといわざるをえません。

とくに明治学院大学事件においては目黒高校事件においてと同様、学校側が教員に無断で授業を盗聴し、授業内容を秘密録音していたことが考慮されなければなりません。目黒高校事件では、学校側はマルクス主義的な授業を行っていた社会科教諭を監視し、明治学院大学事件ではキリスト教主義に批判的な倫理学の教授を監視して授業を調査していました。明治学院大学は授業を視察聴講するのではなく無断で授業を盗聴し秘密裏のうちに授業を録音していたのですから、授業内容を確認するのではなく授業後に教員を処分することを目的に録音していたといわざるをえません。大学は録音データをコピーし反訳を作成して調査委員会と教授会で配布していました。授業の参観や傍聴であれば発言内容の調査確認といえなくもありませんが、授業の秘密録音であれば、それは授業をする教員が受忍すべき程度をはるかに超えており、明治学院大学は大学人としてしてはならない一線を踏み越えたものと見なさざるをえません。

## 四　大学による「学問の自由」の侵害について

### （一）「学問の自由」をめぐる判例について

大学による授業の無断録音が不法行為を構成するものかどうかを考えておきます。「学問の自由」をめぐる事件としては、東大ポポロ事件、旭川学テ事件、目黒高校事件の三つの判決が参考になります。

東大ポポロ事件の最高裁判決は、憲法二三条が「大学が学術の中心として深く真理を探究することを本質とすることにかんがみて」とくに大学における学問の自由を保障していること、学校教育法五二条（現八三条）が「大学は、学術の中心として、広く知識を授けるとともに、深く専門の学芸を教授研究」することをその目的として掲げていることから、大学においては研究成果を教授する自由が保障されているとしています。

旭川学テ事件の最高裁判決は、憲法二三条の完全な保障を大学における学問や教授の自由に限定し、小中高における教育の自由について「一定の範囲における教授の自由が保障される」としつつ「完全な教授の自由を認めることは、とうてい許されない」としています。大学生には批判的能力が見られること、また「真理探究を目的とする学問研究が、その本質上、既存の知識・秩序・体制を疑い、時にはそれらと真っ向から対立する成果を示すものであり、それゆえに既存の政治的・社会的秩序や権威からの反発や弾圧を受けやすいものであること」を理由として、大学における「学問の自由」を特権化しています。

目黒高校事件の地裁判決は、校長が教諭の授業を無断で録音したことについて、「教員は、大学その他の高等の教育機関と下級の教育機関とにおいて程度の差こそあれ、教育の本質および教育者の使命に鑑み、教育の目的の範囲内においてその自由と自主性を保持し、公の機関または学校法人の理事者やその他の団体又は個人に由来する不当な支配ないし影響力から防禦されなければならない」とし、「教員に対する適正な手段による援助、助言ないし助成」を行ったあとにおいてもその効果がないとき、はじめて解雇手段をとりうるものとしました。裁判所は、秘密録音のような「確知方法を教育の場面において直ちに容認するときは、教育の自由の空気は失われ、教員の授業における自由および自主性が損なわれる」ため、秘密録音により収集した授業内容を根拠として解雇した行為は教育基本法の「不当な支配」に該当し、公秩序に反するものとして解雇権の濫用に該当すると結論づけています。

## （二）「学問の自由」の侵害について

では、明治学院大学事件のように大学において授業の秘密録音がなされた場合、「学問の自由」は侵害されたことになるのでしょうか。この点について二人の憲法学者はつぎのように論じています（寄川条路編『大学における〈学問・教育・表現の自由〉を問う』法律文化社、二〇一八年）。

まず、憲法学者の小林節（慶應義塾大学名誉教授）は、憲法二三条の「学問の自由」はすべての人に保障された基本的人権であり、明治学院大学事件は教授の学問の自由を大学が侵害した事例であるといいます。「学問の自由」は、教授の自由、教育研究の内容・方法・対象を選ぶ自由の総体を指しますので、教授が選択した教育内容にはだれも介入すべきではありません。それにもかかわらず、大学が教材やテスト用紙を調べるとか、講義の内容を録音して調査するとか、教室の定員を下回る人数に制限するとかは、いずれも学問の自由の侵害に当たります。また、学生の知的関心も「学問の自由」であり、大学としては最大限に尊重すべきものですから、履修者を制限することは学生の学問の自由に対する侵害となります。さらに、キリスト教が設立母体である大学において、教義に批判的な教授だから処分するというのも信教の自由を履き違えたものです。教団が大学を設立した場合、それは国の認可により大学になったのですから、そこで教義教育を押し付けることは禁じられるはずです。以上のことから、明治学院大学は、学問の自由と大学の自治の意味や信教の自由を弁えず、教授の授業を妨害して身分を奪い、同時に学生たちの学問の自由をも侵害したと批判しています。

つぎに、表現法を専門とする志田陽子（武蔵野美術大学教授）は、教育現場では学生に良好な学習環境を保障する必要があるので、教員が学生に問題発言を行っている場合には、それを止めさせて正常な環境を回復し、そのような疑いがある場合には、他の教職員が授業を視察し聴講する旨を担当教員に伝えたうえで、管理者の危惧した言動の抑制を図るべきなのであり、はじめから教員の解雇を目的として証拠をこっそりと収集することは許されないと述べています。なぜなら、目黒高校事件のように、「秘密録音のような確知方法を教育の場面において直ちに容認するときは、教育の自由の空気は失われ、教員の授業における自由および自主性が損なわれる」ことになるからであり、憲法二三条の「学問の自由」が侵害されることになるからです。まずは授業担当者に視察聴講に出向く旨を伝えたうえで、管理者の危惧した言動の抑制を図るべきであるというのは、至極まっとうな意見であるように思われます。

そして、教育法の丹羽徹（龍谷大学教授）はもう一歩踏み込んで、他の教職員により行われる視察聴講を経ても教員の問題発言や行動が解消されない場合について、つぎのように述べています。「仮に、学生の教育の自由が侵害されている可能性があるとの判断で、教室でその授業を聞いていたとすれば、それ自体では学問の自由を侵害したとは言えない。問題は、当該授業が本当に、学生の教育を受ける権利を侵害したものであったのか否かである。本件において、授業内容によって学生の当該権利が侵害されているわけではない」。授業内容による学生の教育を受ける権利侵害という前提があれば、視察聴講それ自体が「学問の自由」の侵害に該当するものではありません。しかしながら、明治学院大学事件では、授業内容による学生の教育を受ける権利侵害はないのですから、授業の視察聴講を超えた秘密録音は「学問の自由」の侵害に該当するものといえます。授業を視察聴講するだけならまだしも、授業を秘密録音しているのですから、大学の行為は必要な管理運営権を超えており「学問の自由」を侵害していることになります。

以上の憲法学者三名の意見をまとめると、まずは、教員自身による自己管理が図られなければならず、しかし、学生の教育を受ける権利の侵害が疑われる段階になれば、事前通知のうえで他の教職員による視察聴講が許され、管理者の危惧した言動の抑制が図られます。そして、それでもなお抑制が見られない段階になってはじめて、視察聴講以上の録音措置もやむなきことになります。憲法二三条の「学問の自由」から導き出される教授の自由を考慮すれば、証拠収集に至るまでにはきわめて高度な慎重さが求められるはずです。明治学院大学事件のように、そもそも学生の教育を受ける権利が侵害されているという事情がないにもかかわらず、大学当局が秘密録音を直ちに行うことが容認されてしまえば学問の自由が侵害されることになります。

さらに、労働法学者の山田省三（中央大学名誉教授）は、職場でのプライバシーの保護とモニタリングという観点から、授業録音についてつぎのように指摘しています（寄川条路編『表現の自由と学問の自由――日本学術会議問題の背景』社会評論社、二〇二一年）。明治学院大学事件では、教授の授業を秘密録音する必要性はまったくなく、録音する必要があったとすれば、大学は録音の必要性を説明すべきだったのです。事実を確認する必要性があったとしても、目黒高校事件の判決が示すように、録音以外の方法で事実確認を行うことも可能であったはずです。大学は、録音を回避する方策を検討すべきであったにもかかわらず、そのような努力を怠っていますし、というよりも、録音が不正であることを十分に知っていたからこそ、大学は秘密裏に録音せざるを得なかったのです。以上のことから、授業を秘密録音することは、教授の自由を侵害し、不当な教育への支配に該当し、プライバシーを侵害するもので、大学教員や労働者としての人格権を侵害し不法行為を構成するものである、と指摘されています。

## （三）学問の自由はキリスト教主義よりも上位にある

明治学院大学は、大学の教育理念であるキリスト教主義をもって「学問の自由」を制限していました。つぎにこの点を検討してみます。

憲法学者の高柳信一（東京大学名誉教授）は、憲法二三条の「学問の自由」を、大学教員の市民的自由が大学の設置者や管理者のもつ命令権や解雇権に侵害される危険性に対抗するための根拠として位置づけています（高柳信一『学問の自由』岩波書店、一九八三年）。しかしながら、学問の自由もいかなる制約にも服しないわけではありません。憲法一二条は「この憲法が国民に保障する自由及び権利は、国民の不断の努力によって、これを保持しなければならないし、又、国民は、これを濫用してはならないのであって、常に公共の福祉のためにこれを利用する責任を負う」と規定しています。

「公共の福祉」が学問の自由よりも上位にあるとするならば、憲法で保障されている学問の自由も、社会全体の利益と結びついた公共の福祉によって制限することもできるかもしれません。しかし明治学院大学は、公共の福祉という最高位の理念ではなく、キリスト教主義という大学に固有な精神を持ち出して学問の自由を制限していました。実際のところ、大学が私を解雇したとき、普通解雇理由は、私の本の内容が大学の教育理念であるキリスト教主義に反しているからというものでした。明治学院大学は公共の福祉に言及しながらも、実のところは大学の教育理念であるキリスト教主義を批判から守るために学問の自由を制限していたのです。憲法が保障している「学問の自由」は、公共の福祉よりも下位にありますが、明治学院大学の教育理念である「キリスト教主義」よりも上位にあります。したがって、下位にあるキリスト教主義によって上位にある学問の自由を制限することは、法律上、許されないのです。

## （四）授業ガイダンスの録音

最後に授業の無断録音に関する地裁判決を検討しておきます。

地裁判決は「教授の自由（憲法二三条）が保障されるべき大学教授に告知をすることなく、大学が当該教授の授業を録音するということが、当該教授に対する不法行為を構成することがないとはいえない」と述べながらも、無断録音については「録音された対象が原告の講義そのものであったということはできず、あくまでガイダンスに限るものであった」という理由に基づき不法行為を構成するものではないとしました。録音対象が「講義そのもの」であれば不法行為となることを認めた点においては正当ですが、「授業ガイダンス」はたんなる授業案内ではなく授業の大事な部分をなすことは明らかですから、このような意味で地裁判決には誤りが認められるのであり、無断録音は不法行為を構成するものとして位置づけられるべきです。

第二章

# 組織を守るための秘密録音——大学側の主張

本章では被告である大学側の主張を見ていく。明治学院大学が裁判所に提出した主張書面、事件にかかわった大学関係者の陳述書、証人尋問での証言などはすべて公開されている。まずはその中から、授業の盗聴と秘密録音、録音資料の使用、教科書や教材の検閲など、事件に直接かかわるものだけを抜粋して紹介する。

## 第一節　被告大学の主張書面

### 一　授業の録音について

鵜殿博喜学長（以下、職名はすべて当時）は永野茂洋センター長に教務部からの事実確認の要請を伝え、永野センター長は顧問弁護士に相談し事実確認の方法について法的助言を受け対処を検討した。永野センター長は黒川貞生主任と協議し、原告である教授がどのような発言を学生にしているかを調査する必要があると判断した。そこで被告大学の「教職員」が原告教授の授業ガイダンスの内容を直接聞くことにした。教職員が原告の授業ガイダンスに赴いたところ、学生が教室一杯にいてザワザワしていたので、教職員はその場で原告の言葉を聞き逃す可能性があると判断し、持参していたスマートフォンで録音した。

山下篤教務課長が学生にアンケート申し込みについて説明をし終えて教室を出ると、壇上にはだれもいなくなったため教室はザワザワし始めた。その後、原告教授が教室に入っても引き続きザワザワしていたことから、教職員は原告が話し始めるとすぐに録音を始めた。最初原告は挨拶と自己紹介を始め、一斉に学生が教壇に向かってガイダンス資料を取りに移動した。その間、原告は何も話さなくなったのでいったん録音を停止し、原告が話し始めると同時に再度録音したのである。

被告が裁判所に提出した授業ガイダンスの録音（乙二）は、被告の教職員が原告の授業ガイダンスを冒頭から最後まで録音したものである。授業冒頭の録音（乙八六）は原告の挨拶と自己紹介であり、録音をした教職員は重要ではないと判断し、嶋田彩司教授を委員長とする調査委員会には、授業ガイダンスの録音のみを渡した。教職員のスマートフォンの画面上に二つの録音の表示があるのはそのためである。録音をした教職員は、録音資料を嶋田委員長に渡すにあたって複製の方法として、スマートフォンで再生しながらＩＣレコーダーで録音している。その後、スマートフォン内の録音資料を直接パソコンに転送する方法を教わって転送した。録音に用いたスマートフォンはｉＰｈｏｎｅ４Ｓであり、録音をした教職員が所有していたものである。

永野センター長は、授業の録音は正当な理由に基づく行為であることを当初より認識しており、無断で授業を録音したり録音資料を無断で使用したりしたとしても、大学では慣例的に授業は公開されているのと同じであるから、授業の無断録音も録音資料の無断使用もなんらセンセーショナルなことではないと話していた。

被告が録音したのは、原告の「授業そのもの」ではなく「授業ガイダンス」である。授業ガイダンスでの発言を録音したのであり、教育内容や教授内容という意味での授業内容を録音したのではない。授業ガイダンスの録音に混じって一部講義を録音していたとしても、授業ガイダンスの発言が大部分であるから違法ではない。学問の自由（憲法二三条）、表現の自由（憲法二一条）、不当な支配（教育基本法一六条）とは無関係であり、録音は正当な理由に基づく適法で適切な行為である。

原告が授業で学生に配布していた資料により、授業ガイダンスでの発言を確認する必要が生じたのであり、事前に同意を得ていては、原告の通常の発言を確認することはできない。授業ガイダンスは、履修登録した学生を対象としたものではなく、これから履修する可能性がある学生に対し広く行われるものであり、授業ガイダンスの内容は秘密ではないし、秘密が確保されなければ授業ガイダンスが適正に行えないものではない。

学生に対して適切な教育を行う義務を負う被告大学には、原告教授の授業ガイダンスでの発言内容を確認する必要があり、確認のために赴いた教職員が録音したことは、必要性も相当性もあったのであり、録音は大学の適法な管理運営の権限の範囲内である。原告の発言を確認するためには、聞くだけではなく録音することまで必要だったのである。録音資料の開示請求に対しては、開示する法的義務はなく不開示はなんら不当ではない。

## 二　教科書について

原告教授は、明治学院大学の建学の精神に反しキリスト教を愚弄する本を書き、授業で教科書として使っていた。教科書が不適切である場合、その教科書を使用することは許されず、不適切な教科書を使用した原告教授は大学教員として不適切である。

『教養部しのろ教授の大学入門』という原告の本は、ミッション・スクールである明治学院大学を誹謗中傷している。原告の本は、キリスト教の学校をバカにしたり茶化したりしているので、明治学院大学の教科書としては不適切である。原告の本に登場する「平成学院大学」は明治学院大学のことであるから、原告の本は被告大学の名誉・信用を貶めている。原告が授業で何を話したかは不明であるが、原告の本は教科書として不適切であり、これをもとに授業がなされているので授業内容も不適切である。

大学教員には授業の内容を決める自由があるものの、自由は無制限ではなく、キリスト教による人格教育という建学の精神から許容できない授業内容がある。大学教員には無制限にどのような本をも教科書として指定する裁量があるかというと、そのようなことはない。明治学院大学の教科書として不適切な本を教科書に指定することは、教員の裁量の範囲を逸脱した不当な指定である。大学には管理運営権として、建学の精神を学術的に批評するのではなく茶化したり愚弄したりする教科書を使用した授業について、授業内容を確認するまでもなく問題視することができる。

### 三　授業評価アンケートについて

原告教授は、学生に対し「履修者制限に賛成ですか反対ですか。理由も書いて下さい」というアンケートをとった。履修者制限について賛否を問うことは、履修者制限に反対という原告自身の意見の補強のための宣伝材料として利用する目的で行われている。

原告教授は、学生に対し「授業の無断録音に賛成ですか反対ですか。理由も書いて下さい」というアンケートをとった。授業の無断録音について賛否を問うことは、無断録音に反対という原告自身の意見の補強のための宣伝材料として利用する目的で行われている。

### 四　裁判所の和解案について

裁判所からは、被告大学が原告教授に対し録音について謝罪をしてはどうかという提案があった。裁判所の提案は、「本人の了解を得ないで録音することは褒められないことだから、申し訳なかったと言ってもらうのではどうか」というものであった。

無断録音が違法行為でないとしても、「裁判を無断で録音することが良くないように、授業を無断で録音することは良くないことだから、大学が教授に対して謝罪をする」というのが、裁判所の和解案だった。

## 第二節　被告大学の陳述書

### 一　永野茂洋（センター長のち副学長）の陳述書（乙五四）

#### （一）原告教授の授業ガイダンスについて

二〇一五年四月一〇日、白金キャンパスで原告の授業ガイダンスが行われ、教務部長より対策を講じてほしいとの連絡を受けました。私は、黒川貞生主任と相談して、四月一三日に横浜キャンパスで行われる原告の授業ガイダンスの内容を確認し混乱が生じないか、直接様子を見る必要があるとの結論を出しました。その結果、録音したのが「授業ガイダンスの録音」です。

（二）原告教授の配付資料の記載について

二〇一五年一二月一一日、嶋田彩司教授の授業を受けている学生より、原告の授業時に嶋田教授の名前が読み上げられ、録音資料の提供者を探している旨のアナウンスがあったとの連絡がありました。そこで私は、その学生と面談し、原告のレポート用紙にある欄外注と配布の事実を知りました。その後、私は「回答用紙欄外注の訂正と謝罪について」という文書を原告に交付し、要請を行いました。

（三）原告教授の授業の配付資料について

二〇一五年一二月一四日、山下篤教務課長より、原告が「明治学院大学における履修制限についての学生の意向調査」という文書を授業の配布資料としており、それが一二月一八日にも配布される可能性があるとの報告を受けました。私は原告に対し、資料配布の差し止め要請と厳重注意をメールで送信し、その後に郵送しました。

## 二　黒川貞生（主任のちセンター長）の陳述書（乙五五）

（一）原告教授の授業ガイダンスについて

二〇一五年度春学期の白金キャンパスでの授業ガイダンスで、原告がガイダンス資料を配付し、口頭でもクレームを勧奨するような発言をしているとの報告を受け、永野茂洋センター長と協議し、横浜キャンパスで原告がどのような発言を学生にしているかを調査する必要がある、ということになりました。そこで、四月一三日に横浜キャンパスで開かれる原告の授業ガイダンスの内容を教職員が直接聞くこととなり、教職員が同日授業ガイダンスに赴いたところ、学生が教室一杯にいてザワザワとしていたことから、教職員はその場で、これでは原告の言葉を聞き逃す可能性があると判断し、持参していたスマートフォンで録音したのです。

## （二）原告教授の配付資料の記載について

原告は、二〇一五年一二月の授業で、「配布資料の無断使用と授業の無断録音・無断撮影は著作権侵害に当たりますから禁止しています。授業を無断録音して、録音テープを嶋田彩司先生に提供した人を探しています。録音者と録音資料の使用者に対して法的措置を取りますので、ご存じの方はご一報ください。情報提供に謝礼あり」と欄外に記載した「大テスト用紙」と「レポート用紙」を受講生に配布しました。

# 三　嶋田彩司（調査委員長）の陳述書（乙五〇）

## （一）原告教授の授業ガイダンスの録音について

私は、原告の授業ガイダンスでの問題発言の趣旨について質問する必要性から、第二回事情聴取の際に、調査委員会委員長として原告にガイダンス時の録音資料があることを告げました。したがって、この時点で録音の対象が授業ガイダンスであったことを原告は認識しています。なお、そのときのやりとりの中で原告は録音が「不法行為」であると主張しましたが、どの法に触れるのかの認識まではなく、また学問の自由については何も言及していませんでした。そのときの具体的なやりとりは、以下のとおりです。

原告「私の知らないうちに録音したということか」

嶋田「それについては答えられない。ただし、調査委員会としてそれを利用してもよいということは確認している」

原告「テープを聞かせてほしい」

嶋田「いまはそれはできない。録音内容の開示の要求があったことを教授会に取り次ぎ、教授会が判断する」

原告「だれが録音したのか」

嶋田「調査委員会として答えないことに決めている」

原告「録音は不法行為ではないのか」

嶋田「どの法に触れるということか」
原告「弁護士に聞いてみる」
このように、録音資料の存在を明らかにしたとき、原告から不法行為ではないのかという問いかけはあったものの、法的根拠についての言及はありませんでした。原告が「表現の自由」等の侵害であると明示的に述べたのは、二〇一五年一二月の教授会においてです。

## 四　山下篤（教務課長）の陳述書（乙四九、乙一〇八）

### （一）原告教授の授業ガイダンスの録音について

私は教室に赴き、授業ガイダンスの冒頭に学生らにアンケート申し込みについて説明しました。私が教室に赴いたとき原告は教室にはおらず、私が壇上から降りたときも原告は来ていませんでした。教室は後ろの人が立ち見で学生でごった返しており、マイクを使って話しましたが、私の声が後ろの人に聞こえているのか心配になるほどでした。私が壇上から降りてだれも壇上に上がらなかったため、教室はさらにザワザワし始めました。私は一三時三〇分ころに教室を出ていきましたが、原告とはすれ違いませんでしたので、原告が教室に入ったのは一三時三〇分をかなり経ってからだと思います。したがって、最初の録音が一三時四五分から開始されていることが記録されていますが、私の退室時間と比べると、そのころに原告が話し始めたことは何ら不自然なことではありません。

### （二）原告教授の小テスト用紙について

私は原告とかち合わないように教員ラウンジに行き、原告から小テスト用紙等のシュレッダー依頼があった場合、私に引き渡してもらうことにしました。私は、学生が書いた小テストの内容を詳細に調査したところ、小テストは教科書の内容をまとめるものでしたが、書かれた内容をみると、授業内容が学生にとって悪影響を与えると思われる内容のものもあり、本当に呆れ返ってしまうと同時にあまりの内容の酷さに途方にくれました。大学で行われるべき授業ではないと思いました。そうしたところ、大学側から、原告の処分を検討しているということで教務部への聞き取り調査がありましたので、私は、調査してきた内容を報告し、問題と思った小テスト用紙を渡して見てもらい、判断を仰ぎました。

## 第三節　被告大学の証言

### 一　永野茂洋（センター長のち副学長）の証言

（一）原告教授との会話

原告「どうして授業を録音したのですか」
永野「ここで議論することではないです」
原告「では、無断録音と録音使用について、どう考えているのですか」
永野「通常、大学の慣例では、授業もテストも一般には公開されているものと見なされるので、配布物等も、別に無断での使用等々とは見なされない可能性もあります」
原告「予測されたから録音したのですか」
永野「そうです。教務課から全学に情報が上がっているわけだから」
原告「あらかじめ教務課が予想していたのですか」
永野「予想されます。寄川先生がやったことが全部わかっていたから」
原告「嶋田先生は、だれが録音したのかは教えない、と言っていました」
永野「裁判を想定したからではないですか」
原告「録音の使用については永野先生に事前に了解を取ったと説明しています」
永野「はい、私の名前を出したかどうかは確認しますが、顧問弁護士からの指示です」
原告「嶋田先生は、録音資料をだれから受け取ったのかは言えないということでした」
永野「それでよろしいのではないですか。あまり追及しないほうがいい」
原告「証拠として録音資料があるというのが嶋田先生の話でした」
永野「そうです」
原告「証拠の録音テープは出してないですよね」
永野「開示する必要がないので」

原告「隠す必要はないのでは」
永野「寄川先生が訴えると予測しています」
原告「はっきりさせたいので訴えます。嶋田先生が教えないことは二つあります。録音者と録音資料の提供者について、教えないということなので訴えるつもりです」
永野「証拠を出す必要はないのです」
原告「開示しないということですか」
永野「開示する必要はないということです」
原告「録音テープを聴いたのは調査委員会の人ですか」
永野「そうです」
原告「永野先生は聞いたのですか」
永野「だれが聞いたのかを言う必要はないです。これ以上ほじくり返すことは裁判でもない限りはしません」
原告「裁判になった場合は、開示するわけですね」
永野「開示する可能性はあります」
原告「裁判をするのは、録音者と録音使用者を特定するためです」
永野「私もそういう人になるだろうから」
原告「録音者と録音資料の提供者を隠しているから」
永野「それは、そのままになると思います」
原告「どうして開示しないのですか」
永野「弁護士の指示に従っているからです」
原告「録音した人と録音資料を嶋田先生に提供した人を探しています」
永野「それは止めたほうがいいと思います」
原告「開示しないけど止めなさいというのは、納得いかないです」
永野「調査委員会は弁護士の指示に従っただけだから」
原告「そうするとこれは法的な争いになりませんか」
永野「訴えなければ裁判になりません」
原告「開示しないのであれば訴えます」
永野「訴えないほうがよいのでは。ことがら が大きくなり傷口が広がるのは避けたい」
原告「オープンにして情報を開示したほうがよいと考えます」
永野「そうすると全面対決になる。できれば避けたい」
原告「大学の授業が秘密録音され、録音資料が無断で使われた。オープンにした場合、センセーショナルになります」
永野「そんなことはない。慣例的には、授業は公開と同じだから」
原告「慣例的とは」
永野「授業で話すことや配布物を配ることは、だれか不特定多数の者がそれを聞いたり、見たりするということまで含まれているので」
原告「学校の授業は公開ということにはならない」
永野「今回の録音ケースは、寄川先生の学説ではなく、教務上の手続きですよね」
原告「録音したのはガイダンスだから違法ではない、というのが嶋田先生の理解です」

永野「そう思います。あくまでも学校の政策上の問題です。思想信条の中身ではない」
原告「ではないです」
永野「私も宗教者ですから、思想信条の中身だったら突っ張ります」
原告「これだけ話したのは、はじめてですね」
永野「たまにはお酒でも飲みながら、腹を割ってコミュニケーションを図りましょう」
原告「わかりました」
永野「このことでギスギスしたいという気はさらさらないので」
原告「不明な点は二つです。そこを解決して終わりにしたい。録音者と録音資料の提供者です」
永野「了解しました」
原告「授業を無断録音して録音テープを嶋田先生に提供した人を探しています」
永野「それがわかれば、訴えないのですか」
原告「そうです。訴えるのは録音者と提供者を特定するためです。嶋田先生は知っているけど教えない。法廷で嶋田先生に聞けば目的は果たしたことになります」
永野「訴訟になった場合、言わないですよ」
原告「言っていただければ、これで私は終わりにしたい。永野先生がまるく収めたいというのなら、私もそこで収めたい」
永野「わかりました。今度、別に席を設けましょう」

## （二）被告教授会での報告

永野「顧問弁護士に報告して相談してきました。結論としては懲戒に値するということでした。懲戒の程度については、私のほうから降格処分は可能かとうかがいました。教授から准教授への降格は可能だという結論です。私が寄川先生は教員にふさわしくないのではないかと申し上げたところ、弁護士もそのように判断し普通解雇に相当するという見解でした。普通解雇に相当するけれども、センター長としては、解雇せずに降格処分にとどめるのが相当である、ということです」
永野「一挙に解雇すると、当然裁判になります。その場合、裁判所が解雇に相当しないと判断する可能性があります。それでもいったん解雇していますから、和解金を払って辞めてもらうというケースになるはずです。そうすると教授として千数百万円の年俸の十数年分をどうやって保証するかということで、それが半額だとしても八、〇〇〇万円とか九、〇〇〇万円とか、場合によっては、こちらに分がなければ一億円を超える和解金を払わざるをえない」
永野「戦略的にはいったん教授から准教授に降格して、その次は完全に解雇しても裁判で勝てます。そういう二段階で考えています。降格してもすぐに地位保全の訴えを起こすと思いますが、大学が敗訴して教授に復帰しても、金銭的には極端にダメージを受けるわけではない。私が裁判に巻き込まれて慰謝料を請求されるとか、その程度のことなので。そのときにはどの先生も巻き込まれない。大学と向こうの弁護士との裁判で、私たちがすることではない」

永野「顧問弁護士の見解では、裁判でどうなるかは別の問題で、大学の立場としてはそういう立場を貫いても合理的だということでした。面倒になるだろうと思いますが、そのことは大学と寄川先生との問題になりますので、教授会としてはそこまでは配慮しなくても大丈夫です。懲戒処分とし懲戒の程度を降格とします」

永野「懲戒処分については理事会の同意が必要で、青本理事長、石川理事、鵜殿学長と会いました。理事長からは、理事会に委員会をつくりたいとのことでした」

永野「理事会が新たな内容を決めることはありえない。より重い処分にはならないと判断します。ただ、新たな要素がないかというと、あったということです。そうすると相当時間がかかることになる。このまま理事会に認めてもらって、いったん降格処分を確定する。それ以降、もう一回新たな段階に入っていく」

永野「理事会の判断で、寄川先生の「平成学院大学」という本、教科書なんかも、理事会内の小委員会でかなり詳しく調べていて、「平成学院大学」は明治学院大学と特定できるということだった。そうすると、大学の名誉をかなりふかく傷つけると判断している。理事会は教授会以上に踏み込んで検討している」

## 二　黒川貞生（主任のちセンター長）の証言

### （一）被告教授会での報告

黒川「寄川先生の一回目の授業が心配になったので、のぞいてみました。まあ、去年のようなことはなかった。問題はまったくなかったということ、まあ、小さなことは」

黒川「理事会は解雇相当とした。具体的にいうと、寄川先生の倫理学の本は教員としての適性に欠けるので、教授から准教授への降格でよいということではない。解雇処分が相当なので、理事会は教授会に降格処分の見直しを要請している」

（二）証人尋問での証言

黒川「良心に従って真実を述べ、何事も隠さず、偽りを述べないことを誓います」

尋問「原告の授業ガイダンスで、どのような発言がされたか知っていますか」

黒川「録音の反訳を読んで知りました」

尋問「原告が授業評価アンケートで、「履修者制限に賛成ですか反対ですか」とアンケートをとったことは、教員として問題がありますか」

黒川「大いに問題があります。アンケートは授業に関係するものでなければならない。この質問は授業とは直接関係ないことなので不適切な質問だと思います」

尋問「原告が授業評価アンケートで、「授業の秘密録音に賛成ですか反対ですか」、「録音資料の無断使用に賛成ですか反対ですか」とアンケートをとったことは、教員として適切な行為ですか」

黒川「授業の改善につながる質問はいいが、直接関係のない質問を学生を使って行うことは、自分の持論を有利に展開するために学生を利用していると考えます」

尋問「原告の本には、「ミッション・スクールというのは、キリスト教の教会が作った学校で、お猿に芸を身に付けさせるように、小さな子どもたちを囲って、信仰を植え付けようとする「人間動物園」と考えればよい」とあります。このような本を教科書に指定することは問題がありますか」

黒川「学生をお猿に例え、大学を人間動物園に例えているので、非常に不適切な教科書だと思います」

尋問「明治学院大学がキリスト教主義を掲げているという関係では、どうですか」

黒川「明治学院大学はキリスト教主義に基づく教育を行っているので、キリスト教を誹謗中傷する内容になっていると感じます」

尋問「明治学院大学の授業で教科書に指定することは、何か問題がありますか」
黒川「学生は、著者である「しのろ教授」を原告とダブらせて解釈すると思うので、不愉快な気分になると思います。教科書としてはふさわしくない」
尋問「黒川先生は教授会で、「原告の一回目の授業をのぞいてみた」と発言しているのですが、それは間違いないですか」
黒川「それは違うと思います」
尋問「のぞいてないということですか」
黒川「そういうことです。私の記憶としては、のぞいたことはないです」
尋問「それは間違いないですか」
黒川「いや、記憶にありません」
尋問「授業を無断で傍聴することは、慣例的に許されていると考えますか」
黒川「大学の運営上やむを得ない場合には、授業の質を担保するために、あるポジションの人には許されてもおかしくないのかなと、個人的には思います」
尋問「授業の無断録音についても、慣例的に許されていると考えますか」
黒川「授業の無断録音は、許されるべきではないと私は考えます」
尋問「「教職員が授業ガイダンスに赴いたところ、学生が教室一杯にいてザワザワとしていたことから、教職員はその場で、これでは原告の言葉を聞き逃す可能性があると判断し、教職員が持参していたスマートフォンにて録音したのです」と供述しています。これは、あなたが供述したものに弁護士が加筆したものですか」
黒川「いや、これは私が書いたものだと思います」
尋問「黒川先生が赴いて原告の授業を録音したのですか」
黒川「いいえ」
尋問「録音はしていない」
黒川「はい」

尋問「直接体験したことではないのですか」
黒川「これは聞いたことです」
尋問「学生が教室いっぱいにいたところを見たわけではないのですか」
黒川「私はそこに行っていませんので」
尋問「黒川先生が原告の授業を録音したわけではない」
黒川「はい」
尋問「黒川先生は、「永野センター長と協議して初回授業を直接見る必要があると判断した」と供述しています。永野センター長が黒川先生に録音するよう指示したのですか。それとも黒川先生が単独で録音するよう判断したのですか」
松居弁護士「誤導です。どこにも録音についてはは書いてないじゃないですか（怒）。「調査する必要性が高い」としか書いていません」
尋問「調査する必要があると判断したのは、黒川先生ですか、永野先生ですか」
黒川「永野先生と私で協議して、対応する必要があるだろうということを決めました」
尋問「そうすると、録音の指示はしてないということですか、したということですか」
黒川「だれにもしていません」
尋問「理事会が予備的に普通解雇したほうがいいと判断した理由として、今回懲戒解雇理由になっている四つ以外の何か具体的な事情を述べていましたか」
黒川「理事会の調査には、教科書のことも入っていたと思います」
尋問「教科書のこと以外には記憶はないということですか」
黒川「そうです。われわれが調べたことに加えて、教科書のことです」

## 三　嶋田彩司（第一次調査委員長）の証言

### （一）第一回事情聴取での発言

嶋田「私たちが得ている情報という言い方をしますけれども、寄川先生が授業の中でこう言ったというふうに、私たちが理解ないし認識していることがいくつかあるのです」

## （二）第二回事情聴取での発言

嶋田「われわれには録音資料があります」
原告「何のですか」
嶋田「授業のです」
原告「では、それを出してください」
嶋田「出しません」
原告「私の授業を録音していたということですか」
嶋田「はい」
原告「知らない間にですか」
嶋田「さあ。説明はできません。録音を使用するのはよいと確認しています」
原告「だれが録音したのですか」
嶋田「答えられません」
原告「どうしてですか」
嶋田「答えません」
原告「どうして答えないのですか」
嶋田「答えないことにしています」
原告「なぜですか」
嶋田「調査委員会の合意事項です」

## （三）証人尋問での証言

嶋田「私は、原告が第一週の授業で学生に向かって話した内容について、これが事実かどうかを録音テープに基づいて聞いただけです」
嶋田「私たちは調査委員会として資料に基づいて原告に内容の真偽について、そういう発言をしたかどうかを、質問したということです」
嶋田「調査委員長として、原告がガイダンスで行った授業の録音の内容を知る機会がありました」
尋問「事情聴取の中で、原告から録音資料の提示を求められましたか」
嶋田「はい」
尋問「なぜ、原告に録音資料を提示しなかったのですか」

嶋田「事前に調査委員会として、その旨を申し合わせていました」

尋問「提示できない理由があったのですか」

嶋田「提示する必要がないと考えました」

尋問「だれから録音資料の使用許可をとったのですか」

嶋田「使用許可ではなくて、録音資料に基づいて質問するのは差し支えがないことを、永野センター長を通して顧問弁護士に確認してもらいました」

尋問「顧問弁護士から、録音資料の使用許可をとったということですか」

嶋田「録音資料を参考にして質問するのは差し支えない、というアドバイスをもらいました」

尋問「大学の授業を録音する行為は不正な行為であるという認識はありましたか」

嶋田「今回の件に限っていえば、まず、録音がガイダンスであるということ、これは非常に重要だと思っています。授業の内容について録音し、何か検閲のようなものをすることは、それが濫用されることは危険だと思いますが、ガイダンスとは、原告の話のテープ起こしされたものを見ても、授業の進め方とか、レポートのこととか、要するに外形的な説明に内容が終始しています。授業の内容の録音というには当たらないと私は判断しました」

尋問「調査委員会の事情聴取のまえに、事前に原告の授業の録音を聞いたのですか」

嶋田「直前だったと思います。録音テープは全部は聞いていません。聞いて、その声が原告のものであることを私なりに確認するために、部分的に聞きました。データそのものは、文字に起こしたものを渡されて、それを私は読みました」

## 四　山下篤（教務課長）の証言

### （一）証人尋問での証言

尋問「クレーム受付票が証拠として提出されていない理由は何ですか」

山下「ちょっとその点は分かりません」
尋問「学生のクレーム受付票は作成されたのですか」
山下「はい、作成しました。自分自身で作成しておきました」
尋問「クレーム受付票は学生が手書きで書くものですよね」
山下「これについては、書いておりません」
尋問「『原告は小テストを読まずに処分している』と供述していますが、原告が読まずに処分しているのを見たのですか」
山下「見ていませんが、『みんなのキャンパス』という掲示板に読んでいないとありました。大量のものをどのようにして読んだのか。読んでいないとしか思えない」
尋問「学生が原告に提出した小テストを、原告が破棄を依頼したにもかかわらず、処分せずに保管していたのですか」
山下「きちんとした授業運営がされているかどうかを確認する必要があると思いましたので、小テスト用紙は処分しないでちょっと保管しておいてくださいと」
尋問「原告の許可は得ていないということですか」
山下「原告にはとくに言っていません」
尋問「保管していることについて、だれかに報告しましたか」
山下「永野茂洋先生と黒川貞生先生に話しました」
尋問「どれくらい大テストや小テストやレポートを保管しているのですか」
山下「ほぼ毎週です。すべての週で、授業の分ではないですけど、教員ラウンジに出されたものは保管してもらいました」
尋問「原告の授業を聞きましたか」
山下「聞いていません」
尋問「録音資料は見ましたか」
山下「一部は見ました」
尋問「授業の録音を聞いたのですか」
山下「聞いてはいません。テープ起こしされたペーパーを読んだと記憶しています」

## 五　原田勝広（第二次調査委員長）の証言

### （一）被告調査委員会の報告

原田「本について調査しました。寄川教授は自著、紀川しのろ『教養部しのろ教授の大学入門』を倫理学の教科書として使用しています。この本を一般人がたまたま読んだところ、キリスト教あるいは大学の権威を揶揄したエッセイとして、つまり明治学院大学とは無関係なものとして読まれうることは確かでしょう。しかし、キリスト教を理念とする明治学院大学において教科書として使用するとなると、きわめて不適切であると考えます」

原田「まず、ペンネームです。一般人にはいいのですが、教科書となったとたん「紀川しのろ」というペンネームが「寄川条路」と読み替えられます。学生がこの本を読んだとき、本に登場する「平成学院大学」が「明治学院大学」に引き付けられて考えられることは十分に想定されます」

原田「内容は明治学院大学にきわめて深刻な事態を引き起こします。とくに問題となる記述は以下のとおりです。「しのろ教授はたんに大学の倫理学の授業を担当しているにすぎない。だれがやっても、大学の授業とはその程度だ」。「質問に来る学生は手間がかかるから嫌いだ」。「大学の出張とは大学に命じられて出かけていくものではない。先生たちはどこか行きたいから行くだけ。国内出張であればいつでもどこでも、あとから宿泊費を請求すればよい」。「AO入試はいまやアホのAとオバカのO、だれでも応募できる簡単な入試」。「ミッション・スクールは、お猿に芸を身に付けさせるように、小さな子どもたちに信仰を植え付けさせる人間動物園」。「ミッション・スクールでは、周りの人たち、たとえば他者への貢献、ボランティア精神をたたえ、世の中で役に立つ人を育てること、他者への貢献なんて余計なお世話だ」。以上はほんの一部ですが、たくさんあります」

原田「このような本を明治学院大学の授業の教科書として使う寄川教授は、就業規則にある、業務に必要な適格性を欠き、職務に適さないものと認められるに相当し、普通解雇に相当します」

原田「補強材料として具体的な情報を出すとよい、というのが弁護士のアドバイスでした。証拠があるものを勘案してまとめました」

原田「教員として不適切な言動は、録音テープがあるので証拠があるということです。寄川先生の授業から教員としてふさわしくない要素を導き出します。たとえば、「夏休みが近いからもうお休みです。七月二〇日は病気とします」。「小テストと大テストとレポートを出すと、かならず合格します」。「寄川先生」と、自分のことをこう言っています。「寄川先生の授業は人気があります。どうしてかというと、授業が面白いからではありません。ためになるからでもありません。たんに楽なだけです」。ここは意味不明です」

原田「結論として調査委員会は、寄川教授を懲戒解雇とし懲戒解雇が認められない場合は普通解雇とすることを決定しました。この部分を説明しますと、懲戒解雇とした場合、懲戒解雇が裁判で認められなかった場合はゼロです。懲戒解雇と普通解雇という二段構えの場合、懲戒解雇にはならないけれど普通解雇では勝てるという、裁判をにらんだ弁護士のアドバイスです。裁判に行かないで調停とか和解になった場合も、このような記載を残すのが望ましいということです」

原田「事案は大部もれているので、いろいろな人から伝聞のかたちで聞いています。その場合は、教員に適さないという事例のがれきの中の一つなので、そういうかたちで行けるのか、あるいは証拠物件をそろえたほうがいいのか、弁護士と相談します」

渡辺「証拠の「録音テープあり」のところは消したほうがいい」

原田「作戦上そうですね」

## 第四節　授業の盗聴者と録音者について

原告教授は、授業の中で、「授業を無断で録音し、録音テープを嶋田彩司先生に提供した人を探しています。録音者と録音資料の使用者に対して法的措置を取りますので、ご存じの方はご一報ください」と書いた用紙を学生に配布し、だれが録音したのかを解明するために学生に呼びかけた。

被告大学によれば、原告は録音した者を特定しようとしたが、訴訟上、録音者を特定する必要はない。また、原告は証人尋問を利用して録音者を特定しようとしたが、証人尋問において録音者を特定するための質問がなされるのは不当である。

被告大学は、原告教授の授業を録音したことを認めるが、録音者を特定する必要はないと主張する。しかしながら、被告の主張と証人尋問での証言から、録音者を特定することは可能である。被告の主張と証言を整理しておく。

まず、被告大学の主張は以下のとおりである。

①鵜殿博喜学長が小川文昭教務部長からの調査要請を永野茂洋センター長に伝えた。②永野センター長は調査方法について顧問弁護士に相談したうえで、黒川貞生主任と協議して原告教授の授業を調査することにした。③被告大学の「教職員」が原告教授の授業を録音して録音資料を嶋田彩司調査委員長に手渡した。

つぎに、被告大学の証言は以下のとおりである。

①授業を録音した「教職員」は、調査委員長の嶋田彩司教授に録音資料を渡した。②調査委員長の嶋田教授は、「永野先生から、執行部から録音資料を受け取った」と証言した。③執行部とは、教養教育センター長の永野茂洋教授と主任の黒川貞生教授である。④黒川教授は、教授会では「一回目の授業をのぞいてみた」と盗聴を認めているが、裁判では「録音はしていない」と証言している。以上の証言から、録音者を

特定することができる。

原告教授の授業を無断で録音していた被告大学の「教職員」とは、明治学院大学でキリスト教学を担当する、教養教育センター長（のち副学長・理事）の永野茂洋教授である。

永野教授は、原告の授業を録音したその翌週にも、原告の授業をのぞきに来ていたが、このときは学生らに見つかって教室から追い出されている。その後、「録音をしたのか」との原告の問いに対し、永野教授は「そうだ」と答えている。

最後に、授業の盗聴と録音に関与した者を特定し、各々の役割を整理しておく。

調査を指示した者：鵜殿博喜（学長）
調査を要請した者：小川文昭（教務部長）
調査を助言した者：小池健治、松居智子、横澤康平（以上、顧問弁護士）
授業を盗聴した者：永野茂洋（教養教育センター長のち副学長）、黒川貞生（主任のち教養教育センター長）
授業を録音した者：永野茂洋（教養教育センター長のち副学長）
録音を使用した者：嶋田彩司、原田勝広（以上、調査委員長）、大森洋子、亀ヶ谷純一、高桑光徳、鄭栄桓、森田恭光、渡辺祐子（以上、調査委員）、山下篤（教務課長）

# 第三章　無断録音を謝罪して和解へ――裁判所の判断

明治学院大学事件についての裁判所の判断を載せておく。まずは、労働審判委員会の調停結果、つぎに、東京地方裁判所の判決内容、そして、東京高等裁判所の和解案である。最後に、裁判での争点を整理している。

## 第一節　労働審判委員会の調停結果

二〇一六年一〇月、解雇された教授が東京地裁に地位確認の労働審判を申し立てた。労働審判とは、労働問題を解決するための簡易裁判であり、裁判官である審判官と経営者側の審判員と労働者側の審判員の三名で労働審判委員会が構成される。

労働審判委員会は、大学側と教授側の双方からそれぞれの主張を聞いて、すぐさま解雇を無効と判断して教授の復職を提案した。

しかし、大学側は、事前に「復職を内容とする解決はできないが、その他の条件による解決は検討する」と通知していたとおり、労働審判委員会の調停案を拒否した。

労使双方のどちらかが調停案を拒否すると調停作業は終了する。これによって和解は不成立となり労働審判は終了した。

和解が成立せずに終了した場合、労働審判は本来の訴訟となって同じ裁判所に提訴される。二〇一六年一二月、本件は東京地裁に地位確認訴訟としてあらためて提訴された。

## 第二節　東京地方裁判所の判決内容

東京地裁の法廷に移ると、原告教授側と被告大学側から数回にわたって主張と証拠を記した書面が提出され、双方の主張が戦わされた。主張の内容は労働審判のときとまったく同じものであったが、双方の主張が尽きると、事件にかかわった者たちへの尋問が行われた。証人尋問ののち、裁判所の提案で和解協議に入った。

二〇一八年四月、東京地裁は、解雇の撤回と無断録音の謝罪を和解案として提示した。提示された和解案は、解雇は無効なので大学は教授の解雇を撤回すること、無断で録音するのは良くないので大学は教授に謝罪すること、大学は教授に一年間の特別研究（サバティカル）を与えること、などであった。

しかし、双方の希望が折り合わず和解協議は不調に終わり、判決となった。二〇一八年六月、東京地裁は、大学による教授の解雇については無効で違法であるが、大学による授業の録音については初回授業のガイダンス部分なので違法ではない、との判決を下した。

判決内容を簡単に説明するとつぎのようになる。

一　大学による解雇は無効なので、原告に教授の地位を認める。
二　大学は教授に解雇月の賃金の残りと遅延金を支払え。
三　大学は教授にその後の賃金と遅延金を支払え。
四　教授の大学への慰謝料請求は認めない。
五　裁判費用については、教授が三割、大学が七割を支払え。

裁判費用の負担割合からわかるように、原告教授側の七割勝訴である。

結論としては、大学による解雇は労働契約法の解雇権を濫用したものだから無効であり、教授の地位と賃金を認めたものの、授業の無断録音は教授の人格権を侵害するものとまではいえないから慰謝料は認めない、というものだった。

懲戒解雇について見ると、大学は授業の無断録音を教授が告発したことについて、就業規則の懲戒解雇理由に該当すると主張したが、裁判所は、大学が教授に対し録音行為について何ら説明していなかったことから、懲戒解雇には該当しないと判断した。

普通解雇について見ると、大学はキリスト教を誹謗中傷する教授の教科書について、就業規則の普通解雇理由に該当すると主張したが、裁判所は、教授の教科書はキリスト教を批判・風刺するものと理解できるから、普通解雇には該当しないと判断した。

慰謝料請求について見ると、教授は授業を無断録音されたから人格権が侵害されたと主張したが、裁判所は、大学が録音したのは初回授業のガイダンス部分であったから、人格権を侵害したとまではいえず違法ではないと判断した。

## 第三節　東京高等裁判所の和解案

二〇一八年七月、大学も教授も地裁の判決を不服として控訴したので、本件は高裁で審理されることになった。双方が控訴理由書を提出したあと、同年一二月、高裁は解雇無効の判断を示し、和解案の協議に入った。高裁が出した和解案は、大学が教授に退職までの賃金を支払い、双方が袂を分かつことであった。解雇事件によくある金銭による退職和解である。

二〇一九年三月、高裁は大学側の謝罪と和解金の増額という再度の提案をしたが、教授側が拒否したので和解は不成立となった。和解協議が決裂したところで、裁判官が交代して審理は振り出しに戻った。裁判官の話では、大学は敗訴を覚悟しているので教授側から和解案を出してほしい、和解を拒否すると不利な判決が出される可能性もある、とのことだった。

裁判官のみならず双方の弁護士も和解を勧めてきて、高裁で判決を取ったとしても最高裁への上告が受理される可能性は少ないことから、高裁で和解がなされることになった。残念な結末だが、最後は引き分けで終わってしまった。

高裁が提示した和解案の要点はつぎのとおりである。

一　教授と大学は退職和解に同意する。
二　大学は教授に和解金五、〇〇〇万円を支払う。
三　教授と大学は互いに相手の悪口を言わない。
四　教授は学生の個人情報を廃棄する。
五　大学は教授に無断で授業を録音したことを謝罪する。
六　教授は大学に慰謝料の請求をしない。
七　教授と大学にその他の権利と義務はない。
八　教授は大学の教職員にその他の請求をしない。
九　裁判費用は教授と大学が各自で負担する。

裁判費用の負担割合からもわかるように、勝負は引き分けである。

以上が明治学院大学事件についての裁判所の判断である。最後に、争点ごとに大学側の主張、教授側の主張、裁判所の判断をまとめておく。

## 第四節　争点整理——大学側の主張、教授側の主張、裁判所の判断

裁判で争われたのはつぎの四点である。第一に、授業盗聴の告発は懲戒解雇理由になるのか。第二に、キリスト教に反する教科書の使用は普通解雇理由になるのか。第三に、授業の無断録音は違法行為になるのか。第四に、解雇後に提示されたその他の解雇理由は手続き上有効なのか。

以上の四つの争点に即して双方の主張と裁判所の判断をまとめると、つぎの表のようになる。（次頁）

| 争点 | 大学側の主張 | 教授側の主張 | 裁判所の判断 |
|---|---|---|---|
| ①懲戒解雇理由とされた授業盗聴の告発について | 告発により大学の名誉を毀損したので懲戒解雇に当たる。 | 大学による授業盗聴という客観的事実を正確に伝えている。 | 大学の名誉を毀損したとはいえないので懲戒解雇は無効である。 |
| ②普通解雇理由とされた教科書の使用について | キリスト教に反する教科書を使用したので普通解雇に当たる。 | 大学の倫理学の教科書として適切なものである。 | 大学の倫理学の教科書として適切なので普通解雇は無効である。 |
| ③損害賠償を請求された授業の無断録音について | 授業ガイダンスの録音であり大学の管理運営上適法である。 | 授業の無断録音は教育の不当な支配であり違法である。 | ガイダンス部分の録音なので大学の管理運営上適法である。 |
| ④解雇後に提示されたその他の解雇理由について | 解雇後に提示されたその他の解雇理由も手続き上有効である。 | 解雇後に提示されたその他の解雇理由は手続き上無効である。 | 解雇後に提示されたその他の解雇理由は手続き上無効である。 |

第三部

# 大学による教科書検閲

# 第一章　教科書が不適切なので解雇する――大学側の主張

「不適切な教科書を使用した教授は大学教員としての適格性を欠いている」。

被告の明治学院大学によると、原告の教授は、キリスト教を誹謗中傷し大学の名誉を毀損する本を教科書として使用していたから、大学教員として不適格であるという。

以下、教授が使用していた教科書を取り上げながら、大学側の主張を見ていく。

## 第一節　キリスト教大学への誹謗中傷――『教養部しのろ教授の大学入門』

教授の自著、紀川しのろ『教養部しのろ教授の大学入門』(ナカニシヤ出版、二〇一四年)は、エッセイ集であり、倫理学の専門書とはいえない。教授は、自分で書いた本を教科書として指定し、学生に購入させ、本の概要を書くことをテスト内容としていたので、大学教員としての適格性を欠き、職務に適さない。

教授は、本名ではなくペンネーム「紀川しのろ」を用いて本を執筆している。本の中では、「しのろ教授」が「平成学院大学」に勤務して倫理学を担当しているから、「しのろ教授」は原告教授を指し、「平成学院大学」は明治学院大学を指している。

教授の本には、大学、キリスト教、明治学院大学を中傷し愚弄する記載がある。

### 一　教授の本は大学の教科書として不適切である。

本の内容は、軽薄で品位がなく大学の教科書として不適切である。不適切な記載は以下のとおりである。

①「しのろ教授は、たんに大学で倫理学の授業を担当しているにすぎない。だれがやってもよさそうな科目だが、だれもやりたがらないので、とりあえず引き受けている。大学の授業とはその程度のものだ。」

②「選択科目とは、学生が卒業するために単位を稼ぐ「楽勝科目」の別名にすぎない。」

③「園児から院生まで（略）、しのろ教授は「お客さま」と呼んでいる。カモがネギをしょってくるように、子どもたちが授業料をしょって学校へとやってくるからである。」

④「たくさんの学生が来てくれると、ケインズ経済学を信奉するしのろ教授は、素直にうれしい。なぜかといえば、授業を受ける学生数に応じて、大学から手当が出るからだ。平成学院大学では、学生一人につき一〇円の手当を出すことになっている。三〇〇人の学生が来れば、一時間の授業で三、〇〇〇円ものお小遣いがもらえる。それ以来、遠視が始まりかけたしのろ教授には、学生の顔が一〇円玉に見えるようになった。もちろん、たくさんの学生がやってくるのは、授業が面白いからではない。たんに単位が取りやすいからにすぎない。そんなことはしのろ教授が一番よく知っている。」

⑤「教授の好みはまじめな学生でも、質問にくる学生は手間がかかるから嫌いだ。ときどき休みながら、来たときにはきっちりとノートを取り、いざとなったら試験でもしっかりと答案を書いてくれる「自立した」学生が理想的だ。そんな学生は現実には少ないから、できるだけ負担がかからないように、適度に手抜きをしながら授業を進めていく。」

⑥「大学での出張とは、大学に命じられてどこかに出かけて行くものではない。先生たちがどこかに行きたいから、「行ってもよいですか」と願いを出

す。国内出張であれば、いつでもどこでも好き勝手に出かけてよく、あとから旅費を請求すればよい。交通費と宿泊費が出て、おまけに一万円の手当も付く。」

⑦「出張の扱いはとってもゆるい。」

⑧「しのろ教授の場合、海外出張といっても、表向きは学会発表や資料収集となっているが、本当のところは、避暑と休養が主な目的だ。」

⑨「しのろ教授が担当している倫理学は、教養科目なのでだれでも登録できる。どの学部のどの学年でも履修できるので、ほとんどすべての学生が受講して卒業していく。だれでも取れる共通科目だからというよりも、むしろ、成績評価の甘さが学生たちの間で知れ渡っていて、単位稼ぎのために履修登録している学生が多い。これが本当のところだ。」

⑩「しのろ教授のほうでも、受講を希望している学生たちにあらかじめ断ることにしている。「しのろ先生の授業は、必修科目と専門科目の間の〈休み時間〉だと思って、息抜きのつもりで来てください」。これでますます受講者の数が増えてしまうのだから世も末だ。」

⑪「テーマ設定は大ざっぱで、あるときには「一八歳からの倫理学」となり、またあるときには「サルにもわかる倫理学」となる。女子学生向けに、「ファッションの倫理」とか、「モードの倫理」としたこともある。中味は空っぽだが、一見したところオシャレなので、これはこれで軽薄短小な現代思想のようにも見える。」

⑫「AO入試で入学してきた学生の学力不足から、AO入試を取りやめる大学も出てきた。財政的な不安の少ない国立大学のいくつかは、AO入試から手を引いたそうだ。良心的な大学とも受け取れる。はじめからAO入試に手を出さなくてもいい大学は、偏差値の高い大学だけだろう。AO入試は、今では、アホのAとオバカのOをくっつけただけの、だれでも合格できる安直な入試となった。」

教授の本の異質性は明白であり、倫理学の専門書とはいえない。「本は大学の教科書として位置づけられる」と教授は主張するが、大学が指摘するのは、本の内容であり、出版社の取り扱いではない。

## 二　教授の本はキリスト教を誹謗中傷している。

教授の本は、キリスト教主義を掲げる明治学院大学の教科書として不適切である。以下、キリスト教を誹謗中傷する記載を挙げる。

⑬「ミッション・スクールというのは、キリスト教の教会が作った学校で、お猿に芸を身に付けさせるように、小さな子どもたちを囲って、信仰を植え付けようとする「人間動物園」と考えればよい。（略）偏差値はそれほど高くないが、異人さんの鼻と学校のプライドだけは高い。」

⑭「日本のミッション・スクールは、周りの人たちへの配慮を欠かさない。たとえば、「他人のために」をモットーに掲げてみたり、ボランティア精神をたたえて、「世の中で役に立つ人」を育てるといってみたり、教育の理念だけは、カトリックであってもプロテスタントであっても、そう変わりはない。他者への貢献など、余計なお世話だと思うのだが。」

⑮「「他者への貢献」を謳うミッション・スクールの精神は、俗物主義のしのろ教授にはいささか敷居が高かった。」

⑯「英語やパソコンはともかくも、キリスト教まで必修にしなくてもよいのではないだろうか。しのろ教授はそう思うのだが、すぐに言い返されてしまう。「ミッション・スクールだから、キリスト教は必修です」。「だから」を使った因果関係の説明としては、すこぶる乱暴な論理だが、学生たちには、「学院の教育理念ですから」と説明しているらしい。実のところは、キリスト教の科目が必修でなくなれば、学生が集まらず先生が余ってしまうから、というのが本当の理由だ。授業は学生のためにあるのではなく、先生のためにある。」

明治学院大学は、米国人宣教師ヘボン博士が一八六三年に横浜の自宅に開設したヘボン塾を源流とするミッション・スクールであり、キリスト教に基づいて教育を行っている。就業規則には「教職員は、建学の精神を重んじ、相互に協力して学院の発展に努めなければならない」とある。

キリスト教に対する批判を禁止するものではないが、批判とはいえない誹謗中傷、小馬鹿にした内容が本に記載されている。そのような本を教科書に指定し、授業で取り扱い、レポートを書かせることは、キリスト教主義を掲げる明治学院大学の名誉と信用を貶めるものである。

教授の本にはキリスト教を誹謗中傷する内容が多数あり、キリスト教主義を掲げる明治学院大学の教科書として不適切である。「大学の指摘は粗探しにすぎない」という教授の主張は誤りである。本の記載を一見すれば明らかである。

キリスト教を誹謗中傷する本を教科書として用いることは、教授が明治学院大学の教員として適格性を欠くことを示している。教授は「誹謗中傷ではない」と弁明するが、自分の言動について自覚反省がないところも大学教員としての適格性の欠如を示している。

## 三　教授の本は明治学院大学の名誉を毀損している。

本の内容は、明治学院大学の名声を傷つけ、教科書として不適切である。以下、不適切な記載を挙げる。

⑰「ちなみに、わが平成学院大学はかつてはAランクだったが、今ではBランクを通り越してCランクになってしまった。沈みかけたバテレン船とうわさされている。」

⑱「電車やバスのなかで騒いだり、ご近所さまに迷惑をかけるような学生には、罰金を課すことにしている。こちらのほうは、退学をちらつかせて、三〇万円ほどの寄付金を要求する。寄付という名目で罰金を取るとは、何ともあくどい商売だ。」

⑲「しのろ教授が担当している教養科目では、試験

に合格しても二単位しかもらえないが、専門の卒業論文だと、提出しただけで一二単位がもらえる。（略）しかも卒業論文の場合、授業に出る必要はなく、自宅で書いてきた感想文を提出するだけでよいから、これほど楽なものはない。それならば、「出せば必ず通る」と言われている卒業論文を出さない手はない。それが大学を卒業するための近道だ。さらには、四年間のモラトリアム時代をのびのびと過ごす王道だといってもよい。」

⑳「高校在学中の成績がよければ、もっと上の大学を目指すだろうから、受験をしても受かりそうにない生徒だけが、附属の大学への進学を希望してくる。高校では、前者を「外部受験」と呼び、後者を「内部進学」と呼んでいる。平成学院大学の附属高校では、上位の半数が外部受験をして他大学へ進学し、下位の半数が推薦で平成学院大学へと進学してくる。内部から進学してくるのは高校の落ちこぼれなので、もちろん勉強はできない。大学のほうは受け入れたくないのだが、そうすれば附属高校の人気がなくなるので、しかたなく受け入れている。」

大学で教鞭を執りながらこのような本を執筆することは、大学教員として不当であり、倫理的にも許されない。

## 四　教授の本は明治学院大学をモデルにしている。

教授は「作品中の人物・団体は実在のものではない」と主張し、本の中で「断るまでもないが、しのろ教授や平成学院大学など、登場する人物や団体はすべて筆者が考え出したものだ」と記載しているが、記載のすぐ後に「モデルがある」と認めている。

「モデル」とは「小説・戯曲などの題材とされた実在の人物」である。「しのろ教授」のモデルは原告教授であり、「平成学院大学」のモデルは明治学院大学である。読者とりわけ明治学院大学の学生にはそのように理解される。平成学院大学が明治学院大学だと理解される部分は他にもある。その例を挙げる。

㉑「トイレに入るときには、扉の札を「空き」から「使用中」へひっくり返し、出るときには、「使用中」の札を「空き」へと戻すことになっている。今どきこんなトイレは珍しいだろう」。この珍しいトイレこそが明治学院大学の「小チャペル」にあるトイレである。

㉒「昼休みには、チャペルアワーを開いている」、「毎日一〇分もお祈りをする」。明治学院大学には、毎日一二時三五分から一二時五五分まで、二〇分間のチャペルアワーがある。

㉓「元号を学校名にした」、「しのろ教授の大学には「学院」という名まえが付いている。これには深い訳がある。学院とか学園とかの名まえを付けるのは、決まってミッション・スクールだ」。「平成学院大学は、一方で、日本の古き良き伝統にならい、天皇陛下に由来する日本古来の「元号」をいただきながら、他方で、西洋近代のハイカラな知的雰囲気にも魅了されて「学院」という名まえを付けている」。「学校名はダサくても、キャンパスだけは、今どきの婦女子を引き付けようとオシャレな横浜にある」。「「他者への貢献」を謡うミッション・スクールの精神は、俗物主義のしのろ教授にはいささか敷居が高かった」。ミッション・スクールで「元号」と「学院」を名称とし、横浜にキャンパスがある大学は明治学院大学のみであり、明治学院大学は「他者への貢献」(Do for Others) を教育理念として掲げるキリスト教主義の大学（ミッション・スクール）である。

これらの記載を見れば、「しのろ教授」は原告教授であり、「平成学院大学」は明治学院大学だと、学生は理解する。教授は「作品中の登場人物が作者自身であるという印象をもつ読者もいれば、印象をもたない読者もいる」と述べるが、問題は「作品中の登場人物が作者自身であるという印象をもつ読者もいる」ということである。明治学院大学の学生であれば、一般読者よりも際立って作者自身であるという印象をもつ者が多い。

## 第二節　倫理学とは関係のない教科書
## ――『教養部しのろ准教授の恋』

教授の自著、紀川しのろ『教養部しのろ准教授の恋』（ナカニシヤ出版、二〇一五年）は、題名からしても倫理学の教科書として不適切である。実際のところ、本の内容も、女性へのラブレター、妻の誕生日、妻の妊娠、子の誕生や子の受験など、エッセイ集風であり、倫理学とは関係のない若い頃の私的な記録にすぎない。

この本で教授が書きたかった内容は、家族についてのエッセイであるが、教科書として指定することを意図してか、後ろに少しだけ大学についてのエッセイを記載している。

本の内容は、教科書として使用するには不適切なものである。たとえば、「教養の授業」と題して身内の不幸を述べる学生を愚弄する記載がある。

㉔「だいじな期末試験なのに、休む学生も少なくない。（略）最近増えてきたのが、「祖母が亡くなったので」というものだ。（略）両親でもなく、祖父でもなく、祖母が亡くなりました、というところがやけに現実味がある。両親ではウソにしても悲しすぎるし、祖父はもうとっくに亡くなっているだろうから、このあたりが常識的なところなのだろう。（略）ひょっとすると、試験日に合わせて亡くなってくれるおばあちゃんが多いのかもしれない。日本全国には八〇〇もの大学があるから、いったい全体、この時期にどれだけのおばあちゃんが亡くなるのだろうか、と不届きなことを大学の先生たちと話している。」

このような本は教科書として不適切である。不適切な教科書を使用して授業をしているので、授業も不適切である。教授は教科書の内容をまとめるレポートを学生に求めているが、作業を通して学生が何を学ぶことになるのか不明である。

レポートには自分の意見も書くことになっているが、実際、授業を受けた学生が、「教授会という名まえは知っていましたが、ここまで中身のないものだとは知らなかったのでとてもショックを受けました。せっかく高い学費を払って大学に通っているのだから、きちんとすべきことはしっかりやってほしいと思います。自分が親の立場に立ってみたら絶対に許せません。そのようなところをしっかり取り組んでいけばより良い大学になっていくのではないかと考えます」と書いている。

教授が授業で何を話したのかは不明であるが、倫理学の授業で、教授会が中身のないものであることを講義し、受講した学生にショックを与える必要があったとは思えない。明治学院大学の教授会は正常に機能し、大学の運営のために中身のある議論をしている。にもかかわらず、学生に誤解を与える授業をすることは許されない。

教授は、不適切な教科書を使用したのみならず著しているることからも、大学教員の業務に必要な適応性、適格性を欠き、職務に適さないといえる。適切な授業を提供するという在学契約の責任上、教授を明治学院大学の教員として在籍させるわけにはいかない。

教授の行為は、学校法人の寄附行為にある「福音主義のキリスト教に基づいて、教育事業を経営することを目的とする」という建学の精神に反し、就業規則にある「教職員は、建学の精神を重んじ、相互に協力して学院の発展に努めなければならない」との規定にも反している。

倫理学とは関係のないエッセイ集を著し、教科書として用いる教授は、就業規則にある普通解雇事由に該当するから、明治学院大学の教員とすることはできず、普通解雇することが相当である。教科書の使用を解雇理由とすることは不当ではない。

教科書の内容は、倫理学と関係ないだけではなく、明治学院大学やキリスト教の大学を愚弄する内容となっており、このような本を授業で使用しているから、教授は明治学院大学の教員として適格性を欠き、職務に適さないといえる。

教授の本について、出版社が「ユーモラスに書く大学教授の一年。高校生から新大学生まで楽しめる、新感覚の大学入門」と説明していることや、他大学の教職員や新聞社の記者が「面白い」とコメントしていることから、教授は、「教授の本はどれも、面白いというのが一般的な感想である」とか、「愚弄する内容となっているという大学の主張は当たらない」と主張する。

しかし、読み物として面白いかどうかと倫理学の教科書として不適切かどうかは異なる基準である。教授の本について、他大学の教職員や新聞社の記者が「面白い」と感じたということと、明治学院大学の関係者が「愚弄する内容」と感じるかどうかは、異なる基準である。

明治学院大学にとっては大学を愚弄する内容であり、教職員や新聞記者らが「面白い」と言ったとしても、愚弄する内容になっていることを覆すものではない。むしろ、「面白い」との感想が一般人から寄せられるエッセイを倫理学の教科書として指定していることを教授は自認しており、そのような指定行為は不適切である。

教授は、「教科書の使用について大学から注意や指導を受けたこともなく、いきなり解雇の理由とするのは不法行為となる」と主張する。しかし、エッセイ集を教科書に指定して学生に購入させ、本の概要を書くことをテスト内容としているから、教授は大学の教員として適格性を欠き、職務に適さないといえる。

大学は、教授に宛てた「懲戒事由説明書」の中に、「倫理学の授業における不適切な教科書の使用等から、就業規則に該当すると判断され、よって、貴殿を懲戒解雇相当と判断するとともに予備的に普通解雇とするのが相当とも判断していることを付記する」と明記した。

懲戒解雇については説明書を事前に交付しなければならないが、普通解雇については説明書を事前に交付する必要はない。本件では、予備的に普通解雇をする旨と就業規則の規定を明記するとともに、該当する具体的事実の概要を列挙した。したがって裁判になってはじめて教科書の書名と内容を挙げたことについては問題ない。

これまで注意されていなかったとしても、普通解雇事由として挙げて普通解雇することは不法行為に該当するものではない。教科書とすることを止めたとしても、大学やキリスト教を愚弄するエッセイを書いている人物は、キリスト教を建学の精神とする明治学院大学で教えるのは不適格である。

## 第三節　裁判所の判断の誤り

裁判所は、教授の本について、「大学が主張するように明治学院大学に関するものとして受け止めるとまでは断定し難い」と評価したうえで、「大学における倫理学の授業の教科書として不適切であるとまで評することはできない」との判断を示したが、裁判所の判断は不当である。

### 一　自著一『教養部しのろ教授の大学入門』について

裁判所は、「自著一には明治学院大学がモデルとなっていることを伺わせる箇所が含まれているものの、そのような箇所は自著一のうちの一部にとどまっており、「平成学院大学」について言及されている内容も、大学一般について当てはまると考えることもできるような内容も含んでいることに照らすと、これを読んだ学生が一般的に自著一に記載されている内容を明治学院大学に関するものとして受け止めるとまでは断定し難く、記載が大学の主張するように明治学院大学の名声を著しく傷つけているとまではいうことはできない」と判断しているが、裁判所の判断は誤りである。

まず、裁判所は、「一般的に自著一に記載されている内容を明治学院大学に関するものとして受け止めるとまでは断定し難く」と、一般的に明治学院大学のことと受け止めるとまでは判断できないから、不適切な教科書ではないという。

しかしながら、大学教員が「平成学院大学」で倫理学を教えているという設定であれば、明治学院大学に在学して教授の倫理学を履修している学生は、登場する大学教員は原告教授であり、平成学院大学は明治学院大学だと理解して読むのは「一般的」である。仮に「一般的」でなかったとしても、少なくない学生が明治学院大学のことだと理解して読む。

また、裁判所は、大学が「軽薄で品位がなく、キリスト教に対する誹謗中傷である」と指摘した本の内容について、「昨今の大学や学生、キリスト教に対する風刺、批判とも解釈できる」としているが、しかし、解釈できればよいというものではない。

大学一年生が教科書を読んだ場合、素直に解釈して、「カモがネギをしょってくるように、子どもたちが授業料をしょって学校へとやってくる」とか、「学生の顔が一〇円玉に見える」とか、大学の教授は「適度に手抜きをしながら授業を進めている」とか、真に受ける可能性もある。学生は教授にも大学にも失望しかねず、不信感をもてばその後の授業効果は激減し、学生の勉学意欲にも影響しかねない。大学には、奨学金を借りて授業料を支払いつつ、授業の合間にアルバイトで生活費を稼いでいる苦学生もいる。

苦学生が読めばどのように思うか、たんなる「風刺」として笑い飛ばせるのか、場合によっては「自分は学生の顔が一〇円玉に見えるような、手抜き授業をするふざけた大学教員のカモにまんまとなってしまったのか」と借金やアルバイトまでして通うことをバカバカしく思えて退学することもある。学生が失望しかねない記述である。一部の学生であっても、大学や教員や授業に不信感をもったり失望したりする可能性がある教科書は不適切である。

教授の本は、キリスト教の学校を「お猿に芸を身に付けさせるように、小さな子どもたちを囲って信仰を植え付けようとする「人間動物園」と考えればよい」と愚弄し、「他者への貢献など、余計なお世話だと思う」と、明治学院大学が教育理念とする「他者への貢献」（Do for Others）を愚弄し、キリスト教が必修授業であることについて「授業は学生のためにあるのではなく、先生のためにある」とキリスト教の授業を担当する教員を愚弄しており、明治学院大学の建学の精神を茶化し愚弄している。

このような教科書を使用しては、キリスト教による人格教育を学生に対して行う義務を果たすうえで支障がある。大学一年生で、これからキリスト教の授業を受講し、キリスト教による人格教育を受けようとしている矢先に、キリスト教を茶化したり愚弄したりした本を読めば、キリスト教による人格教育の効果が激減する可能性がある。

キリスト教を茶化し愚弄する本を著し教科書として使用することは、明治学院大学の就業規則にある「教職員は、建学の精神を重んじ、相互に協力して学院の発展に努めなければならない」に反し、日本私立大学連盟の「所属大学に対する倫理」、「学内諸規則を誠実に遵守する」に反する。キリスト教の授業を担当する教員を愚弄する本を著し教科書として使用することは、「同僚教職員に敬意をもって接し、その人権を侵害しない」に反する。他にもある。

「華麗なるミッション・スクール」と題して、「今日では、ミッション・スクールとは、キリスト教の精神に基づいて「教養教育」を行う学校を指している。教育の目的は、聖職者やキリスト教徒を増やすための布教活動にあるのではなく、むしろ、未開の野蛮人に西欧の文化を伝えて、教養を形成して人格の向上を目指すところにある」と、建学の精神を茶化し愚弄している。

「がんばれ「掃きだめ」教養部」と題して、「英語の聖書を教科書に使うのも、英語を教えるふりをして、キリスト教の教えをたたき込むためである。すべての学生に教えるのだから、英語が堪能なキリスト教の先生も多い。英語の科目があるからキリスト教の先生がいるのか、キリスト教の先生がいるから英語の科目があるのか、おそらくは後者が正解なのだろう」と、キリスト教の教員を茶化し愚弄している。

「部長の愛人マリア」と題して、キリスト教で「マリア」はキリストの母である聖母マリアのことであるにもかかわらず、「教授会の席で愛人マリアを助手に推薦して」と記載するなど、部長の愛人の名まえを「マリア」と明記してキリスト教を茶化し愚弄している。

教授の自著一は全般を通してキリスト教を茶化し愚弄している。

## 二　自著二『教養部しのろ准教授の恋』について

裁判所は、「大学が主張するように私的な記録ともとれる文章が含まれているということができるものの、およそ倫理学とは関係がないとまでは断定し難く、直ちに自著二が大学の授業の教科書として不適切であるとは評することができない。さらに、大学は、大学に関するエッセイとしても不適切である旨を主張しているが、記載自体が直ちに授業の教科書として不適切な内容であるとはいうことができない」と判断した。

しかし、「ひょっとすると、試験日に合わせて亡くなってくれるおばあちゃんが多いのかもしれない。日本全国には八〇〇もの大学があるから、いったい全体、この時期にどれだけのおばあちゃんが亡くなるのだろうか、と不届きなことを大学の先生たちと話している」との記載は、学生を愚弄しており、身内を亡くした経験のある学生が読めば傷つく内容である。

題名のとおり、著述の意図が家族についてのエッセイだったことは明白であり、目次を見て明らかなとおり、妻との会話や二人の娘たちの受験や運動会の話で、倫理学とは無関係である。

本を購入した学生のうち、少なくない学生は、教授が私的なエッセイとして出版した本を教科書名目で購入させられ、「カモ」にされたと考える可能性は高い。内容から疑いを掛けられる本を教科書として使用すること自体不適切である。疑いを掛けられないように大学教員は襟を正すべきである。

## 三　自著三『シノロ教授の大学事件』について

自著三を見ると、目次には「秘密録音される授業――法律か倫理か」とある。時系列からすると、教授は調査委員会の事情聴取ではじめて録音資料の存在を聞いているから、自著三は、従前からの教授の授業内容をもとに著されたものではない。

あとがきに「プラトンの作品をまねて、大学入門の「対話編」を書いてみた」と記載しているが、純粋な動機から著されたものではない。調査委員会で授業がイダンスを録音されていることを知って著されたというべきである。

教授は授業で、「人気科目、不人気科目、多人数授業、少人数授業、人数制限、クレーム、抽選科目、履修登録などの大学用語を説明して、授業ガイダンスを行いながら、同時に、コンビニ、ボランティア、ラクタン、アイドル、ジュニア、カモネギ、スタバ、友活、就活などの言葉を使って、プラトン、アカデメイア、アリストテレス、スコレー、カント、ヘーゲル、スミス、マルクスなどの思想を解説していた」と主張するが、客観的に見て、人気科目、ラクタン、カモネギ等の言葉を使って解説された事実はない。事実とかけ離れた主張をする教授は、大学教員としての適格性に欠けている。

したがって、原告教授は、就業規則にある「業務に必要な適応性、適格性を欠き、職務に適さない」といえる。

## 第四節　教授の自由の制約

裁判所は、教授の本について、「大学教授に保障されるべき教授の自由の重要性に鑑みると、大学における倫理学の授業の教科書として不適切であるとまで評することはできない」との判断を示したが、裁判所の判断は不当である。

教授は学問の自由・教授の自由を主張し、裁判所も教授の自由を理由に不適切であると評することはできないと判示している。しかし、東大ポポロ事件の最高裁判決が判示するとおり、教授の自由も「一般の場合よりもある程度で広く認められると解される」ものの「すべて公共の福祉による制限を免れるものではない」。教授の自由は無制限ではなく「公共の福祉」による制約を受ける。

最高裁判決は「大学における学問の自由を保障するために、伝統的に大学の自治が認められている。この自治は、とくに大学の教授その他の研究者の人事に関して認められ、大学の学長、教授その他の研究者が大学の自主的判断に基づいて選任される」と判示しているが、東京地裁判決は「大学の自治には、大学の自主的判断に基づいて教授その他の研究者が選任されること、施設や学生の管理について一定の範囲内において自主的な秩序維持の権能が認められること、研究教育の内容及び方法が自主的に決定されることなどが含まれるものと解される」、「教授会は広範な裁量権を有しているものと解するのが相当である」と判示している。

大阪地裁判決は、「学校法人は、学生と在学契約を締結しており、学生に対して適切な教育を行う義務を負うものである上、大学には、組織体として自主的な秩序維持の権能を認める必要がある」として、教授の自由は「教員の学生に対する指導状況、教員が所属する学部の有する秩序維持の権能を行使する必要性等の観点から、合理的な制約を受ける」と判示している。教授の自由は「適切な教育を行う義務」に基づき制約される。

昭和女子大学事件の最高裁判決は、「特に私立学校においては、建学の精神に基づく独自の伝統ないし校風と教育方針とによって社会的存在意義が認められ、学生もそのような伝統ないし校風と教育方針のもとで教育を受けることを希望して当該大学に入学するものと考えられる」と判示している。

明治学院大学は、寄付行為に「教育基本法および学校教育法に従い、福音主義のキリスト教に基づいて、教育事業を経営することを目的とする」と定め、学則に「キリスト教による人格教育と学問の自由を基礎とし、広く教養を培うとともに、深く専門の学芸を教授研究し、知的応用能力を発揮させることを目的とする」と定めている。明治学院大学はキリスト教主義によって社会的存在意義が認められ、学生もそうした校風と教育を受けることを希望して入学してくる。

教員には教授の自由として教科書を選択する裁量があるものの、教授の自由も無制限ではなく、大学が学生に対して負う「適切な教育を行う義務」に基づく制約を受ける。不適切な教科書である場合、使用することは許されない。不適切な教科書の使用は教授の自由の範囲外である。

たとえば、ナチスによるユダヤ人の大量虐殺を賛美する本を教科書として使用することは、不適切な教科書の使用となる。反社会的な内容、科目と関連のないものなど、不適切な教科書は種々考えられる。キリスト教による人格教育を茶化し愚弄する教科書は、不適切な教科書であり、許容されない。そのような本を著し教科書として使用することは、明治学院大学の教員として不適切な行為である。

授業の内容や形式について教員に一定の裁量があることは認めるものの、裁量は無限定ではない。大学の授業だから何をどのように教えてもよいということにはならない。大学教員には授業内容を決める自由があるものの、自由は無制限ではなく、キリスト教主義の観点から許容できない授業内容がある。教授が使用した教科書から、教授の授業は教員の裁量の範囲を逸脱し不適切であるといえる。

# 第二章　教科書検閲は自由の侵害である――教授側の主張

「教科書を理由に教員を解雇するのは、表現の自由の侵害であり、解雇の理由たり得ない」。

明治学院大学は「授業で不適切な教科書を使っていた」ことを理由に教授を解雇した。教授によると、大学の行為は「表現の自由」の侵害であるばかりか、授業を盗聴し無断録音していることもあり、「学問の自由」の侵害でもある。以下、大学が指摘している教科書を取り上げながら、教授側の主張を見ていく。

## 第一節　新感覚の大学入門
### ――紀川しのろ『教養部しのろ教授の大学入門』

教授の本について、大学は、「倫理学の専門書ではないから不適切な教科書である」と主張するが、この本は、教科書会社から出版され、「大学教育、教養科目、共通科目、教育学の教科書、倫理学の教科書」と位置づけられている。

倫理学の授業は教養科目なので、教科書は専門書よりも入門書のほうがよい。学生の学力と関心を考慮すると、やさしく読みやすい入門書のほうが適しているといえる。

本の内容について、大学は、「教授の本には、大学一般、キリスト教大学、明治学院大学を誹謗中傷する記載があり、内容が軽薄で品位がなく大学の教科書として不適切である」と主張するが、教授の本はどれも、大学生、教職員、メディアにはたいへん評判がよい。

明治学院大学の学生サイトにはつぎのように紹介さ

れている。「多くの書籍がハード版で少しお値段が張りますが、高いお金を払ってでも読む価値がある作品ばかりです。単位のためというよりは、人生のために読む本だといえるでしょう」。

大学は、「本の内容はキリスト教への誹謗中傷であるから、キリスト教大学の教科書として不適切である」とも主張するが、本の内容は、明治学院大学に限らず日本の大学が置かれた状況を批判している。読者の反応でもっとも多いのは、「作品中の指摘が当たっている」というもので、日本の大学ではキリスト教を仏教に置き換えても同じことがいえる。

大学は、「教授の本は明治学院大学の建学の精神を誹謗中傷している」と主張するが、教授の本は、キリスト教を誹謗中傷するものではなく、出版社の解説にあるように、「〈脱力系教授〉しのろ先生が、ユーモラスに書く大学教授の一年。高校生から新大学生まで楽しめる、新感覚の大学入門」である。

作品中の人物と団体について、大学は、「しのろ教授は教授本人であり、平成学院大学は明治学院大学である」と主張するが、作品中の人物・団体は実在のものではない。本には「しのろ教授や平成学院大学など、登場する人物や団体はすべて筆者が考え出したものだ」と書かれている。

本の中のどの内容も明治学院大学に限らず、日本の大学が置かれた状況をユーモラスに、シニカルに物語っている。それでも大学は、「しのろ教授のモデルは教授本人であり、平成学院大学のモデルは明治学院大学である」と主張するが、大学の主張は客観的な事実に反している。教授の本は創作であり、平成学院大学は明治学院大学ではない。以下、具体例を挙げる。

作品中に「平成学院大学はAランクである」とあるが、明治学院大学はAランクではない。「平成学院大学には理系学部もあり附属幼稚園・小学校・中学校・高校もある」とあるが、明治学院大学には理系学部も附属学校もない。「しのろ教授は男子校を卒業して国立大学に勤めていた」とあるが、原告教授は男子校に在学したことも国立大学に勤めたこともない。

大学は、明治学院大学にあるトイレの写真を出して、

「教授の本にあるトイレは明治学院大学のチャペルにある珍しいトイレである」と主張するが、写真をよく見ると、明治学院大学のトイレは洋式であり、平成学院大学のトイレは和式である。しかも、チャペルにあるという「珍しいトイレ」は、教授の本が発行されたあとに設置されたものである。

平成学院大学と明治学院大学の違いも、しのろ教授と原告教授の違いも、いずれも一〇〇箇所以上あり、両者は別のものである。そもそも作品中に明治学院大学は実名で登場しているのであるから、平成学院大学が明治学院大学であるはずはない。

大学は、「明治学院大学の学生が教授の本を読めば、明治学院大学のことであると理解する」と主張するが、学生はそのような理解を示していない。「学生は一般読者よりも際立って明治学院大学であるという印象をもつ」とも主張するが、読者の理解を一つも示していない。大学は、自らの主観的な思い込みを繰り返し述べているにすぎない。

## 第三節　教養科目の教科書

### ――紀川しのろ『教養部しのろ准教授の恋』

教授の本について、大学は、「題名からして倫理学の教科書として不適切である」と主張するが、本書は、教育系出版社から「大学の教育学、教養科目の教科書」として発行されたものである。同じ出版社からは、『古典で読み解く哲学的恋愛論』や『なぜ私たちは恋をして生きるのか』など、哲学や倫理学の教科書も発行されている。今日では若者の関心を惹きそうな題名をもつ教科書は多い。

本の内容からして、大学は、「教授の本は、倫理学と関係しない私的な記録にすぎず、家族についてのエッセイである」と主張するが、本書は、日本随筆家協会賞を受賞した『随筆集　カサブランカ』の改訂版であり、前任校でも「思想文化」の授業で教科書として使用されていたものである。

教授が大学に提出した研究業績書には、この本について、「随筆集　カサブランカ（筆名：紀川しのろ）、単著、二〇〇八年、日本随筆家協会、全二二六頁。第五七回『日本随筆家協会賞』受賞作品。「言葉と感情の間にムダなよどみがない」と選評で絶賛された受賞作の「カサブランカ」を収録した傑作集。家庭の日常から海外の動向まで、読んで楽しいアカデミック・エッセイ。家族の肖像、日本とドイツ、学校の周辺、仕事場の姿。やさしい文章とソフトなタッチで、身近な世界を描き出す」と記載されている。

大学は研究業績書を審査して教授を採用しているのであるから、「教科書として不適切である」という大学の主張は、採用時に大学がした評価と矛盾している。教授がこの本を教科書として使用するのは二〇〇八年からであるが、大学が教授の本を不適切な教科書と指摘したのは、教授を解雇した二〇一六年になってである。大学は教授を解雇するまえに、教授に対し教科書について注意をしたり指導をしたりしてはいない。

大学は、本書を使った教授の授業について、「教授が授業で何を話したかは不明であるが、授業で学生にショックを与え、大学の名誉を傷つけた」と主張する。教授が授業で何を話したか不明であるならば、大学は授業の内容について論評することはできない。大学は授業概要であるシラバスをチェックして、授業内容と教科書をあらかじめ把握していたにもかかわらず、教授に何らの指摘もしていなかった。

授業を盗聴していた黒川貞生（センター長）は、シラバスを点検したうえで記載内容を変更するように求めたこともあったが、大学はシラバスにある教科書の題名だけを見ていたのではなく授業そのものを調査していた。図書館に所蔵されている教授の著書を借り出して調査したり、授業時に学生に配付した資料を教室に忍び込んで抜き取ったり、事務室に依頼した印刷物を抜き取って配付を禁止したりもしていた。

実際のところ、大学は教授を解雇するためにかなり前から教科書を調査していた。大学は、「業務に必要な適応性、適格性を欠き、職務に適さないと認められる可能性が高まったため、教授の教科書を調査することにした」と弁解しているが、そうではない。

永野茂洋（副学長・理事）は、教授会の席上で「教授の教科書が大学の名誉を毀損しているとの発言が理事会であった」と伝えている。原田勝広（調査委員長）も、理事会の指示を受けて、「従来から批判の声が出ていた教科書を調査した」と語っている。

副学長やセンター長や調査委員らは、授業中にこっそりと教室に侵入し、授業を盗聴して教員や学生の話を秘密録音し、録音資料を無断で使用していた。多くの学生は大学の行為に不信感を抱き、大学の盗聴行為を「犯罪」だと非難している。

## 第三節　裁判所の判断について

教授の本について、大学は、「キリスト教を誹謗中傷しているから、教授は大学の名誉を毀損した」と主張するが、裁判所は、「本の内容は大学や学生やキリスト教への風刺や批判であるから、教授が大学の名声を傷つけたとはいえない」と判断し、大学の主張を退けている。

地裁で敗訴した大学は、「キリスト教を誹謗中傷している」という主張が認められなかったので、高裁では「キリスト教を茶化したり愚弄したりしている」とトーンダウンしている。

「愚弄」とは、権力をもつ強者が弱者になす野蛮な行為であり、組織が個人になす言論の「封殺」である。個人である教授が大学組織に対してなすように、権力をもたない弱者が強者に対してなす行為は「批判」であり、言論による「風刺」である。大学は、批判的な言論を封じており、表現の自由を制限している。

そもそも「大学」とは、自由な研究と教育が行われる場であり、特定の宗教に限定された「教会」でもなければ、外部からの自由な批判を許さない「セクト」でもない。大学は、それが「大学」であろうとすれば、自由な言論の場を保証するものでなければならない。

教科書の選定について、大学は、「本の内容は倫理学とは関係のない私的な記録である」と主張するが、裁判所は、「本の内容は倫理学とは関係がないとはいえず、大学の授業の教科書として不適切であるとはいえない」と判断している。

大学の授業の教科書として見ても、大学は、「大学に関するエッセイとして不適切である」というが、裁判所は、「大学教授に保障されるべき教授の自由を鑑みても、教授の本が大学における倫理学の授業の教科書として不適切であるとはいえない」と判断している。

キリスト教についていえば、大学は、「教授はキリスト教主義を掲げる大学の授業でキリスト教を誹謗中傷する教科書を使用した」と非難するが、裁判所は、「教授の本にあるキリスト教に関する記載は誹謗中傷ではなく風刺や批判である」と冷静に判断している。

大学は「キリスト教の大学を愚弄する本を書くことは教員として不当であり、倫理的にも許されない」と主張するが、大学教員がどのような本を執筆するのかは、大学当局の介入するところではなく、教員がどのような本を教科書として採用するのかも、教員の合理的な裁量に委ねられている。

作品の評価として、大学は「教授の本は軽薄で品位がない」とこき下ろすが、大学の評価は主観的なものであり、客観的な根拠に基づく事実認定ではない。大学は、価値判断と事実判断を混同し、事実判断の中に価値判断を混入させている。

作品中のモデルについて、大学は、「作品中の平成学院大学のモデルは明治学院大学であり、明治学院大学の学生にはそのように理解される」と主張するが、客観的には、大学が主張するような理解は存在しなかった。一般的な読者の理解では、平成学院大学は平均的な「日本の大学」であった。

言及されている内容も大学一般のものと理解されるから、教授の本を読んだ学生が明治学院大学に関するものと受け止めることもない。平成学院大学は明治学院大学ではないから、教授の本が明治学院大学に対する名誉毀損を構成することもない。

## 第四節　第三者の客観的な評価

教授が書いた本の内容について、大学は「大学一般、キリスト教大学、明治学院大学を愚弄している」と主張するが、出版社の解説には「ユーモラスに書く大学教授の一年。高校生から新大学生まで楽しめる、新感覚の大学入門」とある。

教授の本はどれも「面白い」というのが一般的な感想である。大学は、「一般人が面白いと感じるエッセイを倫理学の教科書とするのは不適切である」と主張するが、面白い本は教科書として適切であり、面白くない本は教科書として不適切である。

ジャーナリストの浅野健一（元同志社大学教授）は、「授業を無断録音し教授を解雇した明治学院大学の犯罪」と題する論説で、教授の本を「受験生や保護者が、日本の大学がどういうところかを知るには最適の本だ」と評価している。

編集者の中川志大氏は、教授の本について、つぎのようにコメントしている。「大学生のみならずともご一読をお勧めしたいと思います。この本のメインテーマである「大学とは何か」は、そのまま今回の盗聴事件で問われていることでもあります。「大学の権威をおとしめた」と明学大は寄川氏を非難していますが、大学ひいては学問をおとしめているのがどちらなのかは明白です。大学が企業の下請けといわれて久しい現在、「大学とは」という問いこそ重要で、それを考えるうえで、この事件は良い材料といえるでしょう。その意味でも、広く議論されるべきだと考えています」。

倫理学者の岡本裕一朗（玉川大学教授）は、裁判所に提出した意見書の中で、教授の本についてつぎのように評している。「寄川条路先生のご著書、紀川しのろ『教養部しのろ教授の大学入門』を一読し、たいへん興味をもちましたので、玉川大学学術研究所人文科学研究センターの公開講演会に寄川先生をお招きして、「人文学とリベラルアーツのゆくえ――教養教育の逆襲はなるか？」という題目で講演をしていただきました。寄川先生のご講演は、たいへん興味深く学生や教員に大好評でしたので、その後、玉川大学学術研究所人文科学研究センターの雑誌『フマニタス』に、講演原稿を掲載させていただきました。今回、あらためて寄川先生のご著書を熟読しましたが、紀川しのろ『教養部しのろ教授の大学入門』も、紀川しのろ『教養部しのろ准教授の恋』も、いずれの本も、大学の教科書として、そして、倫理学の教科書として、最適なものであると判断いたしました。とくに、教養教育についての記述は、玉川大学の全人教育とも通じるところがあると理解でき、大学の倫理学の教科書としても高く評価しています」。

このように識者らは、教授の本を読んで倫理学の教科書として適切なものと判定している。

教授には三〇冊ほどの著書があり、キリスト教系の同志社女子大学や仏教系の京都文教大学など、いくつもの大学で入試問題として採用されている。全国の大学図書館にも収蔵され多くの学生に読み継がれている。全国の学生・教職員を始め、高校生や受験生にも読まれており、大学生の両親や兄弟にも好評である。

「高校生のときに先生の本を読んでいました」といって明治学院大学に入学してきた学生もいたし、入学後すぐに「先生の倫理学を受講したいです」とメールを送ってきた学生もいた。学生が兄弟姉妹を授業に連れてきたり、保護者が「先生の授業に出席させてもらってもいいですか」と尋ねてきたりしたこともあった。

明治学院大学の「授業評価アンケート」によれば、教授の授業は五点満点中の四点であり、高く評価されていた。学生サイト「明治学院大学ＬＩＦＥ」によれば、教授は「明治学院大学でもっとも知名度が高い、学内でもっとも人気のある先生」と評価され、「素敵な授業をしてくれる先生であり、興味深い授業内容や上手な教え方で人気を博し、授業が抽選になる」と紹介されている。

明治学院大学の「人気授業ランキング」によれば、数百ある授業科目の中で、一位は原告教授の「倫理学」であり、二位は青木洋一郎講師の「言語文化」であった。原告教授も青木講師も授業を盗聴され解雇されているから、解雇されたのはもっとも人気のある教員であったといえる。

## 第五節　教授の授業内容

教授の授業内容について、大学は教授の本にある「動物園の猿」の例を挙げて「教授は授業の中で学生を愚弄している」と主張するが、大学は本の内容を曲解している。

教授は授業で「人間園」「動物園」「教育」「飼育」「ボランティア」「他者への貢献」などの用語を挙げて、現代の哲学思想を紹介している。教授の本にはつぎのようにある。

**一　寄川条路編『メディア論──現代ドイツにおける知のパラダイム・シフト』（御茶の水書房、二〇〇七年）**

「ニーチェは「人文主義」による「教養＝人間形成」（Bildung）を、「飼育」の一様式と見なした。人間が野性動物としてもっていた崇高さを失わせ、か弱い家畜として飼い慣らすための「飼育」である。プラトン以降の哲学者たちが愛した「書物＝エクリチュール」というメディアは、そうした弱い家畜としての人間を飼育するのに非常に適した道具であった。

しかし歴史を振り返ってみれば、これまで西欧文明を支えてきた「人文主義」の伝統自体が、人間による人間に対する暴力的な「培養＝飼育」技術のコード体系であったと見ることもできる。ニーチェが見抜いていたように、人文主義の世界は、人間が自らの暴力によって、人間を人工的に培養・飼育する動物園（パーク）であった。こうした「人間園」の構想は、理想的な人間教育（パイデイア）を説いたプラトンの『ポリティコス』（政治家）にまで遡る。」

以上を要約すれば、人文主義の基本思想は人間の飼育であるといえる。

**二　寄川条路編『インター・カルチャー──異文化の哲学』（晃洋書房、二〇〇九年）**

「いたるところにビデオカメラが設置されていて、侵入者のみならず、すべての生活者が例外なく監視されている。良くいえば見守られているのだが、悪くいえば見張られているのだろう。日常の生活において、学校や社会において、そして社会のすみずみにおいて、人間の行動を観察する装置ができあがっている。それは、犯罪を起こさせないようにして、模範的な人間へと飼育する装置であるにちがいない。」

大学当局による授業の盗聴も教科書の検閲もこれに入る。

## 三　紀川しのろ『日々の栞』（角川学芸出版、二〇一〇年）

「学校とは、「動物園」ならぬ、「人間園」という名のテーマパークではないだろうか。動物園が、自然環境に疎い都人士に、人工的に飼育して飼い慣らした動物を見せる娯楽施設なのだとすれば、人間園とは、まだ人間になっていない子どもたちを飼育して、りっぱな人間に作り上げるための教育施設にちがいない。人間になることを目標に掲げているところが、「学校」と呼ばれる教育施設なのであり、そこで行われる飼育活動が、人間教育と呼ばれる。

勤め先の大学で「人間園」の話をしたことがある。授業を受けていた学生が、おりの中に入った人間の絵を描いてもってきた。「人間園」と名づけられたその絵をスクリーンに大きく映し出すと、思いのほかに大きな反響があった。「あまりにも怖すぎる」という意見と、「まさにそのとおり」という意見が半々だった。

感想の一つに、「モンキーパーク」の話が出ていた。モンキーパークとはサルを専門にした動物園のことで、そこには、世界中の七〇種ものサルが集められているという。「ヒト」という種類のおりもあって、おりの中に入ってみることもできるそうだ。はたして、動物園と人間園、どれほどまでに違っているのだろうか。」

教育施設である学校とは、リトルワールド、モンキーパーク、明治村のようなテーマパークなのである。

## 四　紀川しのろ『教養部しのろ教授の大学入門』（ナカニシヤ出版、二〇一四年）

「学院とか学園とかの名まえを付けるのは、決まってミッション・スクールだ。

ミッション・スクールとは、キリスト教の教会が作った学校で、お猿に芸を身に付けさせるように、小さな子どもたちに信仰を植え付けようとする「人間動物園」と考えればよい。「学園」のほうが、幼稚園児にベレー帽をかぶらせるカトリック校とすれば、「学院」のほうは、高等教育を自慢とするキリスト教主義のプロテスタント校となる。

カトリックの学校では、ヨーロッパ流の教育方針でもって、幼稚園や小学校にいる、スモックを着た素直な子どもたちを相手に、フランス語やドイツ語を教えている。一方、プロテスタントの学校では、アメリカ流の教育方針でもって、高校や大学にいる、生意気になった大きな子どもたちを相手に、英語を教えている。

これは、ニーチェのように不道徳なしのろ教授による区分なので、頭の固い教育者やキリスト教の信者からは、いつもお叱りの言葉を受ける。どちらであっても、日本のミッション・スクールは、周りの人たちへの配慮を欠かさない。たとえば、「他人のために」をモットーに掲げてみたり、ボランティア精神をたたえて、「世の中で役に立つ人」を育てるといってみたり、教育の理念だけは、カトリックであってもプロテスタントであっても、そう変わりはない。他者への貢献など、余計なお世話だと思う。」

ミッション・スクールとは、ニーチェの言葉でいえば、子どもに「奴隷の道徳」を植え付ける「人間動物園」である。

教授は、授業の中で、キリスト教を「奴隷の道徳」と見なして批判していたドイツの哲学者ニーチェの思想を紹介し、監視装置の付いた檻の中にいる子どもを猿にたとえた「人間動物園」でもってドイツの哲学者ハイデガーの思想を紹介し、ボランティアや他者への貢献を「余計なお世話」と呼んで説明していた。教授の説明は大学生が倫理学を理解するためのわかりやすい説明である。

明治学院大学も人間を猿と同じように扱ったうえで、教員や学生を監視しながら授業を盗聴したり、教科書を検閲したり、学生の答案用紙を抜き取ったり、学生の書き込みをチェックしたりしていた。そういう大学が、教育理念である「他者への貢献」を「お節介」と呼び、「ボランティア」を「究極のレジャー」と呼んで、楽しい「お節介」を勧めている。つぎに、明治学院大学学長室が発行する本を紹介する。

## 五『明治学院大学の教育理念と創設者へボンの生涯』（明治学院大学学長室、二〇〇五年）

「人間同士が互いに言葉を交わすのは、猿が互いに毛づくろいをして信頼関係をつくり出しているのと同じで、コミュニケーションの出発点だ。ボランティアというのは、そんな世の中の歪みから生まれたものだ。つまり「ボランティア」とは「お節介」のことである。

いつか、テレビでそう言ったら、かなりの数の抗議電話がその局に殺到した。「ボランティアのような人間的使命感にあふれた崇高な行為を、お節介とはナニゴトか」という抗議である。こういう頭の堅い人には、もう何も言うつもりはないけれど、ボランティアとはすばらしいお節介であり、究極のレジャーだと、ぼくには思えるのだから仕方がない。

昔のお節介さんだって、別に人類愛でやっていたわけじゃない。人助けをして感謝されるのが、うれしいからやっていたのだ。楽しいからやっていたのだ。「他者への貢献」というのは、「お節介のすすめ」である。」

大学は、教授の本について、「教授が学生を猿にたとえ学校を人間動物園と呼び、ボランティアや他者への貢献を余計なお世話と呼んで、キリスト教を誹謗中傷しているので、教授は明治学院大学の教員として不適切である」と主張していた。

だが、学長室が発行する『明治学院大学の教育理念と創設者ヘボンの生涯』の中では、「人間同士が互いに言葉を交わすのは、猿が互いに毛づくろいをして信頼関係を作り上げるのと同じで、コミュニケーションの出発点であって、ボランティアとはお節介であり究極のレジャーである」と説明し、「人類愛からではなく楽しいからやっているにすぎず、他者への貢献はお節介のすすめである」という。

明治学院大学の教育理念が「猿のお節介」であれば、「猿の飼育」に慣れた教授は、大学の教育理念を実現する教員として最適だといえる。

## 第六節　明治学院大学のキリスト教主義

キリスト教主義について、明治学院大学は学生につぎのように説明している。「大学は学生にキリスト教を布教するのではなく、学生にキリスト教を理解してもらいたいのであり、キリスト教を理解するとはキリスト教を批判することです」。これは受験生向けの『大学案内』にある学長の言葉である。

教授は、大学の教育理念であるプロテスタントのキリスト教主義に感心して、毎年度、授業の中で学長の言葉を紹介していた。プロテスタントとは、カトリックのような既成の制度や伝統に対してプロテストすることであり、既存の秩序を疑って批判することである。まさに学問的な態度であって、こうした批判精神に共感したからこそ、教授は明治学院大学へと移ってきたのである。

学生について、大学は「学生は、キリスト教主義に基づく明治学院大学の教育を受けることを希望して入学してきた」と主張するが、大学の主張は事実に反している。

明治学院大学の学生は、明治大学と明治学院大学を受験して、明治大学に落ちて明治学院大学に合格したから明治学院大学に入学してきたのである。両方の大学に合格した受験生が明治学院大学に入学することはない。「学院が付いてないとよかった」というのが新人生の偽らざる本心である。

教員について、大学は、教員募集のさいに「明治学院大学はキリスト教主義の大学であり、キリスト教の教育理念を理解してくれる人を希望します」と書き添えている。

大学が教員に「キリスト教の理解を希望する」のはもちろんかまわないが、大学が教員にキリスト教を強制したり禁止したりするのは、学問上も法律上も許されない。大学の教員も学生もほとんどキリスト教信者ではないが、大学の設置者である理事会だけはキリスト教信者に限られていて、信者ではない人を排除している。

大学教授は、学問の自由、教育の自由、表現の自由をもっており、大学のいう建学の精神も私立大学の教育理念も、教授のもつ自由を侵害することはできない。なぜなら、教授のもつ学問・教育・表現の自由は、学問的にも法律的にも、私立大学の教育理念よりもはるかに大きな価値をもっているからである。

「表現の自由」が憲法で保障されているのは、どのような表現であれ、表現をすれば賛同する人も反対する人もいるからである。表現の内容は、ある人にとっては快であっても、他の人にとっては不快でありうる。現代の社会では、それでも問題のない表現として扱われる。自分とは異なる価値観で溢れているので、不快な思いをすることがあるのは大前提であり、不快さは多様性を維持するためのコストとして受け入れるしかない。

明治学院大学のように、気に入らない表現を切り取って不適切とすることは、表現の自由の侵害に当たる。表現の一部が大学を誹謗中傷しているとか、キリスト教を茶化したり愚弄したりしているとか、そうした理由で大学教員の懲戒がなされてはならない。

大学が教員の言論を統制するために解雇権を濫用することはあってはならないところ、大学は実質的に教授の思想に介入してきた。言論統制のために解雇権を振りかざせば、教員の思想統制にもつながる。大学は「学問の砦」として思想や表現に寛容であるべきであって、教員の統制を強めるのではなく、教員の意見表明がもっとオープンにできる環境作りに努力すべきである。

私立大学には建学の精神があり固有の教育理念が認められるものの、大学が教授のもつ学問の自由・教育の自由・表現の自由を制限することは許されず、ましてや授業を盗聴したり教科書を検閲したりすることは許されない。

大学は「教授が大学の教育理念に合わず建学の精神にも反する」と主張するが、そうであれば最初から大学は教授を招聘しなければよかったのである。教授は哲学者であり倫理学者であるので明治学院大学のようなキリスト教主義もマルクス主義も許容するが、特定の思想や主義を他人に強要したり、禁止したりすることには強く反対する。教授の説く「寛容の倫理」は、寛容さを否定したり、多様性を否定したり、異なる他者を否定したりする、明治学院大学の「排除の論理」に対しては寛容ではない。

明治学院大学のキリスト教主義はキリスト教に基づく「排除の論理」である。大学は、キリスト教の教えのみを認め、それ以外の考えを認めない。「教育基本法および学校教育法に従う」と謳いながらも、明治学院大学は、公式に、元号や和暦の使用を禁止し、日の丸の掲揚や君が代の斉唱を禁止している。明治学院大学のもつ排他的な性格は、「理事、監事および評議員は、キリスト教信者であって、目的を貫徹するのに適当な者でなければならない」とあるように、キリスト教信者以外を排除しているところにはっきりと現れている。

明治学院大学では、キリスト教の授業を履修することがすべての学生に強制されており、キリスト教以外の宗教はすべて禁止されている。それに対し、教授が研究しているドイツの哲学者ヘーゲルは、プロテスタントのギムナジウム（小中高の一貫制学校）の校長をしていたとき、教員が子どもたちを教会に引率することに反対し、教会への引率を強制しようとした監督官庁に対し強く抗議している。ヘーゲルはプロテスタントであったが、教会へ行くか行かないかは強制されることでも禁止されることでもなく、個々人が自分の意志で決定すべきことだからである。哲学者であり倫理学者である教授もそう考える。

教授が説くのは寛容の倫理であり共生の論理である。キリスト教であれ仏教であれ、宗教の違いは、個人的で主観的な「好み」の問題であり、優劣の問題ではない。宗教の違いは、「コーヒーが好きか、紅茶が好きか」、「ＡＫＢが好きか、乃木坂が好きか」の違いと同様、好みの問題なのである。

芸術や宗教は個人的で主観的な「嗜好品」であるのに対し、哲学や倫理学は客観的で普遍的な「学問」である。近代以降、学問は宗教から独立し、学校は教会から独立した。宗教の中に学問があるのではなく、学問の中に宗教があり、教会の中に学校があるのではなく、学校の中に教会がある。これが近代以降の社会制度である。

原告教授の教科書のタイトル『インター・カルチャー――異文化の哲学』や『グローバル・エシックス――寛容・連帯・世界市民』からもわかるように、教授のスタンスは、特定の思想や文化を絶対化することなく、すべての思想や文化を相対化し、世界的な規模での寛容・連帯を説く「グローバル・エシックス」である。これもひとえに、近代の市民社会では、「キリスト教徒とユダヤ教徒が共存しなければならない」という宗教上の必要があったからであり、教授の言葉でいえば「いやなやつともいっしょにいなければならない」ということである。これが現代社会で世界市民の連帯を説く「寛容の倫理」であり、二一世紀のグローバル・エシックスである。

大事なのは、自分の考えを絶対化しないことであり、他人の考えを排除しないことである。倫理学とはそうした学問であり、大学とはそうした場所である。

イスラム過激派が風刺新聞社を襲った「シャルリー・エブド襲撃事件」のとき、ローマ法王は「他人の信仰について挑発したり、侮辱したり、嘲笑したりしてはいけない」との考えを示し、「言論の自由は権利であり義務でもあるが、他人を傷つけることなく表現しなければならない」と説いた。

それに対してイギリスのキャメロン首相は、「自由な社会では宗教について他人の感情を害する権利がある」と語り、「私はキリスト教信者であり、誰かがイエスについて不快なことを言ったら侮辱的だと思うが、自由な社会ではこれを言った相手に復讐をする権利はない。新聞や雑誌などは法に反しない限り不快な意見を掲載することができる。これを認めなければならないし、これこそ私たちが守るべきことだ」と、ローマ法王の見解に反対を表明した。

明治学院大学はローマ法王のように宗教を守ろうとするのだろうが、教授はキャメロン首相のように自由な社会を守る。「私はあなたの意見には反対だが、あなたがそれを主張する権利は命をかけて守る」。これが、キリスト教から独立して近代社会が獲得した、学問の自由であり、教育の自由であり、表現の自由である。

## 第七節　明治学院大学の「排除の論理」

教員の適性について、「教授は教員の倫理観と資質を欠いているから排除しなければならない」と大学は主張する。自分の考えに合わない教員を「排除」しようとすること自体が、明治学院大学の体質を表している。

大学は、自らの価値観に基づき、大学の方針に従わない思想系の教員らを執拗に攻撃し排除してきた。倫理学を担当する原告教授を解雇したのみならず、大学による人権侵害を告発していた名須川学教授（哲学）を懲戒処分したり、大学の方針を批判していた原宏之教授（哲学）を解雇したりしていた。

大学は、教員の自由な研究や教育を容認せず、意に添わない教員を資質や倫理観の欠如に結び付けている。原告教授は倫理学の研究者であるから、自らの考えや主義主張はあるものの、考え方の違いがあることを認め、他者への寛容を旨としている。大学教授として意見の表明は自由であるし、自由にしなければならないと考える。

大学は、「私立大学連盟の教員倫理に反するから、教授は不適格である」と主張するが、学校経営者に都合のよい倫理観を教授に当てはめて論じているだけである。連盟に加盟している私立大学は一五パーセントにすぎず、連盟の教員倫理は、私企業の経営者が従業員に望む、経営者にとって都合のよい心構えにすぎない。倫理学的にいえば、「飼育の倫理」（ヘーゲル）であり、「奴隷の道徳」（ニーチェ）であり、「家畜の倫理」（ハイデガー）である。

自分の考えが特殊なものであることを自覚せず、大学は、私立大学連盟の価値観を一般化して普遍的な教員倫理であると思い込んでいる。大学の主張は、私立大学も公共性を担うものであるという点を理解していない。連盟の倫理観が許されるとすれば、私的な意図を建学の精神に含意させ、教員という名の忠実なる使用者を使って、学生に一方的な価値観を注ぎ込む教育が大学で許されることになる。

私立大学のもつ教育の自由とは、日本学術会議が説明するように、「戦前の教育の反省のもとに、新しい憲法のもとで、教育方針の自由な選択が尊重される」という意味である。教育基本法に規定されているように、「学校」は私立であっても国公立であっても公の性質をもつから、学校も教員も設置者の私的目的に従属させてはならず、設置者の私的な意図・目的を建学の精神とすることは許されない。

倫理学者の幸津國生（日本女子大学名誉教授）は、裁判所に提出した意見書の中で、明治学院大学のもつ問題点を的確に指摘している。①大学は学問の自由にも大学としての存在理由にも反している。②キリスト教による教育は各大学の事情によって限定される。③大学の教育には宗教の立場が前面に現れて学問の立場が展開されていない。④大学の機能は研究と教育にあり、宗教団体とは異なる。⑤大学には建学の精神をどのように学問的に実現するのかという問題がある。⑥本件は宗教の立場から学問の自由を一方的に否定したものである。⑦キリスト教は限定された一つの立場であるが、大学は自己を相対化できていない。⑧学問は宗教を越えて普遍的な理想に向かうので、建学の精神を否定する自由がある。⑨学問の立場から特定の宗教を否定することで大学としての存在理由を示すことができる。⑩大学は教授に謝罪し解雇を撤回することで他者への貢献を示さなければならない。

憲法学者の小林節（慶應義塾大学名誉教授）は、論説「学問の自由と信教の自由を弁えない大学」で、本件についてつぎのように述べている。①憲法二三条が保障する学問の自由は、研究の対象・方法・成果の表現・教授の自由を包含している。②教授の身分は教授会から認定され、法と道徳に反しない限り、教授会によっても奪えない。③大学に批判的な教授を処分したのは、学問の自由と大学の自治を弁えない大学の誤った権力的発想である。④大学がキリスト教に批判的な教授を処分したのは、信教の自由を履き違えたものである。⑤教団が大学を設立した場合、教義を押しつけることは禁じられている。⑥大学は、学問の自由と大学の自治の意味、信教の自由を弁えず、教授の授業を妨害して身分を奪い、学生のもつ学問の自由を侵害した。

専門家の立場から見ても、大学がした解雇処分は解雇権を濫用したものであり、教授に保障されている学問の自由や人格権を侵害するものである。

明治学院大学の教育理念は「他者への貢献」である。キリスト教の『聖書』にある「人にしてもらいたいと思うことは何でも、あなたがたも人にしなさい」という命令であり、「無償奉仕への要求」である。このような教育理念は、明治学院大学も認めるように、大学における「学問の理念」には反している。学問の理念とは「真理が私たちを自由にする」であり、特定の宗教とは関係なく、普遍的な理想として掲げられるものである。

大学は、「キリスト教を絶対化したり異なる思想を排除したりするものではない」と弁明するが、大学の弁明は事実に反する。キリスト教の科目を必修化して全学生に履修させ、礼拝なくしては入学式にも卒業式にも出席させず、教員にも会議で祈祷や聖書朗読をさせている。大学はキリスト教を教員に励行するばかりか、キリスト教を批判する教員を大学から排除してきた。大学の行為は、キリスト教主義の絶対化であり、大学における学問の自由の侵害である。

教授の教科書は、大学やキリスト教への痛烈な批判であり風刺であるが、どのような主義主張であっても、これを批判し否定してもよいというのが、啓蒙主義に由来する「寛容の論理」である。批判や否定の形式は、どのような表現を取っていてもかまわないのである。教授は大学の主義主張に反対してもよいし、大学は教授の主義主張に反対してもよい。

教授の言動が気に入らないのであれば、大学は「言論」で教授を批判すべきなのであって、教授から表現の機会を奪うことはあってはならない。大学は、啓蒙主義がキリスト教の呪縛から人間を解放して近代社会を築いたという歴史的な事実と学問的な発展を理解しようとしない。

「学問の自由」とは、キリスト教主義であれマルクス主義であれ、どのような主義主張も否定できるという思想である。日本国憲法は、思想の自由、表現の自由、信教の自由を保障するだけでなく、特定の思想や表現や信教を否定する者にも、思想の自由、表現の自由、信教の自由を認めている。

にもかかわらず、大学は学問の自由よりもキリスト教を優先し、学問・教育・表現の自由を制限し、大学を批判する教員らをつぎつぎと排除してきた。大学の行為は、憲法が保障する学問の自由、教育の自由、表現の自由への侵害である。大学は、教授の言動について反対することはできても、教授の発言を制限したり、教授を排除したりする権限をもつものではない。

明治学院大学事件は、大学が、キリスト教を批判する本を授業で教科書として使用したことを理由に、教授に嫌悪感を抱き、解雇を断行した事件である。大学は自らが考える倫理観や資質や適格性にそぐわない教員を排除しているから、本件は、日本国憲法下では許されない差別的な行為であり、法秩序の維持の観点からも看過できない行為である。大学の行為は、大学教授に保障された学問の自由、人格権を侵害する違法なものであるといえる。

## 第八節　明治学院大学の「犯罪」と隠蔽

最後に、明治学院大学は「教授の自由」を制限するため「ナチス」を持ち出してくる。「ナチスによるユダヤ人の大量虐殺を賛美する本」であれば、いかに大学教員に教授の自由があったとしても、不適切な教科書の使用になると主張する。

ナチスがユダヤ人を大量虐殺して戦争行為を賛美したように、明治学院大学は、国家神道と結託し日本による戦争行為を賛美していたにもかかわらず、戦後になるとすっかり自らの戦争責任を忘れて、戦時中の犯罪行為を隠蔽していた。明治学院大学は今でも、自らの犯罪行為とその責任に無関心である。

キリスト教主義が国家神道と結託して侵略戦争を推進していたのを忘れてしまったのだろうか。それとも、授業の録音行為を隠し通していたように、自らの犯罪行為を隠蔽し続けるのであろうか。罪を告白し懺悔した中山弘正（元明治学院学院長）が、「大学が教員の教室で話したことを録音するなどということは、あってはならない」と語っていたことを、大学は今一度肝に銘ずるべきである。

終戦から五〇年も経ってようやく、学院長は、「明治学院の戦争責任・戦後責任の告白」の中で、明治学院が靖国神社への参拝に賛同したばかりか、御真影の奉載にもたいへん積極的であったことを語り、侵略戦争に積極的に加担したことを告白して謝罪した。そして明治学院が戦後になっても、自らの戦争責任をひた隠しにし、公にしてこなかったことの責任もあわせて告白し謝罪している。

明治学院大学は、戦時中には「勤労奉仕」を唱えて学生を戦場に送り出し、戦後になると自らの戦争責任をひた隠しにして何もなかったかのように「他者への貢献」を唱える。大学の唱えるキリスト教主義は、相変わらず「滅私奉公」という思想構造をしていて、東京五輪へ向けて学生を「ボランティア活動」へと徴用していく。教授の本に書かれているのは、明治学院大学のような日本の大学が辿ってきた、そしてこれから向かおうとしている道のりへの痛烈な批判なのであり、アイロニーなのである。

一五〇年の歴史を有する明治学院は、日本の歴史に「明治学院大学事件」という大きな汚点を残すことになった。日本最古のミッション・スクールである大学は、悔い改めるならば、まだ救われる可能性も残されているだろうが、裁判所の判決がなされたあとでは、大学が大学としての適切な秩序ある運営を取り戻すことは不可能である。そのときにはもはや、明治学院大学は「大学」としては存続していけないと考える。

# 第三章 教科書も授業も不適切ではない——裁判所の判断

「教授の本は、誹謗中傷ではなく風刺・批判と解釈できるから、解雇事由には該当しない」。

裁判所は、事件の概要を簡潔に説明したあと、「教授の本は大学を誹謗中傷している」という被告大学側の主張と、「教授の本は大学への風刺・批判である」とする原告教授側の主張を比較検討しながら、裁判所の判断を示し結論を導き出している。以下、双方の主張に対する裁判所の所見を見ていく。

## 第一節　事件の概要

裁判所は、事件の概要をつぎのように説明する。

原告教授は、明治学院大学等を設置し運営する学校法人である被告大学との間で労働契約を締結し、明治学院大学の教授の地位にあった者であるが、平成二八年（二〇一六年）一〇月一七日付けで、被告から解雇（主位的に懲戒解雇、予備的に普通解雇）された。

本件は、原告教授が、被告大学による解雇が無効である旨を主張して、被告に対し、労働契約上の権利を有する地位にあることの確認、並びにバックペイ（未払い賃金）としての平成二八年（二〇一六年）一〇月分以降の未払い月額給与、及びこれらに対する各支払い期日の翌日から支払い済みまでに生じる商事法定利率年六％の割合による遅延損害金の支払いを求めるとともに、明らかに不合理な理由に基づいて解雇がされたことや、解雇に至る過程において被告が原告の授業の内容を無断で録音し、これを原告に開示しなかったことにより、その人格権を侵害され、多大な精神的苦痛を被った旨を主張して、被告に対し、不法行為に基づく損害賠償請求として慰謝料五〇〇万円、及びこれに対する不法行為の後の日である解雇の日の翌日から支払い済みまでに生じる民法所定の年五％の割合による遅延損害金の支払いを求めた事案である。

## 第二節　被告大学の主張

裁判所は、被告大学の主張をつぎのようにまとめる。

原告は、授業において、内容が軽薄で品位がなく、キリスト教主義を誹謗中傷し、明治学院大学の名声を著しく傷つける内容の『教養部しのろ教授の大学入門』と題する自著一、及びエッセイ集風のおよそ倫理学とは関係のない若い頃の原告自身のほとんど私的な記録にすぎず、大学に関するエッセイ部分も不適切な内容となっている『教養部しのろ准教授の恋』と題する自著二を、いずれも教科書として極めて不適切な物であるにもかかわらず、教科書として使用し、それらのまとめを二〇〇字や五〇〇字で書かせるなどといった不適切な授業をした。

## 第三節　原告教授の主張

裁判所は、原告教授の主張をつぎのようにまとめる。

被告の主張にかかわる上記の自著一『教養部しのろ教授の大学入門』及び自著二『教養部しのろ准教授の恋』については、被告がこれまでの間に教科書として不適切であるなどの注意や指摘を原告に対して行ったことはなかったのであり、事後的に、本件解雇の事由とすべきではない。

## 第四節　裁判所の判断

裁判所は、被告大学の主張と原告教授の主張をつぎのように判断した。

被告は、普通解雇の事由として、原告が授業で大学の教科書として不適切な自著一『教養部しのろ教授の大学入門』及び自著二『教養部しのろ准教授の恋』を教科書として使用し、これらに関する数百字のレポートを学生に課していることが授業の内容として不適切である旨を主張している。

そこで、まず、教科書としての使用の点について検討すると、自著一には【前掲】（①から⑳）のとおりの記載があることが認められ、その内容に照らせば、一面において被告が主張するような評価も成り立ちうる部分があることは、あながち否定することができない。

しかしながら、被告が自著一について内容が軽薄で品位がないとか、キリスト教主義に対する誹謗中傷であると指摘している【前掲】記載の①から⑯までの記載については、昨今の大学や学生、キリスト教主義に対する風刺、批判とも解釈することができるものである。

また、被告が自著一について明治学院大学の名声を著しく傷つけていると指摘する同⑰から⑳までの記載についても、確かに自著一には明治学院大学がモデルとなっていることを伺わせる箇所が含まれているものの、そのような箇所は自著一のうちの一部にとどまっており、「平成学院大学」について言及されている内容も、大学一般について当てはまると考えることもできるような内容も含んでいることに照らすと、これを読んだ学生が一般的に自著一に記載されている内容を明治学院大学に関するものとして受け止めるとまでは断定し難く、記載が被告の主張するように明治学院大学の名声を著しく傷つけているとまではいうことはできない。

また、被告は、自著二について、その内容の大半がエッセイ集風のおよそ倫理学とは関係のない私的な記録であると指摘しているところ、自著二の内容に照らせば、自著二には確かに被告が主張するように私的な記録ともとれる文章が含まれているということができるものの、およそ倫理学とは関係がないとまでは断定し難く、直ちに自著二が大学の授業の教科書として不適切であるとは評することができない。

さらに、被告は、自著二に【前掲】（㉑）記載の内容があることを指摘し、大学に関するエッセイとしても不適切である旨を主張しているが、記載自体が直ちに授業の教科書として不適切な内容であるとはいうことができない。

以上に加え、大学教授に保障されるべき教授の自由の重要性に鑑みると、自著一及び自著二が大学における倫理学の授業の教科書として不適切であるとまで評することはできないというべきである。

つぎに、レポートを課している点について検討すると、自著一及び自著二が大学の授業の教科書として不適切であるとまで評することができないことは上記のとおりであるから、それらに関するレポートを学生に課している点も、授業の方法として不適切であるとはいうことができない。

この点、被告は、原告の授業を受けて教授会の実態についてショックを受けたという学生の意見の存在を指摘しているが、学生が受けた原告の授業の内容がどのようなものであったかは不明であり、当該意見の存在が当該授業の内容が不適切であったことを直接に裏づけるものということは困難である。

## 第五節　裁判所の結論

裁判所は、本件解雇事件についてつぎのように結論づける。

被告大学は、原告教授がキリスト教主義を掲げる明治学院大学の授業でキリスト教主義を誹謗中傷する自著一及び自著二を使用していることから、原告には就業規則に規定する普通解雇事由が認められる旨を主張するようであるが、自著一及び自著二のキリスト教主義に関する記載が風刺、批判とも解釈し得るものであることは、上記において説示したとおりであって、たんなる誹謗中傷にすぎないと断ずることはできないから、自著一及び自著二の授業における使用が直ちに普通解雇事由に該当するものとはいうことができない。

したがって、本件解雇は、普通解雇として行われたものとしても、労働契約法第一六条の規定により、解雇権を濫用したものとして、無効といわざるを得ない。

## 第六節　検閲されていた教科書

最後に、明治学院大学が普通解雇理由として挙げていた教授の本を紹介しておく。裁判になって大学は、教授の書いた本をもとに教授が大学教員として不適切であると主張したが、裁判所は、大学の主張をことごとく退けている。裁判所の判断はともかく、被告である大学の主張が主張として成り立つのかどうかは、実際に本を読んでみて、読者に判断してもらいたい。

原告の教授が書いた本は三〇冊ほどあるが、そのうち大学が解雇理由として挙げた本は、つぎに挙げる五冊である。それぞれの本に付けられた紹介文を載せておく。なお、教授の本で、倫理学にかかわる専門書や研究書は本名で書かれており、小説や随筆などのフィクション（創作）は筆名で書かれている。著者名にある「紀川しのろ」は、教授の筆名である。

**一　紀川しのろ『随筆集　カサブランカ』（日本随筆家協会、二〇〇八年）**

第五七回日本随筆家協会賞を受賞した作品「カサブランカ」を収録した随筆集であり、「言葉と感情の間にムダなよどみがない」と選評で絶賛された傑作集である。収録された内容は、家庭の日常風景から海外の社会動向まで、学校の周辺事情から仕事場での姿まで、読んで楽しいアカデミック・エッセイとなっており、やさしい文章とソフトな語り口で、大学という身近な世界を描き出している。

**二　紀川しのろ『日々の栞』（角川学芸出版、二〇一〇年）**

一家の父として、学校の教員として、そして一人の人間として、日々の風景を描いた珠玉の随筆集である。日常の風景から家庭の情景まで、学校と子どもから職場としての大学まで、読んで楽しいアカデミック・エッセイとなっており、やさしい文章とソフトなタッチが身近な世界を描き出す。娘たちへの想いを綴った「姉妹」、大学教員の裏話を描いた「就職活動」など、四〇編の随筆を収録する、著者のエッセイ集第二弾である。

**三　紀川しのろ『教養部しのろ教授の大学入門』（ナカニシヤ出版、二〇一四年）**

教養部で倫理学を担当するしのろ教授が、ユーモラスに大学の現状を紹介しながら、ときにはシリアスに大学生の学力低下を嘆きながら、大学教授の本音を交えて、大学の一年間を紹介するものである。高校生や新大学生には新鮮な内容であり、卒業生にはどこか懐かしい、新感覚の大学入門である。ベストセラーとなった本書は、昨今の大学生の実態を描き出した、先生の本音が丸見えの大学入門であるといえる。

**四　紀川しのろ『教養部しのろ准教授の恋』（ナカニシヤ出版、二〇一五年）**

二〇〇八年に日本随筆家協会から刊行された『カサブランカ』を改訂し、加筆削除のうえ書名を改めたものである。収録内容は、前掲の『教養部しのろ教授の大学入門』の時間を巻き戻して、学校での恋や家族の絆や日常のささやかな出来事をドラマとして描き出す、「しのろ教授」シリーズ第二弾ともなっている。

**五　紀川しのろ『シノロ教授の大学事件』（世界書院、二〇一九年）**

明治学院大学事件の小説化で、ミッション・スクールの「令和学院大学」を舞台に大学教授の受難を描いたフィクションである。若者の半数以上が大学に進学し大学の数が多すぎて余っている現代、教員の人員削減のために策を弄する大学側の思惑と、それを阻止するための作戦を展開する学生たちの行動がユーモア溢れる筆致で描かれている。学生に絶大な人気のあるラクタン倫理学のシノロ教授を主人公に、「シノロ教授の登場」「シノロ教授の災難」「シノロ教授の逆襲」「シノロ教授の教訓」という起承転結でアカデミックな世界で巻き起こった事件を形而上学的弁証法も交えて描いたキャンパス小説であり、今時の大学や大学生たちの生態を揶揄しているような諧謔味が最大の特色ともなっている。

第四部

# 明治学院大学事件の裁判資料

# 第一章　裁判記録——労働審判、東京地裁、東京高裁、判決解説

明治学院大学事件にかかわる主要な裁判記録を載せておく。まずは、労働審判委員会の調停結果、つぎに、東京地方裁判所の判決主文、そして、東京高等裁判所の和解調書である。最後に、本件を担当した代理人弁護士による判決解説である。

## 第一節　労働審判委員会の調停結果

東京地裁平成二八年（労）第七九一号地位確認等請求事件
（二〇一六年一〇月二八日申立、二〇一六年一二月八日終了）

申立人　寄川条路、代理人弁護士　酒井将、浅野健太郎、太期宗平

相手方　学校法人明治学院、代表者理事長　青本健作、代理人弁護士　小池健治、松居智子、横澤康平

審判官　東京地裁民事第三六部　遠藤東路、審判員　田辺順一、杉浦学

労働審判法二四条一項により終了。

## 第二節　東京地方裁判所の判決主文

東京地裁平成二八年（ワ）第四一五九七号地位確認等請求事件
（二〇一六年一二月二八日提訴、二〇一八年六月二八日判決）

原告　寄川条路、代理人弁護士　酒井将、浅野健太郎、

太期宗平、田中悠介
被告　学校法人明治学院、代表者理事長　青本健作（のち山﨑雅男）、代理人弁護士　小池健治、松居智子、横澤康平
裁判官　東京地裁民事第三六部　江原健志、大野眞穂子、人見和幸

判決主文
一　原告が被告に対して労働契約上の権利を有する地位にあることを確認する。
二　被告は、原告に対し、三三万二、七一四円及びこれに対する平成二八年（二〇一六年）一〇月二三日から支払い済みまで年五％の割合による金員を支払え。
三　被告は、原告に対し、平成二八年（二〇一六年）一一月二二日からこの判決の確定の日まで、毎月二二日限り、六九万八、七〇〇円及びこれに対する各支払い期日の翌日から支払済みまで年五％の割合による金員を支払え。
四　原告のその余の請求をいずれも棄却する。
五　訴訟費用は、これを一四分し、その五を原告の負担とし、その余は被告の負担とする。

## 第三節　東京高等裁判所の和解調書

東京高裁平成三〇年（ネ）第三六四一号地位確認等請求控訴事件
（二〇一八年七月一〇日控訴、二〇一九年一一月二八日和解）
原告　寄川条路、代理人弁護士　太期宗平
被告　学校法人明治学院、代表者理事長　山﨑雅男、代理人弁護士　小池健治、松居智子、横澤康平
裁判官　東京高裁民事第二三部　白石哲、河合芳光、廣澤諭

和解条項
一　原告と被告は、原告と被告間の雇用契約が、令和元年（二〇一九年）一一月二八日付けで合意による原告の退職により終了することを確認する。
二　被告は、原告に対し、本件解決金として五、

○○○万円を、令和元年（二〇一九年）一二月二七日限り、三井住友銀行六本木支店の「ベリーベスト弁護士法人　一般預り口　代表社員　萩原達也」名義の普通預金口座（番号七六六九五九八）に振り込む方法により支払う。

三　原告と被告は、互いに本件に関し誹謗中傷する言動を一切行わないことを約束する。

四　原告は、被告に対し、被告の大学の学生に関する個人情報記載の書類・データを責任をもって令和元年（二〇一九年）一二月二七日までに廃棄することを約束する。

五　被告は、原告に対し、東京地方裁判所が本件録音は適法であると判示したとはいえ、原告に無断で授業を録音するに至ったことについて遺憾の意を表する。

六　原告は、その余の請求を放棄する。

七　原告と被告は、原告と被告との間には、本和解条項に定めるもののほか、何らの債権債務がないことを相互に確認する。

八　原告は、被告に対し、原告が被告の教職員に対して本件に関連して金銭的請求及びその他の請求をしないことを約束する。

九　訴訟費用は、第一審、第二審を通じて各自の負担とする。

原告代理人弁護士　太期宗平

## 第四節　東京地方裁判所の判決解説

### 一　裁判（判決）の概要（東京地方裁判所平成三〇年六月二八日判決・平成二八年（ワ）第四一五九七号地位確認等請求事件）

結論として、被告大学がした解雇（被告は、主位的に懲戒解雇、予備的に普通解雇をした。）は、労働契約法一六条の規定により、解雇権を濫用したものとして、無効であると判断した。原告（寄川条路）の労働契約上の地位確認とこれまでの賃金請求について認容した。

また、原告は、地位確認・賃金請求に加えて、無断録音行為が教授の人格権（学問の自由）を侵害するものとして、損害賠償（慰謝料）も請求していたが、判決は、録音したのが主にガイダンス部分であるとして、棄却した。

**二　解雇について**

まず、懲戒解雇について、被告は、原告の四つの行為（①無断録音に関与したと思われる教員の氏名を公開した行為、②教授会の要請に応じなかった行為など）について、就業規則の懲戒事由に該当すると主張し、原告はこれについては、被告の主張には前提事実に誤認があり、就業規則の懲戒事由に該当すらしないと主張していた。

判決は、①無断録音に関与したと思われる教員の氏名を公開した点と②教授会の要請に応じなかった点について、原告にも落ち度があるとして、就業規則への該当性は認めた。ところが、懲戒解雇を選択することは、本件録音行為に至る経緯を何ら説明していないこと、教授会の要請が原告の認識に反するような見解を表明させるものであることから、原告にも酌むべき事情があることから、相当でないと判断した。

次に、普通解雇について、被告は、過去の原告の授業における言動、履修者制限措置に対する言動やキリスト教を批判する教科書を使用していたことを普通解雇事由として主張し、原告は、普通解雇事由に該当すらしないと主張していた。

裁判所は、授業における言動は大学から排除しなければならないほど重大なものではなく、履修者制限措置に先立って意見聴取がされていないこと、教科書のキリスト教主義に関する記載が風刺、批判とも解釈することができるものであるから、普通解雇事由に該当しないと判断した。

以上より、裁判所は、被告がした解雇について、いずれも解雇権を濫用した無効なものと判断した。

**三　損害賠償請求について**

原告は、被告が履修者数制限措置に反対していた原告に対する嫌悪感を端緒として、原告の著作物（自著）を授業で使用していたことを含む明らかな不合理な理由で本件解雇を行ったことや、原告に無断で授業の無断録音行為に及び、原告の学問的研究活動を侵害するとともに、自由な教育の機会を奪ったことによって、その人格権が侵害された旨を主張した。

一般論として、地位確認・賃金請求の他に、さらに損害賠償請求が認められるためには、地位確認・賃金請求が認められたとしてもなお慰謝されない権利侵害行為がある場合とされている。

本件では、結論として損賠賠償請求は否定し、その理由として、概要以下のように述べる。

（一）大学側はガイダンスの内容を確認する必要性があった（原告の研究や教育の具体的な内容を把握することを目的としていない。）。そして、録音したのは、主として、ガイダンス部分であった。

（二）録音行為は、大学の管理運営のための権限の範囲内において適法に行われた。

以上の理由から、被告が原告に告知しないまま本件録音行為を行ったことは、教育基本法上の不当な支配に当たるということはできず、原告に教授の自由が保障されていることを考慮しても、原告の学問的研究活動を侵害し、自由な教育の機会を奪うものとして、その人格権を侵害するものであるということはできない、と判示した。

## 四　本判決の意義

大学当局に反対の意見を表明した、大学教授の解雇の事案について、裁判所が大学教授に教授の自由（憲法二三条）が保障されていることを重視して、解雇を無効と判断した点は評価できる。大学の組織運営に対する反対意見を表明したり、大学が標榜するキリスト教主義を批判・論評したりしただけで解雇するといった不寛容を許さないという意味があるといえる。

しかしながら、裁判所が、憲法上保障される教授の自由について、（民事法上その侵害行為について損害賠償が認められる）人格権の一内容として認め、一般論として、大学教授に告知することなく、授業を録音することは不法行為を構成することを認めながら、本件では録音対象の大半がガイダンスであった点を重視するあまり、損害賠償請求を否定した点に不満が残る。

# 第二章　繰り返される解雇──教員解雇、職員解雇、非常勤講師解雇

労働訴訟は通常、勤務先の会社や学校の名をとって「〇〇事件」と呼ばれるが、「明治学院大学事件」と呼ばれるものには、じつは二つある。一つは二〇一六年の本件「教員」解雇事件であり、もう一つは二〇〇九年の「職員」解雇事件である。さらに、裁判にはならなかったが、非常勤講師解雇事件もある。

裁判記録を確認したところ、教員解雇事件と職員解雇事件のどちらも、東京地裁では解雇無効の判決により地位と賃金が認められ、東京高裁では解決金の支払いによる退職和解で終結している。明治学院大学は、教員には五、〇〇〇万円を支払い、職員には三、五〇〇万円を支払っていた。裁判の記録によれば、大学側の代理人弁護士は同一人物であり、大学側の主張も同一内容であった。明治学院大学が同一理由で教職員の解雇を繰り返していたことが確認できる。

教員解雇事件と職員解雇事件は「明治学院大学事件」として判例集に収録されている。判例集から事件内容を紹介しておきたい。非常勤講師解雇事件は裁判にならなかったので判例集には収録されていないが、わかる範囲でできるだけ詳しく紹介しておきたい。

## 第一節　明治学院大学「教員」解雇事件

事件名：明治学院大学教員解雇事件
事件番号：東京地裁平成二八年（ワ）第四一五九七号
判決日：東京地裁平成三〇年六月二八日
判例ＬＥＸ／ＤＢ文献番号：二五五五六一四一三
原告：明治学院大学教員（教養教育センター教授）

被告：明治学院大学理事長（青本健作、のち山﨑雅男）
原告代理人：酒井将、浅野健太郎、太期宗平、田中悠介（ベリーベスト法律事務所）
被告代理人：小池健治、松居智子、横澤康平（長野国助法律事務所）
裁判官：江原健志、大野眞穂子、人見和幸
判例集：『労働判例ジャーナル』第八二号（労働開発研究会、二〇一九年一月一五日）

不適切な言動を理由とする元教授に対する懲戒解雇・普通解雇が無効とされ、地位確認請求が認められ未払賃金等支払請求が一部認められ、損害賠償等請求が斥けられた例。

この事件は、明治学院大学（以下、大学）等を設置し、運営する学校法人である学校法人明治学院（以下、学校法人）との間で労働契約を締結し、本件大学の教授の地位に在った者であるが、学校法人から解雇（主位的に懲戒解雇、予備的に普通解雇）された元教授が、学校法人による当該解雇が無効である旨を主張して、学校法人に対し、労働契約上の権利を有する地位に在ることの確認並びにバックペイとしての平成二八年一〇月分以降の未払月額給与等の支払を求めるとともに、明らかに不合理な理由に基づいて当該解雇がされたことや当該解雇に至る過程において学校法人が元教授の授業の内容を無断で録音し、これを元教授に開示しなかったことにより、その人格権を侵害され、多大な精神的苦痛を被った旨を主張して、学校法人に対し、不法行為に基づく損害賠償請求として慰謝料五〇〇万円等の支払を求めた事案において、裁判所が、懲戒解雇は懲戒権を濫用したものであり、普通解雇は、解雇権を濫用したものであるとして、懲戒解雇・普通解雇無効地位確認等請求を認容し、未払賃金等支払請求を一部認容し、損害賠償等請求を棄却した事例である。

懲戒・普通解雇無効、地位確認等請求認容、損害賠償等請求棄却

一　懲戒事由に当たる元教授の言動（教務課の職員や学生に対して大学の教員として不適切な言動）について

は、元教授に一応の酌むべき事情が認められ、このことに加え、元教授の当該言動によって、A教授自身の精神状態の具体的な悪化や、学生のA教授に対する不信感が原因となってA教授の授業に具体的な支障が現に生じたというような事情も認められないこと、元教授にはこれまで懲戒処分歴が全くないこと、懲戒解雇による元教授の経済的な不利益なども考慮すると、元教授の当該言動について、学校法人が本件就業規則第三二条に定める七段階の懲戒処分の中でも最も重い懲戒解雇を選択したことは、客観的に合理的な理由を欠き、社会通念上相当であるとは認められない場合に当たるというべきであるから、懲戒解雇として行われた本件解雇は、労働契約法（平成一九年法律第一二八号）第一五条の規定により、懲戒権を濫用したものとして、無効となるとされた例。

二　元教授の不適切な言動については、注意や指導等を受けた結果、元教授に一定程度の改善が見られたとも評価し得るものであり、元教授の授業運営等については、通院を口実に授業を休講としている点が大学の教員として不適切であるものの、大学教授ないし教員として不適切であるとまでは断じ難く、また、元教授にはこれまで懲戒処分歴が全くないことも加味すれば、元教授について、いまだ当該適格性の欠如が元教授を本件大学の教員から排除しなければならないほどに重大な程度に至っているとまではいうことはできず、そして、解雇による元教授の経済的な不利益なども考慮すると、普通解雇として行われた本件解雇は、客観的に合理的な理由を欠き、社会通念上相当であるとは認められない場合に当たるというべきであるから、本件解雇は、労働契約法第一六条の規定により、解雇権を濫用したものとして、無効といわざるを得ないとされた例。

三　学校法人が主張する解雇の事由については、その大半において当該主張に係る事実関係を認めることができるのであり、それらによれば元教授には大学の教授ないし教員として不適切な言動が多々見られていたのであって、学校法人が不当な動機や目的において本件解雇に及んだとはいうことができず、また、本件録音行為によって録音されたのは、主として当該授業に関するガイダンスの部分であり、履修登録をした特定の学生に対して行った講義そのものではなく、本件録音行為は、学校法人の使用者としての地位に基づいて認められる本件大学の管理運営のための権限の範囲内において適法に行われたものということができるから、学校法人が元教授に告知しないまま本件録音行為を行ったことが教育基本法一六条一項に規定する不当な支配に当たるということはできず、元教授に教授の自由が保障されていることを考慮しても、元教授の学問的研究活動を侵害し、自由な教育の機会を奪うものとして、その人格権を侵害するものであるということはできないから、元教授の請求のうち不法行為に基づく損害賠償請求等の請求は、理由がないとされた例。

## 第二節　明治学院大学「職員」解雇事件

事件名：明治学院大学職員解雇事件
事件番号：東京地裁平成二一年（ワ）第九六四四号
判決日：東京地裁平成二二年七月一二日
判例LEX／DB文献番号：二五四七一二六七
原告：明治学院大学職員（国際交流センター次長）
被告：明治学院大学理事長（若林之矩）
原告代理人：只野靖、木村壮（東京共同法律事務所）
被告代理人：小池健治、大杉智子（長野国助法律事務所）
裁判官：青野洋士
判例集：『大学教職員のための判例・命令集二』（日本私立大学教職員組合連合、二〇一八年）

高度な英語能力とマネジメント能力を有するものとして、大学の国際交流業務を行う管理職（次長）として中途採用した職員に対して、就任後、期待されたマネジメント能力を有しておらず、組織運営に極めて重大な支障をきたしたとして解雇がなされた事案である。裁判所は、大学職員として望ましくない、あるいは不適正なものであることは明らかとしつつも、業務支障の状況や程度からすれば、当該職員を大学から排除しなければならないほど重大なものであるとはいい難いとして解雇を無効としている。

なお、職員解雇事件については、判決当日の二〇一〇年七月一二日につぎのようなニュースが配信されている（『共同通信』、『日本経済新聞』など同文）。

明治学院大職員の解雇無効――問題行為「重大性なし」

明治学院大の元男性職員が、不適切な窓口対応などを理由に解雇されたのは不当として、大学側に地位確認や解雇以降の賃金支払いを求めた訴訟の判決で、東京地裁は二〇一〇年七月一二日、「問題行為」を認めた上で「態様や業務への支障の程度は、大学から排除しなければならないほど重大とは言い難い」と請求を全面的に認めた。

青野洋士裁判官は、不適切な窓口対応や（一）別の職員に業務指示と受け取られる形で映画観賞を勧めた（二）入試業務説明会で居眠りしたり、試験当日に受験生用のいすに座ったりした――など計一四の問題行為を認め「職員としての問題は小さくない」と指摘。

一方で、解雇に関して「担当業務の変更、縮小に準じるやむを得ない事情がある場合」などと定めた大学側の就業規則にはいずれも該当しないと判断した。

判決によると、男性は複数の会社を経て二〇〇六年一〇月、英語やマネジメントの能力を評価され大学の国際交流センター次長に採用された。その後、二度にわたって異動したが「十分に業務を遂行できない」として昨年（二〇〇九年）二月に解雇された。

## 第三節　明治学院大学「非常勤講師」解雇事件

大学の非常勤講師の解雇や雇い止めの話もよく耳にするが、フルタイムの専任職ではなくパートタイムの非常勤職なので裁判になることは比較的少ない。たいていは泣き寝入りで、外部に知られることもないので、ここで事件の経緯を詳しく記しておきたい。

「非常勤講師のA先生は、授業態度に問題があるのでクビにします。」

主任教授の提案は、非常勤講師の雇い止めだったので、教授会ですんなりと承認されてしまった。どんな問題があったのかはわからないが、主任教授に逆らう者はいない。反対意見でも述べようものなら、つぎの標的にされてしまうので、みんな押し黙っている。

当の非常勤講師には、「おまえはクビだ」とは言わないで、「来年度は、A先生の科目は開講されないので、お願いできなくなりました」と、上手に伝える。もちろん来年度も科目は開講されていて、他の教員が担当しているだけだ。

そうした事情も知らされず、勤続一〇年でクビを切られたA先生は、労働基準監督署に相談はしたものの、それ以上のことはしなかった。後日、「明治学院大学事件」が公になってはじめて、自分の雇い止めのいきさつを知ったという。

## 一　大学による授業盗聴

裁判で明らかになったのは、明治学院大学では、慣例的に授業が盗聴され、録音されていたことだった。大学を告発して解雇された教授のほかに、非常勤講師のA先生も授業を盗聴され雇い止めにされていた。この件は知られていないので、ここではじめて公にする。

クビになったのは、いずれも教養科目の担当者で、学生による「人気授業ランキング」で一位の原告教授と二位のA先生だった。二人とも、授業を休んで海外の学会に行くほど研究熱心だったが、学生のあいだでは、楽に単位が取れる先生で有名だった。

そんな折、二〇一八年問題をまえにして、大学執行部は、学生定員を一五パーセントも増やしながら、開講科目を二〇パーセントも減らす方針を決定した。大学の方針は、専門科目はそのままにして、教養科目だけを減らすものだった。そのときは、非常勤講師を削減する話だろうと思って、教養部にさえ反対する者は一人もいなかった。

教養科目は自由に選択できるので、「楽単科目」に学生が集中する。学期のはじめ、職員が教室を回って出席者を数えているが、教務担当の教員も加わって、教室の中を見て回るようになった。授業について、学生からクレームが寄せられたそうだ。

明治学院大学では、学生のために「クレーム用紙」まで作っていて、積極的に、苦情や要望を書いてもらっている。あるとき、A先生の授業について、「学生の私語で先生の声が聞こえません」という、匿名の投書があった。

そこで、教務担当の主任教授と教務課長が、A先生に事情を説明し、事前の同意を得たうえで何度か授業を聴講させてもらったが、その後も授業に改善が見られなかったので、やむなく雇い止めにいたったのだという。

ところが、当のA先生によれば、学生からクレームを受けたことはなく、教務担当の教員にも職員にも一度も会ったことはないという。「私は授業には自信がありました」というのが、研究熱心なA先生のことばで、それまで授業が盗聴され調査されていたことなど何一つ知らなかった。

## 二　大学による授業評価

学期末には、学生による「授業評価アンケート」が行われる。あくまでも授業の評価なのであって、教員の評価ではないはずだが、実際には、人事評価の資料として使われている。

明治学院大学では、「みんなのキャンパス」という授業評価のウェブサイトも監視しているが、たまたま見つけたという「学生と思われる者」の書き込みは、職員の自作自演だった。

手書きのはずのクレーム用紙が、パソコンで書かれていたこともあった。ファイルのデータを調べたところ、「作成者」は教務課長だった。宮崎大学「ハラスメント捏造」事件のように、学生のクレームは事務職員が捏造したものだった。

「リベラルな大学」に見えても、大学の方針を批判することは許されない。教科書の検閲はもちろん、プリント教材の事前確認から配布禁止まで、大学当局による管理運営は徹底している。

採点済みのテストは、学生の個人情報を保護するためシュレッダー用の箱に入れるのだが、回収された用紙はすべて、授業内容の調査のため倉庫に保管され、しっかりチェックされていた。

大学では、これらをすべて「校務」と呼んでいる。いずれも組織的で計画的な犯行なのだが、不法行為に関与しているのは、執行部の指示や命令に従うまじめな教職員だ。理事職の学部長は、裁判では「授業の無断録音は許されるべきではない」と証言していたものの、同じ人物が「のぞき」の常習者でもあった。

さて、明治学院大学事件が大学界に広く知れ渡ったので、件のA先生も雇い止めのいきさつを知るにいたった。「訴えることはできるかもしれないけれど、私は研究に専念したいので」。こう言ってくれるA先生は、クビを切りやすい非常勤講師だ。クビになったら黙ってないで、すぐに地域の非常勤講師組合に相談しよう。

## 第四節　裁判資料の公開

明治学院大学「教員」解雇事件の裁判が終わってほっとしていたころ、まったく別の問題が生じてしまった。

明治学院大学「職員」解雇事件を担当した弁護士から、いきなり電話がかかってきた。それによると、職員を解雇した大学の顧問弁護士からクレームの電話があったのだという。聞けば、明治学院大学を解雇された「教員」が、同大学を解雇された「職員」から職員解雇事件の裁判資料を受け取って、その資料をインターネット上で公開しているのだという。これは守秘義務に違反しているのではないか、とのお叱りの電話であった。

これもまた、明治学院大学の顧問弁護士によるいつもの言い掛かりにすぎないのだが、大学の顧問弁護士は裁判が終わったいまでも、二度も裁判で敗訴したことへの恨みなのか、こうやって事実無根のデマをまき散らしている。

授業を盗聴し無断で録音したり、授業の配付資料を盗み取ったり、学生の答案用紙を抜き取って調査したり、録音関係者を匿ったり、果ては裁判資料を隠そうとしたりと、明治学院大学の悪行にはほとほと呆れかえる。

いうまでもないが、日本では裁判は公開で行われ、裁判資料は公開されている。明治学院大学の「教員」解雇事件も「職員」解雇事件も、どちらの裁判資料も東京地方裁判所で公開されている。閲覧室に行けばだれでも資料を見ることができるし、関係者であれば資料を複写することもできる。

明治学院大学「教員」解雇事件については、すでに小説化されているので、紀川しのろ『シロノ教授の大学事件』（世界書院、二〇一九年）を手にとって読んでほしい。裁判については、続編の『シノロ教授の大学裁判』で詳しく書くことにしている。

事件にかかわる法的な争いは終わったので、今後は訴訟外で事件を追及していくことにしている。裁判資料のデータ化も完了したので、これから資料を公刊していく予定だ。資料集の出版を準備しているので待っていてほしい。

原告の教授側が裁判所に提出した資料は、主張書面が七〇一頁、証拠説明書が一〇五頁、証拠書面が一、二八五頁である。被告の大学側が裁判所に提出した資料は、主張書面が五七五頁、証拠説明書が一三九頁、証拠書面が八九〇頁である。裁判所が作成した資料は、手続調書が五六頁、尋問調書が一一七頁、判決書が九八頁、更正決定書が二頁、和解調書が五頁である。裁判資料を合計すると、教授側の資料が二、〇九一頁、大学側の資料が一、六〇四頁、裁判所の資料が二八八頁で、総計で三、九八三頁になる。

明治学院大学「教員」解雇事件は、労働審判、東京地裁、東京高裁の三回戦であったが、原告教授の主張も被告大学の主張も同じものの繰り返しで、裁判所に提出した書面も同じ内容のものだった。裁判所の判断も概ね同様だったので、重複を避けて資料を公刊したほうがよいのかもしれない。裁判資料を紙書籍で出版するか、あるいは電子書籍で出版するか、はたまたインターネット上に公開するか、キリスト教学校の「犯罪」を記念するために、もっとも効果的な方法を考えている。

# 第三章　裁判を経験して――紛争終結ではなく真相究明を

## 第一節　絶対王者と傭兵

裁判を経験してわかったのは、なぜ裁判官が「絶対王者」と呼ばれ、弁護士が「傭兵」と呼ばれるのか、ということだった。

裁判にのぞむ当事者にとっては一生に一度の大事件であっても、裁判官にとっては毎日のルーティンであり、できるだけ早く片付けたい雑務にすぎないことはよく理解できる。同じように、弁護士にとってはビジネスチャンスであり、できるだけ短時間に多くの報酬を得るための商売にすぎないこともよくわかった。裁判官と弁護士のどちらにとっても裁判は所詮「仕事」なのであり、もっといえば裁判官を挟んで双方の弁護士が互いに金額を出し合うだけの「競り」にすぎなかった。

裁判を経験した人からは、裁判所も弁護士も強く和解を勧めてくると聞いていたが、まさにそのとおりであった。裁判を担当してくれた弁護士からは、裁判の目的は真実を明らかにすることではなく、争いを終わらせることであると念を押されていたものの、電卓を打っているだけの裁判官と稼働時間ばかりを気にしている弁護士を目の当たりにして、裁判の現実を思い知った。

教科書に書いてある「基本的人権を擁護する」とか「社会的正義を実現する」とかは弁護士のセールス文句にすぎず、「双方の主張をよく聞いて公正に判断する」というのも裁判官のリップサービスにすぎなかった。

憲法学者の支援を受けた原告側が「授業の盗聴は学問の自由の侵害である」と主張したところ、裁判長から「憲法判断を求めているのか」と聞かれたことがある。横にいた代理人弁護士が黙っていたので、原告本人が「はい」と元気よく答えたのだが、そのときに見せた裁判長の困ったような顔はいまでも忘れられない。

業界用語では「憲法判断回避のルール」と呼ぶらしく、事件を解決できるのであれば、裁判所はわざわざ憲法を持ち出して判断しなくてもよいのだそうだ。結果的に、裁判所の判断は、肩透かしを食らったといってよいほどあっさりしたものだった。

ここで、裁判をはじめて経験した一個人として、おそらくは裁判を経験するのは最初で最後になるだろうから、率直な感想を述べておきたい。

## 第二節　裁判所の事実認定

裁判には大きく分けて民事裁判と刑事裁判の二種類があり、日本の民事裁判は当事者の弁論主義と裁判官の自由心証主義からなっている。こんな基礎的なことも裁判を自ら経験してはじめて知った。

当事者の弁論主義とは、争っている双方が互いに自らの主張を展開し、その主張を裁判官に認めてもらうために、自分で証拠を提出するというものである。したがって、当事者はどちらも自分の主張を裏づけるために有利な証拠は出すが、自らが不利になるような証拠は出さない。大学側が授業を録音したというスマートフォンを提出することはついになかった。かといって裁判官が事実を認定するために当事者に対し証拠を出すよう求めることもない。

裁判官の自由心証主義とは、裁判官が原告と被告の双方から話を聞いて、確からしいと思われるどちらか一方の話を事実だと認めるものである。そのうえで裁判官は、事実と認められたものが既存の法律に違反しているのかどうかを判断する。すなわち、裁判官は、双方の事情を斟酌して、双方の主張を真実と認めるべきか否かを判断するわけである。

裁判での事実認定は、「Aは事実である」とか「Bは事実ではない」とはならず、「Aは事実であると認められる」とか「Bは事実であるとは認められない」となる。つまり、裁判で求められるのは、「何が事実であるのか」あるいは「何が事実でないのか」ということではなく、「何が事実として認められるのか」あるいは「何が事実として認められないのか」ということである。要するに、「裁判所が何を事実として認めるのか」あるいは「裁判所が何を事実として認めないのか」ということである。

注意すべきは、裁判所が求めているのは、学問が探究するような「普遍的で客観的な真理」ではない、ということである。いつでもどこでもだれにでもあてはまるような学問的真理は、裁判でははじめから要求されていない。

裁判官自身が認めているように、裁判上の「事実」とは、裁判官個人にとっての「主観的で相対的な真実」にほかならない。したがって、裁判官の判断は結局のところ、客観的な事実に基づく客観的な判断ではなく、裁判官個人が自らの心のうちに抱いた内面的な印象にとどまることになる。これが「心証」と呼ばれるものである。

実際のところ、本件でも裁判所の事実認定は、客観証拠に基づいていなかったので論理性も必然性もなく、学問の真理性からは遠く隔たっていた。もっといえば、裁判所の事実認定には「三種の誤り」があった。まずは、客観証拠に反する事実認定であり、つぎに、客観証拠に基づかない事実認定であり、そして、当事者間に争いのない事実に反する事実認定である。とくに三番目の誤りから、裁判所の事実認定がいかに杜撰なものであるのかがよくわかった。

裁判所が作成した判決書や証人調書を読むと、誤記があまりにも多いことに気づく。判決から二週間ほどして、「当裁判所が言い渡した判決に明白な誤謬があったので、被告の申立てにより、次のとおり更正する」との「更正決定」が送られてきた。大学側から被告代表者の取り違えを指摘されて、裁判所はあとから訂正文を送ってきたわけだが、人名や地名や期日など、それ以外にも数多くの間違いがそのまま残されていた。裁判所は忙しさにかまけて原告と被告の提出書面をよく読んでいなかったのだろう。

弁論主義の原則に従うならば、これもまた裁判所の責任ではなく当事者双方の説明と説得が十分ではなかったということになる。大学側が指摘するとおり、裁判所の判断は「裁判官の経験則に基づく自由な心証」なのであり、その場合でも、どのような経験則を採用するのかは「裁判官の主観」に委ねられているから、判断の真実らしさには確度の高いものから低いものまでさまざまあった。

事実認定といっても、それは高度な蓋然性のレベルにとどまっていて、最後のところでは大学側の弁護士が「錦の御旗」という言葉で皮肉を込めて裁判所を批判していたように、裁判所の判断はつねに「諸般の事情を斟酌して、総合的に判断したもの」にならざるをえなかった。これが裁判所の事実認定であり、法律判断の拠って立つ根拠である。

## 第三節　確かさの程度

裁判所の判断はすべて「諸般の事情を斟酌して、総合的に判断したもの」になっていて、事実認定の根拠も法律判断の根拠も示されなかった。この点については被告の大学が批判しているとおりで、結局のところ、「裁判所はこのように事実認定したから、事実はこうだ」というものにすぎず、「裁判所はこのように法律判断したから、判決はこうだ」というものにすぎなかった。

裁判所の判断については原告も疑問に思っていたので、弁護士に「裁判所はどうやって決めているのか」と尋ねたことがある。そのときに弁護士から返ってきた答えは、「裁判所は「エイヤッ！」と決めている」とのことだった。あっけに取られてこれ以上は何も聞けなかったが、これでは裁判所の判断が当事者を納得させることなどできるはずがない。

では、裁判所がよくいう「諸般の事情を斟酌して、総合的に判断したもの」とは何だろうか。「高度な蓋然性」といってもよいのだが、それは「社会の一般人であれば合理的な疑いを差し挟まない程度に真実であろうと認められるもの」のことである。ここでは、裁判官が一般人に代わって「真実であろうと認める」のであるから、「確かさ」とは、通常の人であれば「疑わない程度に真実らしいと確信できるもの」で足りることになる。

裁判官の認める確かさがその程度であれば、裁判所の判断が、事件を直接知っている原告や被告から批判されたり、あるいは、専門家から学問的な証明によって反証されたりする可能性を否定することはできず、その余地は多分に残されたままである。

裁判は限られた人間が限られた時間内で処理しなければならない「事務的な仕事」なので、裁判所の判断に誤りがあっても仕方のないことではある。だが、学問に携わる者にはいかなる意味でも制限は設定されないので、裁判所の判断の前提となる根拠を問うことも、裁判所によってなされた判断についてさらに批判を加えることも許されるであろう。裁判官や弁護士のような実務家の尺度と、法学者や倫理学者のような学者の尺度は精密度も透明度もまるっきり違っている。

大学側の弁護士が指摘するとおり、本件のように裁判官の心証形成過程が明らかにされていない場合、客観的な批判や論証には難しいものがあるが、しかし本件では、裁判官の事実認定が客観証拠に反することも多数あったので、事実を知っている当事者双方が、そのつど裁判官の間違いを指摘していた。裁判官はあわてて「まだ書面を読み込んでいないので」と言ってすぐに間違いを訂正していたが、裁判官のその訂正もまた間違っていたので、事実を知る当事者の一人としてとても悲しい思いをした。担当の弁護士からは、「裁判官は百件以上も事件を抱えていて忙しいから」と慰められもしたが、正しい事実認定のためには客観証拠に基づいた論理作業が必須だと思った。

現在では、スマートフォンやパソコンのGPS履歴から特定の人物の行動を正確に把握することができる。本件でも音響学者が録音データを分析して大学側の主張や裁判所の判断の誤りを丁寧に指摘していたにもかかわらず、科学的な分析や学術的な操作は、本件のような民事訴訟ではまったく生かされることはなかった。本件は民事訴訟なので損害賠償請求という金銭解決の形を取るが、これが刑事訴訟であれば冤罪が生まれる原因ともなりうるであろう。

近い将来、タクシーやバスの運転手が自動運転に取って代わられるように、弁護士や裁判官もＡＩに取って代えられるかもしれない。そうすれば裁判は迅速化して、人間が原因となって起こるヒューマンエラーやミスもなくなり、事実認定は正確になり法律判断も公正になると思う。

## 第四節　裁判所の法律判断

現実の裁判では、裁判所による事実認定のみならず法律判断についても双方が納得していなかったので、裁判官に直接その根拠を尋ねたことがある。裁判官は一言、「法律判断は裁判官が決めることなので」と言って、裁判官の自由心証主義に逃げ込んでいた。裁判官には弁護士を説得しようとするつもりなどはじめからなかったのかもしれないが、裁判官が法律判断の根拠を示さなければ双方の弁護士を納得させることもできないであろう。

口頭弁論では大学側の弁護士が過去の判例をいくつも持ち出して裁判官の判断に食らい付いていたが、裁判官は同じ言葉を繰り返すだけで相手を力でねじ伏せていた。裁判官が「法廷の神」と呼ばれるように、法廷では、学会ではありえないような一方的なパワープレイが繰り広げられていて、見学していた司法修習生を震え上がらせていた。

地裁でも高裁でも裁判の途中で裁判官は何度も交代し、交代するたびに裁判所の判断は一変した。後任の裁判官は「裁判官の独立」を盾にとって、オセロゲームのように前任者の判断をひっくりかえしていた。最後は、裁判官のほうから、「双方に問題があり双方に反省すべき点があるので、判決ではなく和解のほうがよい」などと言い出したり、「裁判所の和解案を蹴って判決をとると不利な判決が出てくる可能性が高くなる」とまで脅したりしてきた。判決になると判決文は法学者に批判されるだろうし、敗訴した側は上訴するにちがいないから、裁判官としては双方の弁護士を取り込んで和解で終わらせようとしたのだろう。

和解協議を担当する裁判官が「裁判所の判断では五一対四九だが、判決になると一〇〇対〇になるので和解したほうがよい」と言うので、「では、どちらが五一でどちらが四九なのか」と尋ねてみた。そうすると、「原告が五一で被告が四九にもなりうるし、原告が四九で被告が五一にもなりうる」と答えてきた。「裁判長は解雇無効と宣言していたが」とさらに尋ねると、「裁判官が変われば裁判所の判断も変わりうる」ということだった。

裁判官を身方につけたほうが勝つというのはそのとおりで、双方の弁護士は何とか裁判官を説得しようと必死だった。原告側の若手弁護士は裁判官にすり寄っていたが、被告側のベテラン弁護士は裁判官を理屈で説き伏せようとしていた。「裁判とは裁判官を説得するゲームだ」というのは、まさにそのとおりだった。

高裁での和解協議が行き詰まったとき、担当の裁判官に「原告と被告にそれぞれ違うことを伝えているのではないか」と聞いてみた。裁判官は「そのとおりだ」とあっさり認めてきたので、これにもまたビックリする。高裁の裁判官はわざと、地裁で勝訴した側には逆転敗訴の可能性を伝え、地裁で敗訴した側には控訴棄却の可能性を伝える。これもまた、高裁の裁判官が「控訴審では双方に敗訴の可能性を伝えて和解を促す」と参考書に書いていたとおりだった。

## 第五節　弁護士の「勝ち逃げ」

和解が成立するためには双方の譲歩が必要なのだが、当事者の一方が判決に拘っていたため、和解協議に入っても双方の希望する条件はなかなか折り合わなかった。原告本人が裁判官に判決を出すよう願い出ると、代理人弁護士からは、当事者は発言しないようにと注意され、控室で待機するはめになった。

高裁での和解協議が暗礁に乗り上げて膠着状態に

陥ったとき、担当の弁護士から電話がかかってきた。「すぐにも代理人を辞めたいので、それまでの弁護士報酬として一、〇〇〇万円ほしい」とのことだった。突然の辞任と高額の請求に驚いたが、弁護士からは事前に、和解金を第一項目にして金額を明記すること、相手に謝罪を求めると和解金が一、〇〇〇万円も減額されること、などの忠告を受けていた。

弁護士にとっての最善は、まずは地裁で判決を取って勝訴し、高裁で和解協議を有利に進めて、退職に同意する代わりに高額の和解金をもらうことであった。弁護士業界ではこれを「勝ち逃げ」と呼ぶのだそうだ。裁判の当事者としては判決で地位を確認してほしかったし、和解であっても研究環境などお金以外のことを希望していたのだが、弁護士にとってははじめからお金だけが目当てだったのかもしれない。「金は命よりも重い」をモットーにしている弁護士もいるし、ボランティアではなく仕事なのだから、これもまた致し方ないのかもしれない。

原告本人が判決に拘っていたため、和解金についてては、弁護士の予想どおり一、〇〇〇万円の減額になったのだが、それはそれとして弁護士報酬は減額された和解金から弁護士会の基準に従って支払った。それでも裁判費用と弁護士費用だけで軽く一、〇〇〇万円を超えた。裁判は和解で終結ということで、当事者双方にとっては引き分けで終わってしまったのだが、負けなかったということで双方の弁護士は多額の報酬をもらって逃げ果せることができたのだった。

裁判を担当してくれた弁護士はいつも稼働時間が長いことを気にしていたが、その後まもなくして所属の法律事務所が弁護士会から営業停止処分を受けていたので、金銭和解を急いでいた弁護士にもそれなりの切迫した事情があったのかもしれない。

裁判を経験してわかったのは、当事者にとって裁判は時間と労力と金銭の損失にすぎず、裁判で得をするのはひとり弁護士だけだということだった。大学の顧問弁護士が「裁判所が解雇無効の判断をしても、大学が解雇をするのは合理的だ」と言い張っていたのはそのとおりで、大学の副学長が「民事訴訟なので裁判で負けても大学がお金を払いさえすれば済むことだ」と豪語していたのもまさにそのとおりだった。

結局のところは、解雇をすればそのつど双方の弁護士にお金が入る仕組みになっているので、顧問弁護士が解雇を勧め、大学が解雇を繰り返すのも合点がいった。これも一つの労使紛争の解決方法で、「カネさえ払えば首切り自由」と言われるとおり、経営者が労働者に金銭を支払うことで労働契約を一方的に終了することのできる、経営者に都合のいい金銭解決制度だった。

原告にとってははじめての裁判だったので、裁判が始まるまえに弁護士からいくつもの注意があった。訴訟は原告と被告の間での書面のやり取りだが、解雇事件の場合には経営者側から労働者側への一方的な個人攻撃になり、解雇されたうえに執拗な攻撃にさらされて心を病む人が多いとのことだった。実際に裁判が始まって大学側から送られてくる書面を読むと、それはもう人格攻撃のオンパレードで、こんなにもひどい文章を書くことのできる人間がこの世に存在していたのか、と驚き呆れるほどだった。

弁護士が危惧していたとおり、原告も裁判の後半ではメンタルをやられて心療内科にお世話になった。「裁判では相手の嫌がることをするのがよい」とか、「裁判では相手を挑発して名誉毀損を誘うものだ」とか、一般の人が聞いたらビックリするようなことを公言している弁護士もいるから、法曹業界ではこれくらいが平常運転なのだろう。依頼者の権利行使のために最善を尽くすのが代理人弁護士の仕事なのだから、法廷での踏み込んだ攻撃も許容されると考えているのだろう。

大学の顧問弁護士は「裁判なので攻撃は許される」と強弁していたが、公開するには憚れるほどの極端にひどい文言が大学関係者の陳述書や顧問弁護士の書面には頻出するので、興味のある人は自分の目で確かめてほしい。組織や信仰を守るためであれば、人間はこれほどまでに残忍になれるものなのかと思い知らされた。

## 第六節　「どっちもどっち」論

法廷では双方の弁護士が結審の直前まで攻撃と防御を繰り広げていた。裁判所の判断は揺れ動いていたが、和解終結という基本方針だけはぶれていないように見えた。

解雇事件では経営者と労働者のどちらか一方に非があるわけではなく、どちらにもそれなりの問題があるのが普通なので、事件を解決するためには判決で白黒を付けるよりも和解で終えたほうがよいのだという。和解の条件としては、解雇が有効だと考えられる場合には労働者に数か月分の賃金を支払い、解雇が無効だと考えられる場合には数年分の賃金を支払うことになるとのことだった。

金銭解決についての裁判所の説明は、交通事故の過失割合のようなもので、事前に法律事務所で聞いていた説明とまったく同じものだった。いわゆる「どっちもどっち」論による痛み分けであり、勝ち負けの決着を付けない紛争の「平和的」解決である。

大学での労使紛争は「全国国公私立大学の事件情報」というウェブサイトもあるくらい頻発していて、大学教員の解雇事件を専門的に研究している人もいるそうだ。追跡調査によると、解雇事件の多くは裁判になったとしても和解で終わっていて、和解をした当事者の大半は「和解したことを後悔している」という結果も出ていた。判決をとって敗訴した人よりも和解で終えた人のほうが満足度が低いというのを知って、なるほどなあと納得させられた。和解が「痛み分け」であると言われるゆえんである。

「どっちも、自分が正しいと思ってるよ。戦争なんてそんなもんだよ。」

これはドラえもんの名言で、双方が争っているときに、のび太が「どちらが正しいのか」と聞いたときの答えである。

当然のことながら、争っている当事者はどちらも一〇〇パーセント自分が正しく、一〇〇パーセント相手が間違っていると思っている。外から見ている第三者からすれば、「どっちもどっち」ということになるのだろうが。絶対主義を否定する「どっちもどっち」論は、一見したところ中立的な立場に立っているようにも見えるが、それはそれで相対主義を絶対化しているのだから、矛盾した一つの立場に立っていることに注意したい。

どのような立場に立つにせよ、どちらの主張を肯定するにしても否定するにしても、いずれの主張も一つの意見なのだから表明するのはかまわないと思う。評価することも批判することもできるし、同意することも拒否することもできる。だが、ある特定の考えの表明だけを認めたり、それに反する考えの表明を禁止したりするのはどうだろうか。

たとえば、マルクス主義やキリスト教主義のように特定の考え方だけを認め、それに反する思想や表現を認めない集団や組織を考えてみよう。それは中国のような国家であるかもしれないし、明治学院のような学校であるかもしれない。

編者は、マルクス主義やキリスト教主義のような考えを支持しないが、そう考える人がいることは理解できるし、その考えを「表現する自由」は保障されるべきだと考えている。どのような考えであっても、そう考えてはいけないとか、その考えを表明してはいけないとかはないだろう。秘密警察や異端審問でもあるまいし、盗聴したり検閲したり、こっそりと他人の考えを探ったりしないで、はっきりと自分のことばで自分の考えを語るのがよいのではなかろうか。

## 第七節　裁判を経験して得たもの

最後に、裁判を経験して良かった点にも言及しておきたい。

原告本人にとっての最大の成果は、裁判を通じてさまざまな人と出会えたことだった。弁護士や裁判官のような実務家にも接することもできたし、法学者から物理学者まで分野の違う研究者や大学教員とも知り合うことができた。

裁判に当たっては大学生から大学学長まで一五七名もの人が支援者として名を連ねてくれた。学問の自由を守るためにと、多くの方から支援を受けることができたのはとてもうれしかった。他方で、学問の自由よりもキリスト教の信仰を優先したいと考える人もいて、これはこれで新鮮な驚きがあった。

異分野の専門家と意見を交わす機会を得たのも大きな喜びだった。人文社会科学から自然科学まで、専門分野の垣根を超えて、文字通り学際的な領域で異なる分野の研究者や科学者と交流できた。これも裁判のおかげだ。また、大学フォーラムをはじめ、日本学術会議の関係者とも問題を共有することができた。

日頃は文献学者として書斎にこもって本を読むことに集中しているのだが、今回の事件に巻き込まれてはじめて社会問題や時事問題にも関心をもつようになった。世界が大きく広がったような気がしている。

現実社会には仕事や信仰に生きる人たちもいて、学問の世界とは見えている景色も違っているだろう。もっと広い大きな世界があることを身をもって知ることができたのが、今回の事件での一番の収穫だった。

それからもう一つ、予想外の大きな収穫があった。それは、本件裁判のために専門家が意見書を書いてくれたことだ。

地裁審理の終盤、原告の代理人弁護士より、憲法学者の意見書を裁判所に提出したいとの話があった。そこで原告が、立憲デモクラシーの会、全国憲法研究会、憲法理論研究会の会員に手紙を送って意見書の作成をお願いしてみた。面識がまったくなかったにもかかわらず、大学にかかわる大事件とのことで多くの方から意見書執筆の承諾と助言をいただいた。

原告が憲法学者の意見書を裁判所に提出したところ、被告大学は、原告が提出した意見書を受理しないようにとの意見書を裁判所に提出してきた。それに対して裁判所は、原告提出の意見書を受理したうえで被告にも同様の意見書を提出するよう促した。しかし、被告側は何も提出しなかったので、地裁はここで結審した。

地裁判決の内容はすでに述べたとおりであるが、その後の控訴審では、あらためて労働法の専門家が意見書を作成し高裁に提出している。明治学院大学事件にかかわる専門家の意見書を本書の第五部に載せているので、ぜひ一読してほしい。

第五部

# 専門家の意見書

## 第一章　学問の自由、大学の自治、信教の自由

小林　節

### 第一節　学問の自由と大学の自治

憲法二三条は学問の自由を保障しているが、その条文が当然に大学の自治をも保障しているという理解は、自由と民主主義を前提とする国々の憲法常識である。

学問の自由は、全ての人間に保障された基本的人権である。それは、この世に生起するあらゆる事象について、その因果関係を発見したいという思いと行動の自由である。その自由は、研究の対象・方法の選択およびその成果についての表現・教授の自由を包含している。

人間は皆、それぞれに幸福になりたいと願って生きている。だから、幸福をもたらす因果関係を発見してそれを重ねて行きたいし、逆に、不幸をもたらす因果関係を発見してそれは避けたいものである。このような意味での学問の自由は、人間であれば誰れにでも保障されている。

しかし、文明の高度化に伴い、学問も、高度の訓練を受けた専門家がそれぞれの分野で地平線を押し拡げて行く時代圏に入って久しい。

歴史が示しているように、古来、絶対的権力者は、自己の幸福の増進のみを求め、実は国民大衆の幸福など顧みないものであった。その際、絶対的権力者は、学問的良心に基づき権力者の政策を批判する学者を好まず、時に弾圧さえした。同時に、学問的良心を売っ

て権力に阿る「学者」（?）を権力は好み、庇護・重用した。そのために、学問的良心に生きる真の学者が世俗の権力から身を護りながら純粋に学問に邁進できる砦の如き場として大学制度が発達した。

そして、それこそが人類の文明と幸福の増進に寄与してきたことは、歴史が証明している。

そのような大学制度は、イタリアで始まり、フランス、イギリスで発展し、アメリカで完成し、それがわが国にも導入されて来た。

それによれば、大学教授の身分は、同業者（学者集団）である教授団（教授会）から認定され、法と道徳に反しない限り、教授団によっても奪えないものであるのみならず、その地位は、学外の政治権力も経済権力も宗教権力も介入して奪うことができないものである。

## 第二節　今回の明治学院大学の事例の特異性

今回の事例は、構図が少々特異である。

それは、寄川教授の学問の自由を、大学の事務局、教授団、理事会（経営者）が侵害したという事例である。ここで言う寄川教授の「学問の自由」は、教授としての自由、つまり、大学教授として担当することを契約した科目に関する限り、教育・研究の「内容・方法・対象（学生を含む）」を選ぶ自由および教授（表現）の自由の総体である。

一般論として、それが担当科目と関連がある内容だと認められる限り、その教授が選択した教育内容には他の誰れも介入すべきではない。にもかかわらず、大学の管理当局、その指揮下にある事務職員、同僚教授が、寄川教授の教材を調べるとか、テスト用紙上の文言を調べるとか、講義の内容を録音・調査するとか、教室の定員を遥かに下回る人数に制限するとか、などの事実が、まず論外である。

これらが、学問の自由の侵害であることは明らかであるが、刑法上の不法侵入罪、業務妨害罪、民法上の不法行為を構成するのではあるまいか?

なお、試験用紙に特定の教授の氏名を記したことは、事実経緯に照らした合理的推論の結果であり、名誉毀損に当たらないことは明らかであろう。

また、「第一週のオリエンテイションであるから「講義」の内ではない」などという屁理屈を大学人が言ったとは俄には信じ難い。第一週の講義は、手続上は未だ履修を決めていない学生たちに対して各教授が自己の「学問」のエッセンスを語る場で、紛れもなく講義の最も重要な一部分である。

また、教授の講義に対する学生の「人気」は、学問の価値にとって本質的なものではない。己れの学問的良心と歴史の評価のみを拠り所とすべき教授自身は、本来、学生による人気など（もちろん不人気も）気にすべきではない。しかし、学問的に未熟な学生たちの知的好奇心は、理論上は学生の側の「学問の自由」であり、大学管理当局としては最大限に尊重すべきものである。だから、施設に余裕があり学生の希望があるにもかかわらず、履修者数に不合理な人数制限を課すなどということは、大学人自身による同僚と学生の学問の自由に対する侵害以外の何ものでもなく、大学の自己否定である。もちろん、これも民法上の不法行為であろう。

また、「その教授が大学管理当局に批判的だから処分した」などという発想自体が、学問の自由と大学の自治を弁えない大学人（？）の誤った権力的発想である。相互批判の自由がない大学など大学の資格がないのではなかろうか。

さらに、特定のキリスト教教派が設立母体である大学において、教団の教義に批判的な教授だから処分するという発想も、大学の自治に加えて宗教結社の自由（信教の自由の効果）を履き違えたものである。つまり、教派内の聖書学校でなら、それは、信教の自由の一環としての教義の自由、宗教結社の自由（組織内秩序維持権）の効果として許されるであろう。しかし、ある教団が、その博愛的な教義と資金力に基づき大学を設立した場合、それは、それが国の認可により「大学」になった瞬間から、そこで教義教育を押しつけることは禁じられるはずである。なぜなら、そこは「大学」であって「教会」ではないからである。これも憲法常識である。

## 第三節　結　論

以上、明治学院大学は、学問の自由と大学の自治の意味、さらに、信教の自由（の限界）を弁えず、寄川条路教授の授業を妨害し、身分を奪い、同時に、学生たちの学問の自由をも侵害したと評価せざるを得ない。

明治学院が今でも「大学」であるという自覚を持っているのであれば、まず、自分たちの大学人としての良心を回復して、同教授と学生たちに謝罪し、損害を賠償し、同教授の復職を求めるべきである。

その方法は、判決で国家から命じられる（つまり最悪の事態に至る）前に、和解という形式で良心的に処理されることが望ましい。

第二章

# 私立大学における教育の自由

丹羽　徹

## 第一節　はじめに

本意見書は、私立大学における教育活動に基づく懲戒処分の違法性を、学問の自由の一内容をなす「教育の自由」の観点から示そうとするものである。具体的には、本件において、講義内容をその懲戒処分の直接的あるいは間接的理由としており、そのことが教育研究者である大学教員に保障された「教育の自由」の限界を超えていないことを示すものである。

## 第二節　学問の自由と大学

日本国憲法は第二三条で「学問の自由は、これを保障する」と明文で「学問の自由」を保障している。戦前の大日本帝国憲法にはこのような規定は置かれなかったのであるが、現行憲法においては、戦前、学問の自由が踏みにじられ、国家権力によって大学が動員されたことへの反省のもとに、明文化されたものである。

その内容として一般的には、①学問研究の自由、②学問研究成果の発表の自由、③大学における教授の自由、および④大学の自治を内実とするものとして理解されている（たとえば、長谷部恭男編『注釈日本国憲法（二）』（有斐閣、二〇一七年）四八五頁（長谷部執筆））。

ところでこのような側面を持った学問の自由は、どのように保障されるようになったのか、あるいは、なぜ欧米諸国で学問の自由が保障されるようになったのか、それはどのような内実を持つものであったのか、振り返っておく必要がある。けだし、その射程範囲を明確にすることは、本裁判の原告がその地位にある私立大学の教員の教授（教育）の自由を含む学問の自由が保障される範囲を明確にすることとなるからである。

二〇〇六年の教育基本法は、一九四七年教育基本法にはその条文が置かれなかった「私立学校」と「大学」の規定を置いた。つまり、「（第一項）大学は、学術の中心として、高い教養と専門的能力を培うとともに、深く真理を探究して新たな知見を創造し、これらの成果を広く社会に提供することにより、社会の発展に寄与するものとする。（第二項）大学については、自主性、自律性その他の大学における教育及び研究の特性が尊重されなければならない。」（七条）、「私立学校の有する公の性質及び学校教育において果たす重要な役割にかんがみ、国及び地方公共団体は、その自主性を尊重しつつ、助成その他の適当な方法によって私立学校教育の振興に努めなければならない。」（八条）とされている。

七条一項では「学術の中心として、高い教養と専門的能力を培う」「深く真理を探究する」ことが大学における教育研究活動の目的であり、これらを実現するために、「大学の自治」という文言は使われていないが、二項で言うところの「自主性、自律性」には「自治」が含意されている。また私立学校も公の性質を持つものであり、公教育の重要な部分を占め（とくに大学教育では大学生の約四分の三が私立大学に在籍している）、他方で「自主性の尊重」が定められており、私立学校の建学の理念に基づく多様性の確保（私学の自由）の中で公共性を担うものとして私立学校が位置付けられる。

したがって、私立大学は、建学の理念に基づいて設置された自由を持つ一方で、他方で、「大学の自治」を持ちながら、「学術の中心として」「深く真理を探究する」ためにそこに属する教育研究者の「学問の自由」が保障されるものとして位置付けられることになる。

ところで憲法が保障する「学問の自由」は、国民の基本的人権としてすべての者に保障される。そうであれば、他の基本的人権である思想・良心の自由（憲法一九条）や表現の自由（二一条）とは別に二三条に学問の自由が保障される意味はどこにあるのか。

このことについては、高柳信一が一九八三年に出版した『学問の自由』（岩波書店）が原理的・歴史的な分析を踏まえ詳細に検討しているので、それに依拠しながら、そもそも「学問の自由」がなぜ保障されなければならないのかについてみておこう。

教育基本法も定めた大学の機能としての「深く真理を探究する」ことについて、高柳はまず、市民としての自由が保障されることだけで学問の自由が保障されるか、という点について疑問を呈する。すなわち、まずもって「真理探究の自由が確保されるためには、研究者たる個人が、思想・良心・宗教の自由、言論・出版の自由をはじめとする、もろもろの市民的自由を広汎かつ十分に保障されることを必要とする」としつつ、「研究者個人の前述のような市民的自由を保障すれば、それで、社会ないし国家として、学問研究の自由を保障したことになるのか」という。それに対して、近代市民社会において専門職としての研究者が登場したという事実を挙げながら、「近代市民社会においては、学問研究が、研究手段から切り離された研究者によって、一の専門職能（profession）として行われるという事実に着目しなければならない。確かに、われわれは、だれでも、好む主題について、好む方法で、自由に研究できる。そこに制約はなく、国民はすべてこのような自由を保障されている。しかし、人が自分の家で（或いはどこででも）、好きな研究を行い、やりたい実験をやり、世に残したい理論を欲するままに著述刊行し、その自由が十分に保障されていたとしても、それだけで学問研究の自由が保障されたことにはならないのである。」（同書六一頁）として、市民的自由を超える別の自由が保障されなければならなくなったことを示す。

そして、専門職としての教育研究者は、他に生活の手段を持って自由な研究を行うのではなく、その専門職で生活の糧を得ることを特徴とするのであるから、生活の糧を得るために、雇われる。そうであるがゆえに使用者によって研究内容が制限を受けることになってしまうと、学問の自由は保障されたことにならない。したがって、使用者との関係で特別に「学問の自由」が保障されることには重要な意味がある。高柳はそのことを、次のように述べる。少し長くなるが引用しておこう。

「それらの人々〔専門職としての教員研究者－引用者〕は、研究する前に、まず生きていかなければならない。人間は（論理的には）、まず、生きる条件が与えられていて、つぎに、研究することができる。それでは、前述の研究する人々は、どうやって生存を得ているのであろうか。第一には、かれらはサラリーマンとして、商店主として、または農民として生活資料を得ているという場合があろう。端的にいえば、この場合は余技としての研究ということになる。他にも本職をもち、かれの社会的分業において果たすべき主たる役割が別にあって、その余暇に、余力をもって学問研究を行っているのである。

このような研究も研究たる点において、他の種類の人による研究と相違はなく、その尊重されるべきこと、その自由を保障されるべきことについて、なんら特別の問題はない。ただ、何人も認めざるをえないことは、研究対象がますます複雑化し、研究方法がいよいよ精緻化する近代科学の時代にあっては、このような余技としての研究は、好むと好まざるとにかかわらず、例外となりつつあり、その学問研究全体において占める割合を減じつつあるということである。

つまり、学問研究の量的・質的に最も重要な部分は、第二に、学問研究を主たる社会的使命とする研究者によって遂行されるのである。ところが、かれらは第一の範疇の研究者のように、他に生活の糧をもっているのではない。かれらの社会活動上のエネルギーは、大部分学問研究のために投ぜられる。したがって、かれらが生計を得る道は、ほかならぬ学問研究という社会的分業を通してでなければならないということになる。かれらは、ただ研究者として生きかつ研究しうるのでなければならず、かれらは、生活資料だけでなく、また研究手段をももたなければならないのである。ところが、研究者が研究手段を自ら所有するという事態は、近代資本制社会においては、きわめて稀にしか生じえない。研究者（或いは研究者たろうとする者）は、大部分の場合、生活手段と同時に研究手段から切り離されているのである。

そこでこのような立場にある研究者（或いは研究者たろうとする者）が、本職の研究者としてやっていける道は、だれかが学問研究という機能に価値を認めて、かれらを雇い、かれらに生活資料を給し、かつ研究手段を供与して研究させるという社会制度が成立した場合、それを通してであるということになる。」（六二 - 六三頁）

「教員研究者は他人の設置した教育研究機関に給料を得て雇われる使用人（employee）たる地位にあるということである。大学の設置者が国（地方公共団体を含む）である場合、教員研究者は当然に国家（地方）公務員たるの法的身分をもつ。しかし、公務員たる教員研究者も、他人の設置した教育研究機関において給料を支給されて雇用されているのであり、つまりは私立大学の教員研究者と同様に使用人たる地位にあるといってよい。ここで、本項のはじめに掲げた設問に帰るならば、このような使用人たる地位にある教員研究者が真理の探究に携わるに当たって、かれの個人としての市民的自由が保障されれば、それで真理の探究の自由は十分保障されたことになるかということが問題であるわけである。

決してそうではない。ある者が、特定の目的を達するために、他人を雇って、その業務を遂行させる場合、後者の仕事のやり方が気に入らなければ、前者はこれを解雇して、自己の意図により沿う者をもって替えたいと思うに至るであろうが、かれがそうするについて結局のところ法的な障害がない。とすれば、他人に雇われて、使用人としての立場で教育研究を行う教員研究者には、真理の探究の自由はないといわなければならない。教員研究者の研究活動の結果たる思想・見解・学説等が雇主たる管理機関の気に入らないからと言って、教員研究者が簡単に首を馘られたのでは、かれはとうてい厳密な意味での真理の探究に従事することはできないからである。また、必ずしも、研究の結果についてだけ、使用者の業務に関する支配権が行使されるに止まるわけのものではない。かれは、使用人たる教員研究者に業務を遂行させるに当たって、業務の遂行についての基準を定め、方法を指示することもできるであろう。また、遂行の過程において具体的な指揮命令を下しうるであろう。これらの措置のどれも、教員研究者の教育研究の自由をなんらかの程度において侵害する。使用者がこれらのことを自由に行いうるならば、結局において、教員研究者の真理探究の自由は存在の余地がないのである。

すなわち、以上によっていいうることは、教員研究者が使用人たる立場で真理の探究を行うという事態の下では——この事態は近代資本制社会においては構造的に必然化せしめられている——、かれらの個人としての市民的自由を保障しただけでは、真理探究の自由は保障されない、ということである。ここにもし真に真理探究の自由を保障しようとするのであれば、かれらに、そのような市民的自由のほかに、さらになんらか「特別の」真理探究の自由を保障しなければならないということになるのである。ただ、このような事態は、自由な学問研究に対する阻害的機能を常に現実に発揮するわけではない。」（六三 - 六四頁）

「近代西欧の「大学」を典型例とする教育研究機関において、その設置者であり、しばしば同時にそこにおける教員研究者の使用者であるところの管理者乃至管理機関（国の教育行政当局、私的学校法人の理事会等）が市民法（公法・私法の両方を含む）上当然にもつところの設置管理者乃至使用者としての諸権能——職務（業務）命令権、監督権、懲戒権、免職処分（解雇）権等——を、教員研究者の真理探究営為と矛盾抵触する限りにおいて制限・排除することが、「大学」を最も普遍的な教育研究機関としてもつ近代市民社会における学問の自由保障の根幹とならなければならないということである。

このことは、国公立大学（国等の公務員たる教員研究者）の場合でも、私立大学（私法人の使用人たる教員研究者）の場合でも、基本的には同じである。ただ、一般公務員関係と一般的私的雇用関係とでは現実の勤務上の権利義務関係に若干の相違があるので（それは、さらに国により時代によりことなる）、そのそれぞれに対する修正契機たる「真理探究の自由」の保障の内容も、国公立大学と私立大学の場合とで、重点の置き方が違ってくる。」（六五－六六頁）

このように、学問の自由は、一方で国家権力からの自由という側面を持つと同時に、他方で、大学においては、広く管理者からの自由を含むものとして理解される。ここでは大学における学問の自由の位置づけと、それは国公立大学に限らず私立大学においても同様に保障されることを確認しておきたい。

## 第三節　学問の自由と大学の自治

学問の自由がとりわけ大学において重要な位置を占めることを見てきたが、次に、一般的には学問の自由の一部を成すとされる「大学の自治」との関係を見ておきたい。「大学の自治」は憲法では明文で規定されたものではないが、学説上はすでにみたように学問の自由の一内容であり、さらに判例においても、何をもって自治の内容とするかについてはさまざまな議論があるが、一応、学問の自由から導き出されるものと理解されている。

大学の自治についての著名な事件である東大ポポロ事件で最高裁は、「大学における学問の自由を保障するために、伝統的に大学の自治が認められている」、「大学の学問の自由と自治は、大学が学術の中心として深く真理を探究し、専門の学芸を教授研究することを本質とすることに基づく」、「この自治は、とくに大学の教授その他の研究者の人事に関して認められ、大学の学長、教授その他の研究者が大学の自主的判断に基づいて選任される。また、大学の施設と学生の管理についてもある程度で認められ、これらについてある程度で大学に自主的な秩序維持の権能が認められている」（最大判昭和三八（一九六三）年五月二二日刑集一七巻四号三七〇頁）と判示している。大学の自治は学問の自由を保障するためのものであること、研究者の人事を中心に施設等の管理の自主的な権能が認められることが、その内容と理解されている。

ここに示されたように、そもそも大学の自治は、学問の自由の保障のためであるが、それはなぜか。学問の自由は、学問共同体の中での相互批判を含む自由な研究活動が保障されることによって実現できる。つまり学問共同体への権力的介入が行われれば、研究活動は自由に行うことができなくなり、その結果、真理探究という学問研究の目的そのものが実現できないだけではなく、学問そのものが歪められる。場合によっては、権力にとって都合のよい研究のみが認められ、都合の悪いものは排除される。このようなことでは、真理の探究はおよそ不可能となる。

これは、公権力・国家権力との関係だけではなく、私立大学においては大学設置者・管理者からの自由をも含意している。繰り返しになるが、私立大学も大学として国公立大学と同様に「学術の中心として」「真理の探究」を行う機関であるからである。

## 第四節　学問の自由と教授（教育）の自由

先に確認したように、学問の自由には複数の側面がある。①学問研究の自由、②学問研究成果の発表の自由、③大学における教授の自由、④大学の自治である。本裁判では、その中で、とりわけ③大学における教授の自由が問題となるので、そのことについて触れておきたい。

一般的に、高校教育までは「教育の自由」の名で問題とされる。つまり、高校教育までの教師に憲法二三条の学問の自由はどこまで保障されるのか、教育の自由はどこまで認められるのかが問われてきた。とくに高校教育まではこれまで憲法二六条との関係で、子どもの教育を受ける権利の実現のための教師の教育活動が議論され、そのために、一定の制約があるものと理解されてきた。

旭川学テ最高裁判決では、初等中等教育での教師の教育の自由に関して、「専ら自由な学問的探究と勉学を旨とする大学教育に比してむしろ知識の伝達と能力の開発を主とする普通教育の場においても、例えば教師が公権力によって特定の意見のみを教授することを強制されないという意味において、また、子どもの教育が教師と子どもとの間の直接的接触を通じ、その個性に応じて行われなければならないという本質的要請に照らし、教授の具体的内容及び方法につきある程度自由な裁量が認められなければならないという意味においては、一定の範囲における教授の自由が保障されるべきことを肯定できないではない」。「大学教育の場合には、学生が一応教授内容を批判する能力を備えていると考えられるのに対し、普通教育においては児童生徒にこのような能力がなく、教師が児童生徒に対して強い影響力、支配力を有すること」などを理由に、「普通教育における教師に完全な自由を認めることは、とうてい許されない」（旭川学テ最高裁判決、最大判昭和五一（一九七六）年五月二一日刑集三〇巻五号六一五頁）として一定の限界を認めている。

ここで注目すべき点は、大学教育の場合と高校までの教育の場合との違いである。後者で学ぶ児童・生徒は教授内容を批判する能力が欠けているのに対して、大学では学生に「一応教授内容を批判する能力を備えている」としている点である。大学では、学生が教授内容を一方的に受け取るのではなく、主体的に受け止め、それを批判する能力が備わっているのであるから、特定の学説が教授されたとしても、それは一般的に許される。

ポポロ事件最高裁判決では、「（憲法二三条が保障する）学問の自由は、学問研究の自由とその研究結果の発表とを含むものであって、同条が学問の自由はこれを保障すると規定したのは、一面において、広くすべての国民に対してそれらの自由を保障するとともに、他面において、大学が学術の中心として深く真理を探究することを本質とすることにかんがみて、特に大学におけるそれらの自由を保障することを趣旨としたものである。」「教育ないし教授の自由は、学問の自由と密接な関係を有するけれども、必ずしもこれに含まれるものではない」と憲法二三条からは直接導き出されるものではないとする一方で、大学においては「憲法の右の趣旨とこれに沿って学校教育法五二条（現八三条一項）が「大学は、学術の中心として、広く知識を授けるとともに、深く専門の学芸を教授研究」することを目的とするとしていることに基づいて、大学において教授その他の研究者がその専門の研究の結果を教授する自由は、これを保障されると解するのを相当とする。」と大学での教授（教育）の自由を認めている。

## 第五節　私立大学における大学の自治と学問の自由

これまで私立大学にも大学の自治、学問の自由が保障されることを繰り返し述べてきたが、それは、私立大学の設置者（学校法人）が国家権力との関係では私学の自由が保障されることとは次元を異にし、設置者とそれが設置する大学との関係においても自治が保障されるものであることでもあった。

しかし、学校法人は私的な組織であり、その内部は一般的には民間企業と同様であり、内部規律は設置・管理者が労働法などの枠の中で自由に決定することができる。その一方で、先述した通り、私立大学の教員研究者にも「学問の自由」が保障されなければならない。そこで、憲法が保障する「学問の自由」はなぜ私立大学の教員研究者にもその保障が及ぶのかを検討しておく必要がある。一般的には、憲法の私人間効力といわれるものである。

一般に、憲法は、国民と国家の関係、公権力相互の関係を規律するものであって、私的自治が及ぶ領域には原則として関与しない、したがって私人間には憲法の規定は直接には適用されないと考えられている。そうであるとすれば、私立大学の内部において、理事者・

管理者は内部における教員研究者の「学問の自由」を保障しなかったからといって、憲法違反とされることはなく、場合によっては内部規律（就業規則や学則）に反した場合には懲戒処分の対象としたとしても、その範囲であれば違法とはいえないことになる。

しかし、そうであれば私立大学の教員研究者には「学問の自由」は事実上保障されないこととなる。

私立大学に憲法二三条の保障が及ぶか否かに関して学説上は、意見が分かれている。たとえば、「憲法二三条は、学校法人の設置する私立大学にも適用されるが、それは私立大学における研究及び研究発表につき学校法人が国から干渉を受けないという意味においてであり、私立大学教員の研究及び研究発表の自由が設置者である学校法人に対しても当然に保障されることを意味しない。」「設置者である学校法人に対する関係で私立大学教員の「学問の自由」を直接保障しているのは、憲法二三条の流れを汲む教育基本法二条〔一九四七年法・引用者〕であるといってよい。即ち同じ大学であっても、設置者に対する関係での「学問の自由」の保障は、国、公立大学教員については憲法レベルでの保障であるのに対して、私立大学の教員については、それは法律のレベルでの保障に止まる」という（清野惇『私立大学の管理・運営についての法学的研究（下）』（『広島修道大学研究叢書』七八号、一九九三年）、六〇頁）。

それに対して、高柳は「大学がこのようなもの（大学は、その所有者および管理者がこれをどう処置するのかを自由に決定しうる権能を持つところの私物企業（proprietary enterprise）にほかならない・引用者）と考えられれば、教員研究者は、大学の所有者・管理者（具体的には理事会）が、大学という企業の目的を達成するために雇い入れた従業員と観念されるのは、極めて自然なことである。……大学は一の企業であり、企業の取締役（＝理事）が総支配人（＝学長）を雇い、後者が今度は一般従業員（＝教授団）を雇い入れ、最後者は与えられた仕事（教育・研究）を経営者の決定した方針にもとづいて処理するというわけである。」「（私立）大学の設置者・管理者が大学の諸関係をこのように考えることは、ある程度無理からぬところであろう。ところが、ここで、われわれが最も興味をひかれるのは、大学教員研究者までが、このような考え方に抵抗を感ぜず、むしろこれを当然と受け取る傾きがあるということである。」「もし、このようであるとするならば、大学内における教員研究者の地位はきわめて不安定とならざるをえない。法人の業務を遂行する上において必要な人手（hand）が雇い入れられ、不必要ないし有害なそれは解雇されるのであり、要不要の認定権は理事機関にあるということになる。それでは、専門的知識と知的創造性にもとづく独立の判断の行使によって顧客および社会に奉仕する専門職能の成立の余地はない。かれらの思想やその表明が、理事機関の世界観と対立し、または理事機関によって法人の業務遂行上有害であると認定されれば、簡単に首を馘られるからである。」（同八二－八三頁）として、私立大学の内部においても「学問の自由」が保障されなければならないと解する。さらに、「研究者個人の市民的自由を保障しただけでは、かれらの真理探究の自由は保障されない。それに加えて、かれらの学内的（intra-academic）自由が保障されなければならない。そのことは、当該教育研究機関が国公立大学であるか、私立大学であるかにかかわらない。学問の自由を保障するという以上（ことに憲法による場合はいっそうそうである）、それは、自由な研究活動に対する政府権力的制裁（governmental sanction）の排除だけでなく、あらゆる大学における学内的自由の保障を内包するものでなければならない。ともかくも、教育研究機関が、教員研究者の学内的自由を実現する学問研究共同体たる実を具える時、かれらの真理探究の自由が保障されるのである。」（同九五頁）といって、教育研究機関としての大学を民間企業とは異なる存在として位置付けている。

また、渡辺洋三は、「大学をはじめとする研究機関の設置者にたいし、その機関に雇われる研究者が従属的地位に立つとすれば、学問の自由は存立しえない。それゆえ、現代における学問の自由は、研究機関の設置者にたいする自由を根本命題とする。」「研究内容にたいする科学者の自由は、特定目的のために設置された研究所においても、大学と同じように認められるべきである。しかし、設置目的との関係において、研究所における科学者の研究には一定の制限がありうる。」「これにたいし、大学における研究は、そのような特殊の設置目的に服さず、完全に自由であるべきである。」（「現代における大学の自治と学問の自由」大沢勝ほか編『講座日本の大学改革（一）現代社会と大学』（青木書店、一九八二年）、二一〇頁以下）と述べ、その範囲を大学のみならず研究所にまで広げている。

このように、私立大学でも「学問の自由」は憲法上であるか法律上であるかはともかく、保障されていることはあきらかである。しかし、筆者は、私立大学においても「学問の自由」は憲法上の権利として教育研究者に保障されているものと考えている。それはなぜか。

日本においては、公教育機関の学校は原則として国、地方公共団体および学校法人のみが設置することができる（学教法二条）。それは、国民の教育を受ける権利を実現するという公共性を担うことができるのは国であり地方公共団体であることを基本とし、そのうえで同様の公共性をになうことができ、かつ、民主主義の基本である価値観の多様性を確保することができる私立学校法上の学校法人にも公教育機関としての学校の設置を認めたものである。学校教育法によらない私塾などの私的な学校は自由に設置できるが、それは、公教育機関ではない。あくまで公教育機関としての私立学校は、公共性の担い手でなければならない。

したがって、学校法人は、憲法が保障するさまざまな人権保障規定を基本的には内部で保障するものでなければならない。大学設置法人は、大学における「学問の自由」を保障するものとして大学の設置が認められているし、そうでなければならない。私立大学は、純粋な私的機関ではなく、公教育機関としての公の性質を持つものである。したがって、純粋に学校法人内部にあっても、私人間の問題ではなく、憲法の規定が及ぶと解されるべきである。学校法人との関係でも大学の自治、学問の自由は保障されなければならない。

## 第六節　私立大学における大学の自治と教育の自由

### 一　私立大学と大学の自治

他方、学校法人は、国や地方公共団体とは異なり、民間の機関であり、さらにはそれぞれの建学の理念に基づき学校を設置する。そこで設置される私立大学の管理運営は基本的に法律の枠の中で自由に定めることができる寄付行為に基づき、学則で決められる。また、教員の雇用にかかわっては一般的には労働基準法、労働契約法などの労働法制に従い、個別の大学ではそれぞれ就業規則によって定められている。しかし、その内容は民間企業とは異なり、大学という機関の特殊性が考慮されたものでなければならない。

下級審判例ではあるが、「大学が学術の中心として深く真理を探究し、専門の学芸を教授研究することを本質とすることに基づく」（ポポロ事件）ことからしても、「（教育公務員特例法が）一般の国家公務員又は地方公務員の免職の場合と異なり、（私立大学の）学長の免職につき右の如き特例（法五条、現行六条）を設けた理由は、憲法及び教育基本法に規定する「学問の自由」に由来する大学の自治の原理に基づく。即ち、任命権者又は外部勢力の学長に対する不当な圧迫、干渉を排し、学長の地位を安固ならしめ、もって大学の自治、学問の自由を擁護せんとするにある。此の理は独り国公立大学の学長に限られるべきものではなく、私立大学の学長にも普遍するものであることは論を待たない」（名古屋地判昭和三四（一九五九）年一一月三〇日労働民例集一〇巻六号一二二八頁）と、大学の規則についてもその限界があることを示している。

### 二　私立大学における教育の自由

私立大学であっても国公立大学であっても、学問の自由が保障されるのであるから、教授（教育）の自由は、どちらにおいても保障される。しかし、私立大学の場合に、学生は、建学の理念（精神）に基づいて入学してくる。そのため、教育を行うにあたってその建学の理念をどのように位置付けるのかが問われることになる。

旭川学テ裁判の最高裁判決が高校生までは十分な批判能力が欠けており、教師の影響力が非常に強く及ぶことから、高校までの普通教育の教師については大学とは異なり一定の限界が生徒の批判能力（ほかにも理由は挙げられたとしても本稿の文脈で必要な限りではこの点が重要）の欠如を理由としているのであるから、反対に、大学生は教員が一方的な意見を述べたとしてもそれに対する批判能力が十分に備わっているのであるから、教員には教育の自由が保障される。大学が学術の中心として深く真理を探究し、専門の学芸を教授研究する場であることから、大学生にも批判能力が備わっていることが前提とされるからである。

## 三　教育の自由の限界

ただし教育の自由が保障されているからといって、まったくの自由ではなく、自由に内在する制約がある。それは学生の教育を受ける権利である。渡辺によれば、「従来の大学の自治論には……大学教育論が欠落していた。しかし大学の第一義的性格を教育組織としてとらえるならば、大学は、なによりも、学生の教育を受ける権利を充足する場である。学生が権利主体であり、教師は義務主体である。……学生が教育を受ける権利の主体である以上、学生の教育要求が反映されるような制度的しくみや手続が考えられなければならないのである」（渡辺前掲二一四‐二一五頁）と指摘していた。つまり、学生の教育を受ける権利が侵害されるような教育活動が行われてはならない。さらにそれのみが教育の自由の限界となる。ただ具体的に何をもって教育を受ける権利の侵害となるのかは必ずしも一義的ではない。授業への参加を認めないことなのか、教育内容の問題なのか、教師は成績評価権をもっており、その授業の内容を批判することが許されないことが問題なのか。授業内容については、大学生は十分な批判能力があるはずであり、そのために、教育内容をもって教育を受ける権利が侵害されることは基本的にはないはずである。もちろん、学生の人格を否定するなどの行為が許されないのはいうまでもない。

さらに、私立大学においては、建学の理念等、私立大学が独自に掲げる教育目的をも考慮する必要がある。

宗教系私立大学においては、多くの場合には建学の理念の中で、当該宗教あるいは宗派の教えをうたっているであろう。たとえば、キリスト教系の学校でキリスト教そのものを否定するような授業を行った場合どうなるのか。同様に、筆者が属する大学は、浄土真宗本願寺派（西本願寺）がもととなって設置された大学であり、親鸞の教えが建学の理念の中で唱えられている。それらを批判する授業は許されないのだろうか。仮に許されないとすれば、学問内容にドグマを持ち込むこととなり、真理の探究のために必要な批判精神それ自体を否定することになりはしないだろうか。ただし、その批判は、講義や演習などを通して自由な意見交流を通して行われるべきであろう。教員研究者は学生の批判に十分応えることも求められる。

このように教育内容が制約されることは基本的にはなく、学生の批判能力を前提として自由に教育を行うことが保障されているといえるであろう。ただし、近時の大学教育の中で、当該科目のカリキュラム上の位置づけ等にかかわっては、その枠を尊重するべきであろうし、たとえばシラバスに明記したことから逸脱することには一定の限界があるというべきであろう。

## 第七節　教育活動を理由とする懲戒処分の可能性

大学教員に保障されている教育の自由の中心的な場である授業での発言は、上述の通り学生の権利を侵害することのない限り自由である。したがって、学生の権利の侵害行為がなければ、その発言を理由として何らかの不利益が課されるべきではない。

もちろん、私的な組織（企業）としての「学校法人はその設置する大学の教職員について、使用者として就業規則を制定する権限と同時に義務を有する」。しかし、大学自治の観点からは使用者に制定権がある就業規則ではなく、「大学の教員の労働条件の細目については、就業規則よりはむしろ教員組合と学校法人との間の労働協約において取り決めるのが適当であ」る

（清野前掲六九頁）。また、教育基本法は九条二項で教員について「その身分は保障され、待遇の適性が期せられ」なければならず、とくに二〇〇六年教育基本法で大学および私立大学が明記されたのであるから、私立大学にもこの身分保障は及ぶと解される。

その身分保障のあり様については、とりわけ手続きの適正が重視されなければならず、現行の九条二項と同様に教員の身分保障を定めていた旧教基法六条二項についてではあるが「（旧教基法六条二項の‐引用者）基本的要請は、①事前に懲戒事由を告知して弁明・反駁の機会を与えること。②懲戒事由が教学に関連する場合には、懲戒の要否の審査決定にあたり、教員側の意見を聞くこと。に尽きるものと思われる。」（清野前掲八〇頁）との指摘は、現行法でも当てはまるであろう。

さらに、個別の大学でどのような手続きをとるかについて、これも旧法についての記述であるが「学校法人としては、懲戒案件の審議を被懲戒者の所属する学部の教授会に委ねることも、また大学評議会に委ねることも自由であり、さらにはまた理事者側も参加する懲戒委員会を別に設けることも自由である」。二〇〇四年の私立学校法の改正により理事会権限が強化され（このように理事会が理解する場合がみられる）、また学校教育法の改正に伴い学長権限が強化される中においても、その手続きの適正さは、なお維持され続けている。しかし、他方で「教員の懲戒については、採用や昇任と異なり、大学の自治（教授会の自治）は機能せず、就業規則に基づき教員の服務を監督する理事者にその最終決定権が留保されるべき」（同八〇頁）ことは、最終決定権については指摘の通りであるが、しかし、そこに至る過程は、やはり教育研究の専門家集団としての学部教授会などの機関がかかわり、そこでの判断を重視すべきであろう。

## 第八節　本件ではどうか

以上、縷々述べてきたが、学問の自由については、教員研究者の「学問の自由」は保障され、これは公権力からの自由であることのみならず、私立大学の設置管理者である法人・理事会等からの自由であること、したがって、学問の自由の一内容である教授の自由（教育の自由）は、私立大学の教員研究者についても保障されていると解される。その一方で、教育の自由は、学生の権利との関係でのみ制約を受ける。そのような学問の自由をもつ教員研究者は、身分保障がはかられるため、懲戒などについても専門家集団である教授会等による関与は不可欠である。このようなことが確認できた。

それでは本件では、これらのことが、どのように当てはまるのか、あるいは当てはまらないのかをみていこう。

## 一　講義内容にかかわって不利益を課すことは許されない

講義は多くの場合、第一回目の少なくとも冒頭で、いわゆるガイダンスが行われるのが一般的であろう。ガイダンスは、当該科目がどのような内容で、どのような方法で、どのように成績評価するか、など講義の概要の説明を行うもので、シラバス（講義要綱）では十分に触れられない事項の説明を含んで行われる。したがって、ガイダンスは、単なる授業案内ではなく、授業の一部を成すことは明らかであろう。したがって、その際に触れられた内容に基づいて、何らかの不利益を課すことは、学問の自由に対する侵害になる。

それだけではなく、学生にとっては授業料の対価としての講義という側面を持つから、受講生のみが適法に授業に参加できるのであって、それ以外の者が自由にその授業を受講する権利があるわけではない。本件のように、授業内容に問題があるとして学生以外の者が教室に勝手に入ることは本来的に許されず、許されるとすれば、それは、学生の教育を受ける権利が侵害されている事例が具体的に持ち上がり、それの調査のために必要な範囲でのみかろうじて可能である。大学の授業は、必ずしも公開されているものではなく、たとえばＦＤ（ファカルティー・ディベロップメント）活動のために、教員相互に授業の見学をする場合があるが、それであっても担当教員の了解を得たうえで、受講学生の邪魔にならないように配慮しながら行われるべきものである。そもそもＦＤ活動は、各教員の教育の自由（学問の自由）を前提としつつ、教育を受けている学生の視点に立ちながら、授業内容のレベルや方法について専門家集団での相互批判を通して、教育を改善することを目的としている。その目的のためにのみ授業の「公開」が行われることはありうる。仮に、だれでも、いつでも授業の教室に入ることができ、その内容がのちに問題とされる可能性があるとすれば、学問の自由は保障されたということはできない。

しかし、仮に、学生の教育の自由が侵害されている可能性があるとの判断で、教室でその授業を聞いていたとすれば、それ自体で学問の自由を侵害したとは言えない。問題は、当該授業が本当に、学生の教育を受ける権利を侵害したものであったか否かである。本件において、授業内容によって学生の当該権利が侵害されているわけではない。

また、試験の評価についても問題とされているが、試験の評価権は第一義的には教員の側にある。現在多くの大学で行われている試験結果（成績）についての異議申し立ての制度は、学生の側から成績評価について納得がいかない場合に、成績の見直しを求めるものであるが、それは、評価の対象物の見落としや誤記、転記ミスなどによる誤りを正すことを目的としている。その際に、異議を申し立てた学生には理由を付して変更を行うあるいは行わない場合があるが、どのように行うかについては各大学によって異なっているであろう。しかし、その説明は、やはり当該授業担当者の第一義的判断に委ねられるべきであろう。評価の違いは、学問分野によっても異なり、あるいは、学生に求める水準も、教員集団の中で一定の基準を作ることはあったとしても、担当教員の評価基準が尊重されなければならない。仮に不適当であるというのであれば、これもまたＦＤ活動の中で、専門家集団として相互批判を行えばよい。

## 二　受講制限を批判することは学生の教育を受ける権利を侵害するか

一講義あたりの受講生数を教授会などの教学に責任を負う教員組織で決定することはでき、それに従うことは内部規律の問題であり、大学自治の内容を構成するものといえる。したがって、教育内容ではなく教育条件整備の観点からは、それ自体に不合理な点は見えない。本件では、大学の方針として、一教室の受講生数の上限を三〇〇人にすることを決めていた。にもかかわらず、原告が、いわゆるガイダンスで、教室にあふれている学生に対して、教務課にいけば、受講を認めてもらえるであろう旨の説明をしたことが問題とされている。その結果、教務課等の事務が対応に迫られ、混乱したことが、秩序維持義務に反するものとされた。確かに、大学全体の方針として、教育効果の観点から一教室三〇〇人の上限を設けることには合理性がある。しかし、その結果、受講登録することができなかった学生への対応について、あえて教務課等に混乱を生じさせる意図をもって、教務課に向かわせたのならともかく、希望する学生への対応として、現実には、受講登録に関するシステム上の問題もあるので、教員自身では対応できないので教務課へ出向かせるといったことは、とくに問題とはならない。これまでの経験から、多数の受講生が希望していることは明らかなので、事前にそれへの対応が行われるべきであった。それこそが、学生の教育を受ける権利に適うものであろう。

## 三　大学の批判を行ったとしてもそれ自体が問題となるわけではない

原告が講義の参考文献に指定している原告の著書の中で、現在の大学教育を厳しく批判しているところがあり、ペンネームで書かれたものであっても、その内容をみれば受講学生は、具体的にどこの大学か、つまり在籍している大学であることが推認されるから、大学の批判をしているというのであるが、これはまさに教育内容にかかわるものであり、先述した通り、大学生は批判能力があるのであるから、そのことをもって不利益を課す理由とすることはできない。

批判能力を磨くことも大学教育の重要な役割である

ことから、自ら持っている既成概念を打ち破ることも大学生が身に着ける必要な能力である。とすれば、あえて建学の理念に批判的な内容を持ったものを教科書や参考文献にすることも、大学教育ではありうることである。しかし、たとえば試験の際に、そこで展開されている批判をすべて是としなければならないとなればドグマを持ち込むことになるし、あるいはそれに基づいて入学してきた学生に建学の理念を放棄させることになるようなことまでが許されるわけはない。本件ではそのような授業が行われたようにはみえない。

## 四　手続き問題

本件懲戒処分に至るまでの間で、就業規則上の処分権者は理事長であるが、調査等については、大学自治の観点から教員組織の自主的・自律的な判断に基づいて行われたようにもみえる。しかし、手続きが適正であるからといって、いかなる処分を行っていいわけではない。

たとえば、秋田経法大事件の控訴審判決では、「本件決議（教授会出席停止措置‐引用者）は、大学の自治の担い手であるべき教授会によってなされている。しかしながら、大学の自治は、前示のように学問の自由を保障する目的のため、必要不可欠な制度として、その法的意義を有するものであって、学問の自由と直接かかわりのない事項については法的規制の対象となりうるし、大学の自治の名の下に個人の権利を侵害することが許されないことも多言を要しない。」（仙台高秋田支判平成一〇（一九九八）年九月三〇日判タ一〇一四号二二〇頁）とされ、大学の自治が学問の自由のためであることが確認されている。大学自治の名の下に学問の自由が侵害されることは本末転倒である。

# 第九節　結　論

したがって、本件における原告の行為は、学問の自由に基づく教授（教育）の自由によって保障された範囲を逸脱したものではなく、それに基づく不利益処分は違法なものである。

第三章

# 懲戒における適正手続の観点から見た解雇の有効性

志田陽子

## 第一節　はじめに

本件は、大学教員の労働法上の地位に係るものである。雇用関係においては、大学教員も労働法による各種の権利保障を受ける被雇用者であることは論を俟たない。各種の労働者の権利保障の背後には、日本国憲法による人権保障の要請が存在する。しかしその一方で、大学教員の職務には、憲法二三条によって保障される「学問の自由」という枠組みの中で研究活動と教育活動を行うという特殊性があるために、その雇用のあり方や勤務実態についても特有の要素を考慮すべき部分がある。そして、そのかなりの部分は、「大学の自治」の枠内で慣習的に処理されているのが実情であると言えよう。

本件はこうした複合的な要素を含む事案であり、ここで生じている法的論点は、大学内部における慣習的対処と、労働者としての大学教員に対する法的権利保障という両者の背後に存する、憲法論上の緊張関係が顕在化したものである。したがって、本件における労働法上の論点を考察する際にも、憲法を、議論の射程に含めなければならない。

以上を踏まえ、本意見書では、本件被告による原告への処遇が憲法上の基本的人権、具体的には「法の適正手続」、「表現の自由」、および「人格権」に照らして不当なものではなかったかという点を考察する。本意見書の構成は、以下の通りである。まず、憲法上の人権保障が、労働法の解釈指針として参照されるべきであることを第二節で確認する。ここでは、まず、憲法二七条と二八条に規定されている労働分野への人権保障の要請を論じ、この具体的一場面としての懲戒手続について、憲法三一条から四〇条で規定されている「法の適正手続」の趣旨が労働法分野で受容・反映されていることを確認する。そして、これらの原則が、私立大学においてどのように受容されるべきであるかについて、一般原則を確認する。これを踏まえて、第三節では、本件で生じた適正手続の欠損について検討し、この観点から見て本件解雇を無効と判断すべきことを論じる。

## 第二節　雇用関係における人権保障と適正手続

本件は、私立大学を被告とする民事訴訟である。したがって、少なくとも直接的には、憲法上の人権条項の適用が主たる論点となるものではない。しかしながら、労働法は一般的に民法の特別法として位置付けられつつも、その目的・趣旨は、憲法による人権保障という観点から使用者と労働者の間に存する不均衡関係を調整することにある。このことは、労働法の制定の歴史的経緯に鑑みても明らかである。したがって本件のように、労働法によって保障される原告の法的地位が脅かされた場合は、必要に応じて憲法の意図・目的と関連させつつ労働法を解釈すべきこととなる。

### 一　各種労働法の背後にある人権保障の意義

#### （一）憲法における人権保障が参照されるべき理由

まずは、労働法もその一分野として捉えられている私法と、憲法との基本的な関係性を確認する。私法の規律対象は、原則として、私人同士の自由な意思決定に基づく合意によって形成される私的自治の領域である（いわゆる私的自治の原則）。このことは、憲法の次元においても、私的自治への原則的な不介入を国家に対して確保する要請として働くこととなる。すなわち「国家からの自由」である。しかし他方で、資本主義の高度化に伴い、私的自治の放任が労働者の法的地位、ひいては現実の生存を著しく脅かすことが広く認知されるに至ると、憲法による人権保障を各種の法律によって実効化することが目指されることとなった。すなわち「国家による自由」である。このような文脈において規定されたのが、憲法二七条・二八条における労働者の権利保障と、憲法二二条・二九条における「公共の福祉」である。各種労働法による私的自治の修正も、それと軌を一にしたものである。(1) このような意味において、各種私法が私人間の相対立する利益について国家が「利害調整を施したルール」と捉えられるのに対して、憲法は、当該利害調整が適正になされているか否かについて査定する上位規範としての役割を担うのである。(2)

こうした理解に基づけば、憲法は、たしかに当該利益調整へ直接的に介入するものではないが、私法上の利益調整が適正に行われるための解釈指針、あるいはその適正性を判断する物差しとして間接的に機能するということになる。(3) このような意味で憲法には、私法領域における価値秩序を統制する法規範としての役割があると言えるのである。

このとき、憲法上の人権として保障されている諸権利は、私法の領域における紛争解決の解釈指針となる

1　憲法学における「国家」と「自由」の関係、これに対応する「公共と福祉」のあり方については、こうした理解がおおむね標準となっていると思われる。この理念型の析出整理については、樋口（一九七三）を参照。以下、本意見書では参照文献を本文末尾に一括して記載し、脚注においては著者名と公表年のみを記す。

2　大日方（二〇一一）二一、三九頁。なお私人間で憲法上の権利の侵害が問題となったときに、私法の中にこれを解決する規範がない場合は憲法を適用するか、するとしたらどのような形で適用するか、という問題が「憲法の私人間効力」として論点となりうるが、本意見書では立ち入らない。本件の問題は、通常の労働法の解釈適用に憲法が予定する方向性ないし規範枠組みを組み込むことで解決されうるものであると今のところ期待できるからである。

3　この「適合性」は、違憲訴訟の場面に限定されるものではなく、およそどの法律の解釈も憲法に適合するように行われることが前提とされている、という広義の意味である。「憲法適合的解釈」の意味と「合憲限定解釈」との関係については、山田哲史（二〇一七）を参照。

べきものであって、これを阻む社会的慣習があるときには、その後塵を拝することがあってはならない。ここに、労働基本権を含む「社会権」が憲法上の「人権」として保障されていることの意義がある。そこで、次に、本件のような懲戒解雇の事例を検討するに必要な労働法の解釈に組み込まれるべき憲法の規範内容を確認する。

## （二）憲法における思考基盤としての《不条理の回避》

以上確認してきたように、憲法は、私法の領域をも含めて、国家に対して人権保障を目的とした各種統治を命じる法である。このような法が定立されることで、国民は自らに保障されている権利を行使し、それを実現することができる。このことを画餅に終わらせないためには、まず法治国家における当然の理路として、《保障された権利を行使したことによって不利益を受ける》という不条理を回避することが、法の制定・解釈・適用の全体に求められる。法の実現の多くは当事者による権利主張や告発を前提としているため、この原則は、「法的安定性」ないし「予測可能性」の確保という一般原則に集約され、憲法に限らずあらゆる法学領域に共通するものとなるが、とりわけ「人権」の保障を国家に要求する憲法においては、権利主張を実践した者がそのことのゆえに不利益を受けるという不条理ないし背理を除去することが、重大な理論的関心となる。

実際に憲法を見ると、社会の構成員が自己に不利益な状況の改善を求めて声を上げるのは当然の権利であるとした上で、その権利を行使した者がそのことの故に不利益を課されてはならない、という思考が随所で採られている。こうした思考は、たとえば日本国憲法において、参政権、表現の自由、思想良心の自由、労働基本権、裁判を受ける権利、請願権などの諸権利に広く反映されているが、これら諸権利のうち、世界史的な視野から最も歴史の古いものは請願権である。(4)

4　憲法一六条「何人も、損害の救済、公務員の罷免、法律、命令又は規則の制定、廃止又は改正その他の事項に関し、平穏に請願する権利を有し、何人も、かかる請願をした

この権利自体は、国家や地方公共団体などの公的機関に対する請願について定めたものであるため、私企業は、直接にこの条文によって請願を受け付ける義務を負うわけではない。しかしながら、前述したように、ある請願を言論という平穏で非暴力的な方法で行っている者がそのことの故に不利益を受けてはならないとする思考が憲法の全体を貫徹する基盤である以上、憲法二七条・二八条で保障されている労働者の諸権利の中にもこの思考が貫かれていると見るべきであり、二八条の団体交渉権はまさにこの思考を実体化したものと言える。したがって、大学教員が行った表現活動や自書の教科書採用、授業内で行った学生との意見交換について、その法的保護のあり方を考えるにあたっても、まずは、このような憲法の基本的な思考基盤を確認することが必要である。

ためにいかなる差別待遇も受けない。」請願権の意義と歴史については、樋口他（一九九七）三五一頁以下。

## 二　労働者の権利保障の意義

### （一）労働者の権利保障の意味とその憲法適合的解釈

日本国憲法上の労働基本権は、その制定の歴史的経緯に因り、以下のような複合的な性質を内包する。[5]

①社会権としての性質

憲法が定める権利内容を実現するにあたっては、国家が適切な政策立法を行うことが必要となる。憲法は二七条一項で勤労者の勤労の権利を保障したあと、二項で、勤労条件の法定を要請している。したがって、これらの要請を受けて制定された各種の労働法規は、当然に憲法の規範内容を具体化する方向で解釈適用されなければならない。

②私的自治の修正と民事免責

労働基本権は、私的自治の領域に法が介入すること

5　憲法上の労働基本権の概要と歴史については、杉原（二〇〇八）六四一‐六四七頁（藤野美都子・辻村みよ子執筆部分）参照。

によって、労働者が使用者に対する主張を行うことを可能とするものであり、使用者は労働基本権を尊重する義務を負う。たとえば労働組合法八条の民事免責は、このことを明らかにしたものである。組合活動という定型的な場合の他にも、労働者が何らかの不利益を課されるときには使用者の側は適正な手続きに則らなければならないという要請は、使用者と労働者の非対等性を考慮して私的自治を修正した調整ルールと理解すべきである。

③ 自由権と刑事免責

労働組合法一条二項の刑事免責は、正当な争議行為が刑罰によって脅かされないことを確認している。本件はこの条項が直接かかわる事例ではないが、懲戒が一種の制裁である以上、《憲法上保障された権利の正当な行使が懲罰の対象となるべきではない》という一般原則をここで確認すべきである（後述）。

このように、憲法は、民事・刑事の両面において、労働者が自己の利益の確保や待遇の向上・改善のために言論等の平穏な方法を用いることを――怠業や業務拒否に当たらない限りは――正当なこととして認める基本思考を採っており、この思考法の実現を各種の労働法規に委ねているのである。憲法二七条および二八条による権利保障、そして憲法二二条と二九条が経済活動主体に対して課している「公共の福祉」は、このことを示している。すなわち憲法は、これらの条文によって企業の「経済活動の自由」に人権保障の観点から法規制の枠をはめて労働者の権利を保護しているのであり、各種の労働法規は、憲法のこの論理枠組みの内部において定められているものと見ることができる。したがって、本件は憲法判断を求める違憲訴訟ではないが、関係法令の解釈にあたっては、こうした憲法上の論理構造に適合する解釈[6]あるいは利益衡量を行うことが求められる。加えて、昨今の経済社会の著しい変動性を考慮したとき、各種の労働法規による規制や配慮が存在しつつも、これに加えて労働者による

6　本件関係法令の具体的な解釈については、本件における原告代理人準備書面を参照されたい。

新たな請願の必要性がさまざまに発生することは不可避と言える。憲法が二七条二項で「勤労条件に関する基準は、法律でこれを定める」と国家に必要事項の法定を要請しつつ、これに終わることなく二八条で団体交渉の権利を認めているのは、このような必要性を前提としている。憲法がこれらの権利を明文で保障しているということは、各種の法律がこれらの権利の行使を常に確保する方向で解釈適用されなければならないことを意味している。

こうした基本思考は、雇用関係が流動化・多様化を極めている今日においては、組合という活動形式のみに限定して理解するべきでなく、使用者と労働者との関係全体を貫く原理原則として、二七条一項の「勤労の権利」と一体的に理解しなければならない。

**（二）労働基本権・表現の自由・経済的自由が衝突した場合**

本件では、「表現の自由」や「学問の自由」といった精神的自由と、企業経営に代表される経済活動の自由とが衝突している。[7] このような場合においては、先に見たとおり、日本国憲法二七条・二八条が規定する労働者の諸権利および国家の立法責任が、経済活動の自由に対する制約原理である「公共の福祉」の重要な要素として機能する。

こうした「国家からの自由」から「国家による自由」への歴史的変化は、ドイツにおいてはワイマール憲法一五一条[8]の規定に現れ、アメリカ憲法訴訟の流れにおいても、「二重の基準」と呼ばれる思考枠組みとして判例・学説に反映され、広く共有されてきた。[9] 日本でもこの「二重の基準」の枠組みが受け入れられ、憲法一三条を根拠にして規制される「自由」の領域と、憲法二二条・二九条によって規制される経済的自由の

7　私学経営も、教育の公共性からする特殊事情はあれ、労使関係においては経済活動主体のカテゴリーに入る。

8　「経済生活の秩序は、すべての人に、人たるに値する生存を保障することを目指す、正義の諸原則に適合するものでなければならない。」

9　アメリカ憲法訴訟の流れから日本に受容されてきた「二重の基準」については、松井（一九九四）を参照。

領域を弁別し、それぞれを異なる基準で判断するという考え方が採用されている。

日本においてこの「二重の基準論」を採用した代表例とされる「薬事法違憲判決」の最高裁判決[10]を見ると、(一)経済活動の自由についてはその他の人権ないし憲法価値を確保するために規制を受ける度合いが強いことを、裁判所が明確かつ論理的に認めている点、および、(二)経済的自由への規制が問題となった場合でさえ、憲法が全体として採用している構造に照らして綿密な事情斟酌と衡量を行っている点[11]が参考となる。詳細は本意見書第三節においてあらためて述べるが、こうした最高裁の判断枠組みが要請する具体的事情の斟酌と綿密な利益衡量は、学問上の題材として行われた表現および労働者の権利主張の一環として行われた情報収集が問題となる本件において、より一層、求められるものと言える。

### (三)不利益取扱いについての手続保障の重要性

憲法には、これまで見てきた諸権利に加え、国家がその構成員である国民に何らかの不利益を与える場合には、適正な手続を踏まなくてはならないという基本思考が組み込まれている。日本国憲法の場合、三一条から四〇条までの条文によって、こうした基本思考が明文化されている[12]。

10　最大判昭和五〇（一九七五）年四月三〇日民集二九巻四号五七二頁。

11　この判決では、「職業は、……本質的に社会的な、しかも主として経済的な活動であって、その性質上、社会的相互関連性が大きいものであるから、職業の自由は、それ以外の憲法の保障する自由、殊にいわゆる精神的自由に比較して、公権力による規制の要請がつよく、憲法二二条一項が「公共の福祉に反しない限り」という留保のもとに職業選択の自由を認めたのも、特にこの点を強調する趣旨に出たものと考えられる。」との判断枠組みが示され、最終的には、「具体的な規制措置について、規制の目的、必要性、内容、これによって制限される職業の自由の性質、内容及び制限の程度を検討し、これらを比較考量したうえで慎重に決定されなければならない」との精査姿勢をとった結果、法令を違憲とする判断に至っている。

12　憲法三一条から四〇条までの適正手続全般の理解として、憲法的刑事手続研究会（一九九七）、杉原（二〇〇八）

その中でも、憲法三一条[13]は、この後に続く三二条から四〇条までの条文全体の基本的意味を定めた総則規定と考えられている。条文の文言からは、同条がさしあたり念頭に置くのは刑事手続のことであることが読み取れるが、その趣旨は、行政罰やその他国家が国民に不利益を課す場合に広く及ぶと考えられている。[14]この趣旨からは、個人の自由を保障するために、刑罰の対象・種類・程度といった情報が予め法律という形で具体的かつ明確に公示されていなければならないという原則、すなわち罪刑法定主義が導かれる。この罪刑法定主義により、新たな刑法規定が設けられる場合にその規定はその施行後に行われた行為に対してのみ適用され、それ以前に行われた行為を処罰の対象としてはならないという「事後法の禁止」、また「同一の犯罪について重ねて刑事上の責任を問われない」とする「一事不再理」ないし「二重処罰の禁止」などの重要な原則が論理的帰結として導かれる。[15]

こうした適正手続の原則は、雇用関係における懲戒または解雇およびその両面を含むものとしての懲戒解雇[16]の場面では、使用者が守るべきガバナンスルールとして定着している。本件で問題となっている懲戒解

五七三-五九一頁（浦田一郎執筆部分）、渡辺・宍戸・松本・工藤（二〇一六）二八二-三二六頁（松本和彦執筆部分）を参照。

13　三一条「何人も、法律の定める手続によらなければ、その生命若しくは自由を奪はれ、又はその他の刑罰を科せられない。」

14　学説においては交通違反に対する行政罰、財産権の制約などが含まれると考えるのが通説とされている（この点の学説の整理として君塚（二〇一八上）一七三-一九二頁を参照）。判例としては、いわゆる成田新法に基づく工作物の利用禁止処分に関連して、憲法三一条が行政手続にも及ぶ余地を認めつつ、行政手続が刑事手続と異なり多種多様であることから行政処分の相手方に常に告知聴聞の機会を与えることは必要ではないとした判決として、最大判平成四（一九九二）年七月一日民集四六巻五号四三七頁。

15　日本国憲法三九条にはドイツを源流とする「一事不再理」とアメリカを源流とする「二重の危険の禁止」の二つの法理が流れ込んでいると言われるが、本意見書では立ち入らない。

16　本意見書では以下、これら全体を一般論として意味するときには「懲戒・解雇」という。

雇は、このことに直接に触れる問題を含むため、この点を第三節であらためて論じる。

### （四）労働者個人の自助努力

ここまでは、典型的な企業内労使関係を前提として、憲法が規定している労働者の諸権利と、企業活動の自由への制約について確認してきた。憲法二八条を見ると、組合の結成や活動が反社会的活動として抑圧されてきた世界史的経緯(17)への反省が反映されていることもあって、労働者が企業に対峙してなんらかの主張をするさいの枠組みとしては、組合の結成・活動の保障に主眼が置かれている。しかし今日では雇用の多様化と流動化が著しく進み、憲法二七条および二八条の制定時とは法の適用対象となる雇用状況が大いに異なってきたため、組合を拠り所としない個々の労働者の事情を汲んだ権利保障がますます必要となっている。二八条による保障の中核は、労働者が労働組合などの団体結成を通じて使用者との交渉を行うことを可能とするため、こうした団体に法的権利を付与することであるが、その究極の目的は、このような仕組みを必要とする個々の労働者の権利の確保にある。したがって、憲法と労働法の全体を貫く各種の法原則を、今日の雇用状況において実効的なものとするためには、労働者の各種の自助活動が業務の懈怠や勤務放棄に該当しない限りは、それを理由として不利益処分（懲戒など）を行ってはならないと解すべきである。こうした理路は、雇用関係において懲戒・解雇が行われるさいの適正手続の諸原則に反映されることとなる。本件はこの点の理解を要する事例である。

17　労働運動の一環である集会や言論活動が反社会的扇動とみなされ法的な規制・取り締まりの対象となってきた経緯については、奥平（一九九九）一一五‐一一七頁、一六〇‐一七二頁を参照。ここでは、第二次大戦前のアメリカ刑事制裁を多用して労働者の権利主張の抑制をはかった経緯、とくにパンフレット配布や集会などの表現が制圧されるか萎縮させられていたことが観察されている。アメリカの「表現の自由」は、その強い反省を織り込みながら確立してきた。ここには、刑法・民法といった法領域をまたいで、我が国が陥ってはならない表現抑制のあり方が示されている。

## 三　懲戒における適正手続・一般原則

### （一）懲戒権の位置づけと適正手続の関係

以下では、これまで考察してきた労使関係における人権保障のうち、本件に直接係る懲戒手続に絞って一般原則を確認する。懲戒とは、企業秩序の維持を目的として使用者に認められる懲戒権[18]に基づくものであるが、これは、その不利益を受ける側にとってみると、経済的不利益のみでなく社会的信用の低下やスティグマを伴う点で、刑事罰に準じる制裁としての性格を強く帯びるものである。したがって、懲戒解雇が行われる際には、私的自治の領域においても、刑事事件において国家に要請される「法の適正手続」に準じた手続の遵守が求められる。

まず「懲戒処分と罪刑法定主義」に関して、労働法分野の共通理解を確認する。主要な労働法の体系書を概観すると、「懲戒処分＝制裁罰＝刑事処罰との類似性」という思考に基づき、懲戒処分に罪刑法定主義と同様の要請が働くとする解釈は、定説として根付いていると言える。[19] なお、この点に関する近年の重要判例として、懲戒処分が企業による労働者に対する一種の「制裁罰」であることに言及した平成八年の山口観

18　ただし、周知の通り、その法的根拠については古くから争いがあった。それらは、最も大きな部分では、懲戒権の明文規程の存在を懲戒権行使の要件として認めるか否か、という点で分けられる。前者は企業経営に伴う必然的権利として経営者に懲戒権を認めるものであり（固有権説）、後者は懲戒権を定める具体的条項の存在を要請する（契約説・授権説等）。一方、判例の立場を上記諸説のどれに位置付けるかという点に関しては、未だ論争のあるところであるが、判例の理解としていずれの説を採るにせよ、判例の立場は懲戒権の行使にその根拠規程を要求しているという指摘が重要である（荒木（二〇一六）四二七‐四三〇頁）。

19　多くの解説の中で、とくに憲法論との理論的接続を視野に入れている解説として、水町（二〇一六）一六二頁、荒木（二〇一六）四五九頁。なお、花見（一九五六）においては、懲戒処分には罪刑法定主義と同様の要請（処分事由の明定や不遡及の原則等）が働くものの、懲戒処分は国家による刑罰の行使とは異なるためこの用語の使用は比喩的な意味に留まるとの理解に立っている。同論文は一九五六年のものであるが、このことから、この時期には既に「懲戒権と罪刑法定主義」の関係が論じられており、今日通用している通説的理解の原型が出来上がっていたものと推察される。

光事件最高裁判決[20]がある。

このように、懲戒処分には憲法上および刑法上の罪刑法定主義と同様の原則が法的要請として働くと考えられているが、このことから導出される要請として、「懲戒処分を行うにあたっては適正な手続を踏むこと（特に本人に対して懲戒事由を告知して弁明の機会を与えること）が必要であり、このような適正手続を欠いた懲戒権の行使は無効となる。」と論じられている。[21] 加えて、憲法と私法との関係について言えば、「これらの諸原則に反する懲戒処分は、公序（民法九〇条）に違反し（または契約上の根拠を欠き）違法・無効となると解釈されうる」[22]との理解が標準的と思われる。

20　最判平成八（一九九六）年九月二六日労判七〇八号三一頁。

21　水町（二〇一六）一六二頁。この点に関する判例として、日本ボクシングコミッション事件（東京地判平成二七（二〇一五）年一月二三日労判一一一七号五〇頁）、甲社事件（東京地判平成二七（二〇一五）年一月一四日労経速二二四二号三頁）など。

22　水町（二〇一六）一六二頁、注一一五。

## （二）懲戒権・解雇権の適正性に係る解釈姿勢

### （ア）厳格な解釈を要すること

一般的には、刑法上の解釈作法と、民法上のそれとは同一のものではない。刑法には罪刑法定主義による要請、すなわち適用を誤ればすぐさま重大な人権侵害に直結するためにあらかじめ罪の要件と罰の内容を明文で告知する必要があることから、法文の解釈も不安定に拡大しないために厳格な解釈と謙抑性が求められる[23]が、それに対して民法は、利害関係を調整する方向で用いられる法律であるため、社会の必要に応じて弾力的な解釈に開かれている、と考えられるからであ

23　罪刑法定主義と日本国憲法三一条とアメリカの Due Process of Law の関係、類推解釈の禁止については、萩原（一九九八）を参照。こうした原則を日本国憲法制定過程から読み解くものとして、憲法的刑事手続研究会（一九九七）一九五 - 二三三頁（高野隆執筆）を参照。ここで言われる「謙抑性」とは、刑事罰制度を必要最小限に限定する方向を意味する。憲法上の市民的自由と刑法との緊張関係についてこの「謙抑性」の観点から考察したものとして、曽根（二〇一三）を参照。

る。[24]

同じく、国民との関係で国家が遵守すべき法原則と、従業員との関係で私企業や私立学校が遵守すべき法原則とは、完全に同一であることが期待されるものでもない。前者において国家は、多くの事柄（とりわけ信教や思想信条）については価値選好において中立の姿勢をとることが求められる。それに対して、後者の私企業や私立学校は、差別の禁止など法の要請する一定限度内で、それ自身が各種の精神的自由権の主体として自由な選好を行うことができる。たとえば私立学校は、独自の建学精神に基づいて価値を選好し、その共有・遵守を構成員に求め、服務規則や懲戒事由の中にこの価値選好を反映させることが――教育の本質と公共性に合致する限りにおいて――当該学校の教育方針として認められる。このように、私立学校における各種の規律の内容は、国家の刑罰権と全く同じように憲法による拘束を受けるわけではない。

しかしながら、本件で問題となっているような懲戒・解雇[25]は、相手方に著しい不利益を科す上に、「制裁」という社会的意味を帯びる点で、刑事罰に準じる物的・

24　たとえば、日本の憲法学者・高橋和之は、「……私法の解釈は、日本の実定法システムの基本価値に適合的に解釈されねばならない。民法一条の二は、個人の尊厳が民法の解釈を嚮導すべき基本価値であることを確認している。民法九〇条のような一般条項は、立法者が裁判官に基本価値適合的な法創造を委任した意味を持つのである。」として、私法の創造的解釈の余地を広く認める（高橋（二〇〇三）一四六頁）。また、教育書レベルの解説においても、「……条文の解釈とは、条文の文言の意味を確定し、そこからルールを導く作業だが、民法の解釈における特徴は、その解釈の自由度の高さである。」との説明があり、その理由として、刑法では認められていない類推解釈の使用が挙げられている（山下他（二〇一三）三〇頁）。こうした自由度は、民事判例のなかで、反制定法解釈や類推解釈、客観的解釈や歴史的解釈など多様な解釈方法が現に実践されていること自体から確認される。こうした多様な解釈方法から諸判例を解説した教育書の例として、広中（一九九七）。

25　本件では、被告が原告を教授から准教授に降格するという不利益処分を行った後に、予備的普通解雇を伴う懲戒解雇を行う、という複数の処分を行っているが、本意見書では、これらの処分・決定の相互関係や前後関係については保留の部分を含みつつ、「懲戒・解雇」と表記することとする。

心理的影響を伴うものである。その程度は、とりわけ懲戒解雇という処分において最高度に達する。刑法と民法の間にある解釈作法の差異の実質的な根拠（前述）に照らした場合、こうした場面では、適正手続の遵守および懲戒相当の認定は、刑法における厳格さに準じた解釈姿勢をもって行うべきである。

こうした観点からすると、まず先に確認した憲法三一条以下で要請されている適正手続の内容およびこれを具体化した刑法・刑事訴訟法上の基本的諸原則（罪刑法定主義や事後法の禁止、一事不再理など）は、私企業における懲戒権者・解雇権者も遵守すべき原則と言える。このことを労働法に即して確認すると、使用者が懲戒を適正に行うためには、就業規則に「その理由となる事由」と、これに対する「懲戒の種類・程度」「懲戒の手続き」が明記（労働基準法八九条）されるとともに、「当該就業規則が周知されている」必要がある（労働基準法一〇六条）。これらの手続に瑕疵がある場合、たとえ労働者側に懲戒解雇に相当するような重大な落度があったとしても、懲戒解雇そのものが無効となると考えるべきである（労働契約法一六条）。

具体的にどのような行為が労働者にあれば懲戒解雇となるかは各会社の就業規則の定めによるが、懲戒解雇は会社の懲戒処分のうち最も重いものであるため、懲戒権者・解雇権者の完全な裁量に委ねられるものではなく、内容の適正性（労働者としてあるいは個人・市民としての正当な行為を懲戒・解雇の対象としていないこと）、行為と処罰との均衡、社会通念上の相当性が認められなければならない。加えて、実際に懲戒・解雇を実行する際にも、事前弁明の機会の付与等といった手続きの適正が求められる。

### （イ）使用者の懲戒・解雇の権限と憲法上の人権保障との衡量

先に、刑罰および懲戒・解雇（とりわけ懲戒解雇）においては適正手続の遵守と厳格な解釈姿勢が必要であることを見たが、その実質的な根拠は、適用を誤ればすぐさま重大な人権侵害に直結するというものだった。ここには、憲法上の人権の価値を、各種実定法の解釈の前提としてあらかじめ組み込む思考方法が存在している。

このことから、本件における適正手続の重要性とその解釈のあり方について、憲法論と私法の解釈適用との接続関係にもう一歩踏み込んで、確認したい。

各種の法規はもともと憲法に適合するように解釈適用されることが期待されていることを先に見た。このことは、とりわけ憲法による要請と授権が明文化されている労働法規について明確である。このとき、憲法適合的にということの意味は、憲法の各種の人権保障の意義と重さを個別具体的な解釈適用の前提としてあらかじめ斟酌しておく、ということを意味する。[26] この前提としての斟酌は、刑法であれば先に見た「罪刑法定主義」のように、解釈の指針として共有される法原則となっているが、他にも、「二重の基準」のように精神的自由権が係っている場合にはこれを重く斟酌すべきとする思考や、名誉毀損における免責（刑法二三〇条の二）のように公共的価値が係っている場合には「表現の自由」のほうをより重く斟酌すべきとする思考などに反映されている。本件において憲法上の「法の適正手続」を重視するのも、こうした思考に基づいている。こうした前提的衡量が実体法において具体化された法原則としては、上記のほかに、正当行為論、可罰性論があり、本件もこれらの原則が妥当する事例であることを後に検討する。

こうした前提的な利益衡量を解釈における基盤ないし枠組みとして採用し、これが反映された法原則があれば参照・踏襲した上で、最終的に個々の具体的事案に沿った利益衡量を行うべきである。[27] 労働者が保護されるべき事項として個々具体的な明文規定が完備されていない場面について、この前提的衡量を欠いた場合には、衡量の結果は多数者ないし実定法上の権限を

26　刑事事件・民事事件とくに労働事件においてこの思考方法を明確化・体系化したものとして、藤井（一九八一）六章以下。

27　憲法上の人権が係る利益衡量の現れ方について、このような理論的整理をしているものとして藤井（一九八一）六章、同（二〇〇七）三六六頁以下を参照。

与えられた経営者・管理者に有利に働くこととなり、前述のような憲法を前提とした労働法体系の全体に歪みが生じることになる。

総じて、経営側は、解雇権を制約する各種の労働法規を遵守すべきことは当然として、これに加えて懲戒権についても根拠規律さえ定めれば内容について広汎な裁量権を与えられているものと理解してはならず、正当な人権の行使や軽微な違反については人権保障を優位させる利益衡量がなされるべきことが要請される。普通解雇に伴う法的制約および経済的負担を免れるために懲戒解雇という方途を選択するという道は、法が許容するところではない。本件においても、原告の言動が懲戒解雇を必要とするほどに重大なものであったかどうかについては慎重に精査する必要がある。

以上、本件のような憲法価値が係るケースでは、法的判断の中に、二段階の利益衡量が含まれるべきことを確認した。第一段階の衡量として、憲法二一条の表現の自由の意義、憲法二三条の「学問の自由」から導出される「教授の自由」、および労働者の権利保障の意義と適正手続保障の重要性を天秤の一方に乗せる、という思考作業があり、この前提的衡量をベースとして、個々の事例に即した個別の利益衡量が行われ、原告に科された処分が適正なものであったかどうかが判断されるべきこととなる。本件における解釈作業は、その内部に、こうした憲法上の人権保障に係る利益衡量を内包していると見るべきである。

## （三）労使間の一般原則と私立大学

以下では、上記の考察を踏まえ、労使間で懲戒が行われるさいに要請される適正手続の内容を整理し、さらに私立大学において考慮すべき組織編成や業務内容に即して、本件解雇の有効性を論じるに必要な事項を整理する。そのさい、上記で確認した一般原則と私立大学における懲戒に係る適正手続とは、以下のような関係に立つ。

本件のような私立大学と大学教員の関係もまた労働法上は使用者と労働者という関係であるため、労使間に妥当すべき適正手続原則がそのまま妥当する。すなわち、使用者が被雇用者を懲戒に処する場合には刑事手続に準じる適正手続の遵守が求められ、普通解雇とする場合には労働法規上定められた手続を遵守しなければならない。懲戒または解雇の決定に瑕疵があった場合にその決定が無効となるべきことも、同様である。

このことは、学問の自由と教育の公共性から私立大学における労働面での意思決定に教育公務員特例法に準じた実体ルールの妥当性を認める場合にはもちろん、私立大学における意思決定を私的自治に委ねようとする場合にも——その場合にはなおのこと私立大学も一般私企業と同じに労使関係ルールに服するべきこととなるため——同じく妥当し、私立学校法人はこれらの法原則の拘束を受ける。

そしてまた、一般企業と大学とを問わず、どのような業種・職種であれ、その業種・職種に特有の業務内容や性質があり、このことを相互に認めて業務の提供と対価の提供につき合意するのが雇用契約の基本である。その内容が公序良俗に反しない限りは、この合意が存在することが私的自治の原則を維持するための当然の要請として合理的に推定され保護される。したがって、労使間でそうした合意のあることが推定される活動を懲戒の対象とすることは、根本的な法原則に反する。[28] こうした信頼関係を守ることは、法的安定性を維持する上で不可欠のことであり、企業や学校組織における懲戒権者はこの要請を遵守する必要がある。したがって、ある組織内でこうした信頼関係を損なう服務規則や懲戒規則があった場合には《懲戒内容の適正性》に反することとなる。

大学教員の行う業務にもその職種の実質的内容に応じた固有の活動内容や性質がある。このことは私立大学において教育の公共性を重視する立場に立ったとしても「建学の精神」に基づく独自性を私的自治の一場

28　たとえば調理師として雇用された従業員は、業務中に包丁等の刃物を使って食材を切ることを通常の業務として行うが、ここでこの動作が「職場で危険物を使用して物品を損壊した」と評価され懲戒または解雇の理由とされるとしたら、「私的自治」の土台を維持しえない背理が生じることとなる。

面として強く認める立場に立ったとしても同様である。本件懲戒解雇はこの点で、大学教員の職務内容や特性に照らして適正さを欠く理由に基づいていなかったか、ということが疑われるため、この点について第二節であらためて論じる。

以上の一般的理解を踏まえて、以下では、私立大学における懲戒手続が適正であると言えるための要件を整理する。

**（四）私立大学に即した適正手続の一般原則**

**（ア）根拠となる規律の存在とその内容の適正性**

使用者が懲戒権を行使するに当たっては、罪刑法定主義に相当する原則の遵守が求められる。使用者の就業規則などにおいて当該の懲戒を行う根拠となる規定が存在し、なおかつ当該規定の実体的内容が、憲法などによる労働者の権利保障の趣旨に照らして適切なものでなければならない(29)。

私立大学においては、服務違反を問う場合にはその根拠となる服務規則、懲戒に処する場合には懲戒規則が定められていることが必要となる。大学教員職は教育活動と並行して研究活動と大学内運営を行うのが常であり、その服務の形態は一般の会社勤務とは相当に異なっているため、服務内容は出退勤時刻によらず担当授業科目数などによって合意され、細部に係る事柄については各教員の裁量に委ねられるのが普通であるため、何が規律違反となるかがわかりにくい職種であると言える。そのため、懲戒や解雇が恣意的に行われる危険性の高い職種でもあるため、適正手続の観点から明文の規則を必要とする度合いは高い(30)。

29　憲法三一条およびこれと直結する刑法上の原則である罪刑法定主義には、犯罪と刑罰の内容が法定されていることを超えて、その内容が適正であることも含まれるかどうかについては、学説上争いもある。しかし概ね、憲法三一条は実体的内容の適正性も要請しているとみるのが通説である。本意見書もこの通説的見解を踏襲する。この点の学説の状況については、萩原（一九九八）、君塚（二〇一八上）一七三頁、君塚（二〇一八下）一一四頁を参照。

30　たとえば、私立大学の自治と教授会の関係について、一九七九年の金沢医科大学事件地裁判決によれば、私立こうした規則が存在する場合、次にその内容が適正なものであることが要請される。とはいえ、今日の大学の就業規則や懲戒規則の中で、明らかに適正性を欠く内容が明記されていることは稀で、実際には、著しく広汎な解釈の余地を残す漠然とした文言の恣意的な適用が問題となるケースが多い。本件も同様に、「故意に学院の名誉を害し、または信用を傷つけないこと」（就業規則三条一項）、「職務上の義務に違反し、または職務を怠ったとき」（就業規則三一条一項）、「意図しているかどうかにかかわらず、相手に不快と思われる言動で人格を傷つけたり、……不適切な言動・指導を行うことにより学習環境もしくは就労環境を悪化させたと認められる行為」（就業規則三一条二項）といった文言が、その適用において恣意的でなかったかという問題を含んでいる。こうした広汎な適用範囲を持ちうる規則については、必要に応じて裁判所のほうが合理的限定解釈を行う場面もあり[31]、このときの解釈による絞りの中には、当事者の合意内容とともに、労働法や憲法その他の法律による限定も必要に応じて含まれると考えるべきである。本件における上記規則はまさにそのような限定解釈を必要とする例に当たるため、第二節でこの問題を取り上げる。

先述したように、懲戒の運用にあたっては刑罰賦課に準じた手続的適正が求められる。この点、公務員の場合には国公法七四条一項および地公法二七条一項に

学校法は学長等の解任に関して何も規定しておらず、それは各私立大学の自主的決定に委ねたことの結果であるため、私立大学学長等の解任手続についても、各私立大学において内規等により自主的に定めるべきものであるから、「内規等により学長等の解任手続は教特法の規定による旨を定めた場合に初めて同法が準用される」（学長罷免等の効力停止処分申請事件、金沢地判昭和五四（一九七九）年一二月二一日判タ四〇七号一〇二頁。）。この事例は教育職員の懲戒ではなく学長の解任という事例だが、裁判所が私立大学の人事手続について、私立大学の自治に照らして学則等の内規の重要性と拘束性を指摘している点について参照すべき判例である（佐藤（一九八一）七頁）。

31　荒木（二〇一六）四五八・四五九頁、労働法の発展については判例による補充に負う所が大きかったことの指摘として西谷（二〇一六）二五六・二五八頁。

よって明文規定されているが、このことは私立大学教員の懲戒処分についても当然に妥当する。[32] 懲戒条項は厳格かつ客観的に解釈して適用しなければならず、懲戒処分の選択と量定の裁量については、客観的妥当性ないし公正が要求される。[33]

懲戒の対象となるべき行為を規定・認定するにあたっては、一般企業であると大学であるとを問わず、労働者が自己の正当な権利を守ろうとして行った行為それ自体を懲戒の対象とすることは許されない。これに加えて、およそすべての業種・職種にはそれぞれ固有の内容や性質があることから、この内容や性質と論理必然的に衝突する服務規則や懲戒規則に基づく解雇や懲戒は、従業員の正当な就業を本質的に妨げるものであって法的に許容されない。

この点、大学の場合にはとくに「学問の自由」を保障された機関の中での業務として行われた正当な教育研究活動について、それ自体を服務違反や懲戒の対象とすることは認められない。[34] 労使間で合意している業務の内容や性質と論理必然的に衝突する服務規則や懲戒規則に基づく解雇や懲戒は、従業員の正当な就業を本質的に妨げ、労使間の合意に反するものであるため法的に許容されず、私立大学における使用者（懲戒権者、解雇権者）もこの論理の例外とはならない。被告による懲戒または予備的普通解雇は形式的には就業規則に依拠して行われているが、その適用にこの種の不条理が含まれていなかったかどうかは、本件において検討を要する点となる。

32　佐藤（一九八二）三頁。

33　佐藤（一九八二）二頁。

34　たとえば、ある教員がアクティブ・ラーニングやワークショップのように、相互対話（あるいはコミュニケーション）を伴う教育方法を導入したところ授業内の私語を注意監督しなかったとの理由で懲戒に処せられるとしたら不条理であろう。このことは、根底において「大学の自治」に支えられた事柄であることは確かだが、本意見書における適正手続の関心からは、「大学の自治」の内容や法的性格に関する議論に立ち入るまでもなく、雇用契約関係の理路から確認できる事柄である。本件を「大学の自治」の角度から考察した場合の評価は、別に提出される意見書で扱われることとなっているため、本意見書では立ち入らない。

なお、先にも見たが、刑事手続における重要法理である「一事不再理」ないし「二重処罰の禁止」は、憲法三九条において明文規定されている原則である。これは市民的自由を保障する上で決定的に重要なルールであるため、企業内あるいは私立学校内においても、使用者の側にその遵守が要請される。この原則を民事における懲戒にあてはめて言うと、使用者が被雇用者に一度なんらかの処分を行った後で、同じ事由を根拠として、重ねて処分を行うことは許されない。本件はこの点で適正手続違反があったことが強く疑われる事例であるため、第三節で詳論する。

（イ）適用における平等性確保ないし恣意の禁止

憲法一四条の要請を踏まえ、規律違反への懲戒は平等でなければならず、特定の者にだけ選択的に適用してはならない。また同じ程度の規律違反につき懲戒相当の認定や懲戒の内容・軽重などの取り扱いが不平等であってはならない。多くの構成員が軽微には規律に違背しているが概ね許容されているような事柄につき、特定の者だけが殊更に注察の対象となり規律への違背を許されず懲戒の対象となる、といったことがこれに当たる。他の構成員との比較が困難で平等性に反するかどうかが明らかでない場合でも、特定の者だけが特別に注察されて懲戒対象となったという事情がある場合、恣意的な懲戒として手続的適正の要請に反することになる。本件無断録音はこれらの問題を含む可能性があるため、第三節で詳しく検討する。

また、服務規則や懲戒規定に広汎な解釈の幅があるようなときに、特定の被雇用者のみに当該規則が適用ないし拡大適用された場合には、《懲戒規則適用における不平等ないし恣意》が生じていることになる。

（ウ）懲戒の正当性と憲法上の人権保障

懲戒の内容および適用は、規律違反の種類・程度その他の事情に照らして正当かつ相当なものでなければならない。この点、憲法上ないし労働法上の正当な権利を行使したことが懲戒の対象となっているような場合には、この権利行使は正当行為[35]として使用者の懲戒権に優位する。本件を考察するさいには、この点が重視し、懲戒・解雇の理由となった行為は正当行為に該当する行為ではなかったか、という点を検討する必要があるため、これを第二節で検討する。

労働法上類型化されている行為（組合を結成すること、組合員であること、団体交渉や事務折衝を申し入れたことやこれを取り下げないことなど、憲法・労働法によって明示的に保障されている行為）に対して不利益処分を行うことが不当労働行為となることは、法文から明らかである（労働組合法七条、二七条）。しかしそれ以外にも、労働者の側が自己の労働法上および憲法上の権利を防御するために行った協議申し入れや再考の請願、自発的に行った弁明や理解者を募る言論、自己の権利を防御するにつき必要な証拠の提供を募るための言論などは、組合活動の一環としてではなく労働者が単独で行った場合にもその内容から正当行為と見るべきであり、これ自体を懲戒の理由にすることは労働者の権利や表現の自由を保障した憲法の趣旨に反するため、こうした事情が含まれる懲戒の法的正当性は、個別的事例において判断されなければならない。懲戒・解雇の対象とされた労働者側の行為が上記の「正当行為」と認められた場合には、懲戒・解雇相当性が阻却され、当該解雇は無効と判断されるべきである。本件は、この法思考に照らして判断されるべきであるため、この点を第三節で詳論する。

（エ）懲戒の相当性と憲法上の判断論理

上述のように労働者側の行為が正当行為と認められた場合には、これに対する懲戒・解雇は無効となるべきだが、ここで労働者側の行為が正当行為とは評価されなかった場合や、権利行使の目的は正当だったがその行使の態様が法律への違背や社会的相当性からの逸脱を含むため懲戒の対象となるものであった場合には、正当行為の理論のみで判断を完了することはできず、当該懲戒・解雇の相当性について検討すべきこと

35　刑法三五条「法令又は正当な業務による行為は、罰しない。」。

となる。

懲戒の内容は、規律違反の種類・程度その他の事情に照らして相当なものでなければならない。軽微な規律違反の場合には、そもそも懲戒の対象とすること自体が相当性を逸脱する場合もありうる。この相当性の要請は、労働法上の適正手続の要請として確立しているところではあるが、ここには憲法学において広く共有されている憲法判断の論理と同じ基本思考がある。

憲法学においては、比例原則、手段審査における規制手段の相当性審査、ＬＲＡの基準といったさまざまな判断手法が論じられ、それぞれの理論内容の詳細に違いはあるにせよ、それらに共通する基本的思考が読み取れる[36]。それは、憲法上の権利が係っている事例では、その権利の自由な行使を原則として認める方向をとることが要請されるため、これへの制約はできるだけ回避するか必要な限度までにとどめることが望ましく、ここから規制手段はその目的（除去または防止しようとする害の程度）に照らして相応の程度にとどめることが求められ、人権制約の度合いがこの必要性を超えて高い場合には、法が認める相当性を逸脱していると判断する、という思考方法である。

懲戒の相当性判断については、その根底にこうした憲法上の人権保障の論理があるのであり、これと一体的に理解する必要がある。懲戒解雇を必要とするほどの悪質行為が行われていたわけではないにもかかわらず、軽微な規律違反を根拠として懲戒解雇を決定したような場合には、この解雇は相当性を欠き無効と考えられる。また、使用者側が被雇用者の利益（とりわけ憲法上保障される利益）を害していたという事情が含まれていた場合に、そのような事情があったことを斟酌することも、相当性判断における憲法的利益衡量の一場面として要請される[37]。

36　比例原則とＬＲＡの基準との理論的関係については須藤（二〇一〇）、アメリカ憲法訴訟理論を参照した手段審査およびＬＲＡの基準の議論については、君塚（二〇一八下）第二九章、藤井（一九八一）第一〇章を参照。

37　この点については、業務の無断録音に反発した被雇用者を解雇したことを無効と判断した事例があり、本件まして、本来であれば普通解雇であるべき解雇において、使用者側が普通解雇の手続き要件を満たしていないときに、軽微な違背を懲戒相当として懲戒解雇の形式をとることも、解雇に各種の手続き要件を課している労働法の趣旨を不当に免れようとするものであって解雇権および懲戒権の濫用となり、許されない。本件がこのようなケースに該当するものであるかどうかは、現段階で筆者に確認できるものではないが、状況からそうした事情が推測されることは否めず、その疑念を払拭するためには、本件懲戒解雇が実体・手続き両面において懲戒解雇としての要件を十二分に満たしていることが要請される。

なお、刑事事件の場合には、生じた被害が軽微なものである場合、「可罰的違法性がない」として違法性が阻却され、犯罪の成立が認められないケースがある。[38] 民事上の懲戒の場合にも、仮にそれが刑事事件であったならば――使用者が被る損害が軽微な損害であれば――民事上の懲戒も行われるべきではなく、この状況で敢えて解雇までの重い懲戒を強行すれば、相当性を失する点で懲戒権の濫用となる。本件はこの観点からの検討を要する事例である。

### （オ）事実認定における適正手続

使用者は、懲戒にあたって、懲戒に相当する行為の存在の確認（事実認定）をしかるべき慎重さと公正性をもって行い、告知・聴聞の機会を設けて、不利益を

---

でも参照されるべきである。広沢自動車学校事件、徳島地決昭和六一（一九八六）年一一月一七日労判四八八号四六頁。

38　可罰的違法性の法理を採用したリーディング・ケースとして「一厘事件」（大判明治四三（一九一〇）年一〇月一一日）が有名である。本意見書では、憲法と刑事法との理論的架橋の一場面としてこの法理を考察したものとして、藤井（一九八一）第七章を参照。ここでは、公安事件や労働事件における刑事免責において、憲法的価値に対してあらかじめ重みを与える利益衡量が合憲限定解釈論に、具体的事例文脈における個々の利益衡量が可罰的違法性論などに反映されるとする論理構成が行われている。

受ける当人に弁明の機会を与える手続を踏まねばならない。この原則は私立大学の場合にも変わるところはない。この点において本件は検討すべき問題を含んでいる。

本件では授業が無断で録音され、これによって収集された音声が懲戒の根拠の一つとなっているが、これとの関連では、証拠収集において無断録音がなされこれを根拠として行われた解雇を無効と判断した昭和五二年判決(39)の判断基準が参照されなければならない。同判決では、プライバシーを重視する方向性が打ち出されており、この傾向は、無断録音や監視についての刑事手続の展開やＧＰＳ捜査判決(40)を通して、進展しつつあると言えよう。

憲法上の刑事手続における適正手続の内容には、「何人もその住居、書類及び所持品について、侵入、捜索及び押収を受けることのない権利……は侵されない」との確認が含まれ、捜査機関がこれに対して侵入・捜索を行う場合には令状を示して理由を告知すべきことを定めている（憲法三五条）。これは、捜査機関は正当な理由を正式な文書によって告知することなしには人の家屋に捜索押収目的で立ち入ることはできない、とのルールであるが、適正手続ルールのうちでもとくに憲法が、手続を受ける側が有している「権利」としてこれを明文規定している点に着目すべきである。このルールは捜索の場所が私的な家屋、企業の社屋、あるいは学校であるかを問わず適用される。ここから、憲法三五条の「侵入、捜索及び押収を受けることのない権利」に根拠を置くプライバシーは、職業の場であれ路上であれ、当人のコントロールに委ねられるべき物理的空間ないし情報空間において、その行動・言動・情報授受などが正当な理由なく踏査・調査または監視によって圧迫を受けることのない状態、といった意味に解される。

憲法上の適正手続の要請は、労使関係の中で行われ

39　東京高判昭和五二（一九七七）年七月一五日東高民時報二八巻七号一六二頁。
40　最大判平成二九（二〇一七）年三月一五日刑集七一巻三号一三頁。

る懲戒においても使用者が遵守すべきルールとして参照されるのが今日の共通理解であることは先に確認した。そうであれば、自己に職業上の裁量が与えられていると期待される空間に、理由を告知されることなく、懲戒・解雇といった不利益賦課を目的とした侵入・捜索が行われていた場合には、ここで憲法が明文で保障する権利が侵害されていることになる。こうした状況では、被雇用者側の行為が権利防御のための正当行為であった可能性や、使用者側の懲戒の相当性・手続きの適正性について判断するにあたっても、ここで侵害された被雇用者の権利の重さを斟酌する必要がある。本件はこの点で検討を要する事例であるため、この点を第三節で論じる。

（カ）懲戒決定の有効性

行われた事実認定に基づいて懲戒の可否と内容・軽重が決定される際には、当該組織における正当な決定権者ないし決定機関において、当該決定が有効になされたことが必要である。

大学の場合には、規律への違反があった事実を確認し、これに相応する処分を決定する機関は、通常、教授会（その長としての学長）および理事会である。懲戒・解雇の決定プロセスにおいて、ここで行われた決定が瑕疵を含むために無効となれば、この決定に基づいてなされた解雇処分も無効となる。(41) 本件はその検討を要する事例である。

この問題については、二〇一四年の学校教育法改正によって大学における教授会の権限に変化が生じたため、この改正が本件の検討に影響を及ぼすか否かを検討しておく必要がある。

41　近年の判例として、「（学部長解任決議をした理事会の判断につき）その判断の基礎とされた重要な事実に誤認があること等により重要な事実の基礎を欠くこととなる場合、又は、事実に対する評価が明らかに合理性を欠くこと、判断の過程において考慮すべき事情を考慮しないこと等により、その判断が合理性を持つ判断として許容される限度を超えた不当なものである場合には、当該解任権の行使は権利の濫用に当たり許されない」とした判決がある（東京地判平成二八（二〇一六）年三月三一日ＬＥＸ／ＤＢ文献番号二五五三四四八五）。

大学の自治の根幹は、教員の人事・身分保障の問題と考えられてきた。国公立大学の場合には教育公務員特例法が直接適用され、教員の人事問題をめぐる「大学の自治」が制度的に保障されているが、私立大学における教員の人事・身分保障についてはこのような明文の保障規定が存在せず、その意味において国公立大学よりも不安定な地位にあったため、判例・学説による補強が必要であった[42]。

二〇一四年の学校教育法改正以前は、大学における教授会は、同法九三条によって議決権を有する必置機関として規定され、「重要な事項」（同九五条一項）を審議することによって大学の管理、運営の中核をなすものとされていた。ただし、何が「重要な事項」にあたるかについては「大学の自治」すなわち「教授会の自治」に委ねられていると解釈された[43]。これに伴い、教員人事は、憲法上の「学問の自由」から導出される「大学の自治」の要請として教授会の審議によるべき「重要事項」と解され、判例もこの理解を採用してきた[44]。ところが二〇一四年の改正によって、教授会は「意見を述べる」諮問機関へとその性格を変えることとなり、現在では、同規定の第一項にあった「重要な事項」という文言は削除され、同条二項の三および三項において、教授会は、学長（三項では学長等）が「定めるもの」について、あるいはその「求め」に応じて、「意見を述べる」ものとされている。具体的には、教授会で「意見を述べる」とされている必須事項は学生の入学、卒業、単位・学位認定などの教学事項に限定され、人事

42　佐藤（一九八一）、松元（一九九八）。教職員の身分保障に関する歴史的な背景を、主に大学自治・学問の自由保障の観点から考察した研究報告書として、大場（二〇〇三）も参照。

43　佐藤（一九八一）二頁。

44　神戸地判昭和五四（一九七九）年一月二一日。同判決は、教授会による専門的審査を「教授会の最も重要な機能の一つ」として位置付け、その審査は「教授会の自治が十分保障されてはじめて所期の目的を達しうる」ものとしている。この判示事項は、学説によっても、高度の専門性を有する大学教員の適格性審査にあたっては、教授会が外部から独立して行うことが学校教育法五二条の趣旨からして望ましいという観点から支持されている（永井・中村（二〇〇四）一九一－一九七頁）。

や懲戒については規定が設けられなかった。しかし、この規定の下でも、「大学の自治」の趣旨からすれば、各大学の組織内で、「学長」ないし「学長等」の意思に基づいて自主的に、教授会において「意見」にとどめず議決までを行うことは妨げないと解すべきである。本件はその例と考えられる。

ところで、私立大学教員の懲戒処分は、「経営権」と「教学権」との関係にかかわる特殊な形態をとる[45]。私立大学教員には労働基準法が適用されるので、懲戒処分問題は就業規則との関係が問われる。懲戒に関する就業規則上の審議機関は一般に賞罰委員会などとなり、本件被告の就業規則では懲戒権者である理事長に意見を述べる「懲戒諮問委員会」の設置が義務づけられているが、教育法上の審議機関は教授会である。ただし二〇一四年以降は上記学校教育法九三条の改正により、大学組織における教授会は、決定権を持つ学長に対して「意見を述べる」諮問機関の役割を担うものとなった（現行九三条一項）ことは、前述の通りである。

二〇一四年の学校教育法改正以前には、人事については「重要事項」として教授会の審議を経ることが手続上の不可欠の要素と理解され、判例を見ても、懲戒（解雇を含む）や解雇は教授会の議を経なければならない（これがない場合は解雇無効）とした判決が存在していた[46]。判例の全体的傾向としては、教授会の審議を経ることという要件は二〇一四年法改正以前から消極的に位置付けられつつあったことが窺われるが、教授会審議にかからせることが望ましいとの見解が論じられていることもまた確かであり[47]、本件のように議案を教授会の審議・議決にかからしめることはそれ自体としては望ましい方向として是認される。

ここで確認されるべきことは、二〇一四年の改正を通じて学長の権限が強化されたとはいえ、それは、あ

45　懲戒と「大学の自治」と「私的自治」の関係については、松元（一九九八）、佐藤（一九八二）、市川（二〇〇四）などを参照した。

46　名城大学教授懲戒解雇事件解雇無効確認請求事件（名古屋地判昭和三六年二月一三日労民一二巻一号五七頁）。

47　永井・中村（二〇〇四）一九一頁以下とくに二〇五頁。

くまで教学組織としての教授会とその長としての学長の権限割当の変更に過ぎないものであって、理事の一員としての学長に教授会（教学組織）と切り離された経営上の観点のみに基づく広範な裁量の余地と単独決定の権限を与えたものではないという点である。また、この規定の下でも学長は、その権限によって、特定の議案を教授会の議決に委ねることができる。本件はそのような例である。教授会における議決の有効性については、本件の重要論点と考えられるため、第三節において詳述する。

（キ）人格権侵害

上記（ア）から（カ）までは懲戒とくに懲戒解雇に関する適正手続の問題であり、使用者（懲戒権者）においてこれらに違反があった場合には当該解雇は無効と判断されることになる。

これらの問題に加えて、当該手続きの進行過程で労働者側に精神的損害ないし人格権侵害が生じていた場合には、その権利侵害に起因する不法行為について検討する必要が生じる。これは、当該解雇の有効無効の問題からは独立して、別途成立しうるものである。

こうした人格権侵害は、事後的な賠償をもって救済するものであり、解雇無効の確認を求める主張とは異なるため、本件原告の解雇無効の主張が認められるか否かという問題とは独立して検討されるべきである。手続きの進行から発生した損害について、手続きの有効無効とは別にこの損害を評価しなければならないことについては、一般企業と私立大学で異なるところはない。むしろ大学教員の場合、使用者との間で合意された担当領域枠内での教授内容形成および教室内での授業運営を教員の裁量に委ねることが通例となっていると言えるので、当該の教員の側にこうした信頼関係に基づく裁量が認められている（信頼関係を損なう無断録音などはなされていない）と期待するのが普通であろう。ここで当人の了解を得ずに無断録音という形で授業空間に侵入することは、この期待を損なう行為である点で労働者の人格権を侵害している可能性が高い[48]。

### 四　小　括

　懲戒解雇は、制裁としての性格を強く帯びるものであり、不利益を受ける側にとってみれば経済的不利益のみにとどまらず社会的信用の低下やスティグマを伴う点で、刑事罰に準じる深刻なものである。そのため、こうした不利益処分を行うにあたっては、使用者は、刑事手続における「法の適正手続」に準じる手続の遵守が求められる。これは、労働者の権利保障を目的とする憲法二七条、二八条の趣旨からして当然の理であり、また、自己の権利を守ろうとすることを不利益賦課の理由としてはならないという、人権保障の根底にある原理原則に照らしても確認されるべきことである。そして、私立大学も労使関係という側面を持つ以上、労使間で行われる懲戒や解雇については、使用者である大学は、同じ要請を受ける。

　本意見書前半にあたる第二節では、このことを確認し、憲法および労働法によって要請される適正手続の内容を整理し、ここから本件における解雇の有効性をめぐって検討すべき論点を抽出した。検討すべき主たる論点は、解雇決定の要となった教授会決定の有効性、授業無断録音の適正手続違反性、教授会決定のさいに重要な判断根拠とされたと考えられる名誉毀損の有無、および原告が教授会決定によって要求された謝罪を行ったかどうかである。これについて、第三節でより具体的に検討することとする。

## 第三節　本件の問題点と本意見書の見解

　私立大学において懲戒（とりわけ懲戒解雇という重大な不利益賦課）を行う際に求められる適正手続の内容については、先に述べた通りである。以下では、この内容に照らして、被告の行った解雇が手続き面から見て有効なものと言えるかどうかについて検討する。具

48　「労働者人格権」という視覚からこれらの問題を構成する議論として、角田（二〇一四）。この部分への「大学の自治」の視角からの検討は他稿に譲る。

体的には、本件懲戒解雇（および予備的普通解雇）を適正手続の観点から見たとき、教授会における審議および議決の前提に瑕疵があり無効であったことが強く疑われる。教授会の議決が無効であるならば本件解雇は無効であるため、この点につき検討する。

次に、教授会における議決が有効であったと仮定して、本件懲戒が一事不再理や二重処罰の禁止といった適正手続原則に反するものでなかったか、本件被告が行った事実認定が手続的適正の要件を満たすものであったかどうか、原告の側に正当行為と認められる事情がなかったか、本件懲戒が相当性を逸脱するものでなかったかという点について検討する。教授会には「大学の自治」によって一定の裁量が認められているが、その裁量に基づいて特定の者に不利益処分を課す際には、これまで見てきたように人権保障と適正手続の見地から一定の要件を満たすことが必要となり、これを欠くものは無効と判断するのが確立した判例法理である。[49] これらに関する考察の中で、本件の解雇手続に伴う被告の行為が原告の人格権を侵害するものでなかったかどうかについても、併せて考察する。

## 一　本件教授会の決定は無効

大学における懲戒手続が適正なものとして成立していると言えるためには、先に見た懲戒における適正手続の一般的要件のうち、審議および決定がしかるべき決定権者によって有効になされたこと、その前提として適正な調査に基づく公正な調査報告が決定権者に共有されたことが重大な要件となる。ここで公正な調査報告とは、決定権者が決定を行うにあたって必要な判断材料となるべき情報に、誤謬、重要事項の欠落、事実や評価に関する誇張や不当な看過・過小評価等がないことを意味する。ここで手続的適正性が認められず

49　このことを示した判例として、最判昭和四八（一九七三）年九月一四日民集二七巻八号九二五頁、最判平成一八（二〇〇六）年一一月二日民集六〇巻九号三二四九頁を参照。

当該の決定が無効となったときには、その余の論点を検討するまでもなく当該懲戒・解雇は無効となる。本件はこの例に該当すると考えられるため、この部分をまず検討する。

### （一）教授会議事において必要な基礎情報

#### （ア）大学教員に対する懲戒処分手続と決定権限

まず、本件懲戒解雇を決定した教授会（以下、「本件教授会」という）が有効に開催されたこと、本件懲戒解雇がこれを議案とした本件教授会の議決に委ねられたことについては、前述の第二節の三の（四）の（カ）で行った考察から、法的に見て問題はない。二〇一四年（平成二六年）以降、学長の決定権限を教授会に対して優位させる方向の改正が行われたが、ある議案について学長と教授会構成員の意思に基づいて教授会の議決に委ねることは差し支えない(50)。したがって、本件で、本件懲戒・解雇が教授会の審議と議決によって決定されたことについては法的に見て問題はない。その上で、本件では、当該議決の基礎となる事実情報ならびにその事実への法的評価に誤りや不正確さが含まれていたと考えられるため、その議決の有効性が疑われる。

本件の教授会決定の有効性を判断するに当たっては、判断の基礎となる前提を欠いているとの理由から特定構成員への解任決議を無効とした平成二八年の東京地裁判決が、参照されるべきである。ここでは、「（学部長解任決議をした理事会の判断につき）その判断の基礎とされた重要な事実に誤認があること等により重要な事実の基礎を欠くこととなる場合、又は、事実に対する評価が明らかに合理性を欠くこと、判断の過程において考慮すべき事情を考慮しないこと等により、その

50　関連して、仮にある大学が、教授会における審議・決定よりも学長の決定権限を優位させる慣習ルールを事実上採用していたとしても、学長・教授会の一致した決議によって決せられた議決事項について、その決議に瑕疵があり無効となった場合には、後から学長の意思を当該教授会の意思から分離して学長単独決定によって当該議決を有効とすることはできないと考えられる。

判断が合理性を持つ判断として許容される限度を超えた不当なものである場合には、当該解任権の行使は権利の濫用に当たり許されない」と判示された(51)。

（イ）本件教授会における判断の基礎

上記の点を、本件事案に照らして考察すると、本件教授会構成員が原告の解雇を決定するに当たって判断材料として知るべきであった情報は、以下に関する、重要部分に欠落や歪曲のない情報である。

① 本件被告が主張する懲戒解雇および普通解雇の根拠となる事実。

② 当該事実に対する評価（規律違反に該当する、業務命令に反している、違法行為である、などの評価）。

③ 被告の側の適正手続違反の有無、および、適正手続原則に関する基本知識。たとえば、教授会においてある決定をすることが、不適切な証拠に基づくものとなっていないか、またその決定が重要な法原則に抵触するものとなっていないか、に関する知識と認識。

①については、現時点では、原告と被告の証言が大きく違っているため、本意見書ではこの内容については保留とした上で議論を進めざるを得ないが、少なくとも現段階での証人尋問調書や原告・被告双方の書面を見る限り、被告の認識および評価のみを確実なものとして斟酌し、原告のそれは顧慮しない、という姿勢をとることは公正とは言えない。

また②に関して言えば、被告の側には、社会通念上、懲戒事由には至らない程度の軽微な事柄を殊更に重大視していないか、との疑問を禁じ得ない。とくに被告は原告の言動を「名誉毀損」「不法行為」といった言葉で表現していることが各種書面および録音からの反訳から読み取れるが、原告の言論は法的見地からは名誉毀損には該当せず、テスト用紙やレポート用紙の欄外に情報提供を求めるメッセージを記載したことも、

51　東京地判平成二八（二〇一六）年三月三一日ＬＥＸ／ＤＢ文献番号二五五三四四八五。

それ自体では不法行為に当たるものではなく、仮にそうであっても、自己の権利防御のための情報収集であるから労働者としての正当行為と言える。このことを教授会構成員が理解していたか問うべきであろう。

③については、原告の授業を被告が無断で録音して懲戒の根拠としたことが、法的に見て重大な問題であることの認識が共有されていたか。さらに、教授会構成員は、本件解雇の決定がそれ以前に行われていた厳重注意や懲戒降格処分、特別研究期間取り消しなどとの関係で、二重処罰の禁止に抵触するものであり、法的に重大な問題を惹き起こすことを知っていたか、問うべきであろう。

本来、これらの事柄に疑義が生じているときには（本件では原告の代理人が再三にわたってこの問題を指摘する通知を行っている）、大学法人側の法的見解のみに依拠して一方的に手続きを進めることを慎み、懲戒および解雇の手続きを中断して、法律的見解がある程度確定するのを待ってから手続きを再開することが期待される。この点、本件教授会では、上記①から③までのすべてについて判断の基礎を欠いていたために議決の有効性を維持することはできないのではないか。

本件懲戒・解雇に係る教授会は二度開催されてはいるが、被告が教授会構成員の議決のために提供した情報は本件審理のために提供されたものと同じ内容か、または本件審理の過程で原告および原告代理人が明らかにした内容（録音された教授会における発言内容）であった。しかし本件証人尋問からは、原告の事実認識と被告の事実認識が大きく違っていること、また、同じ事実（原告の教科書内での言論や教室内での発言）に対する認識が大きく違っていることが読み取れる。この状況で教授会に共有されるべき情報は、このように著しい乖離・衝突のある複数の事実認識、およびそれらが「不法行為」や「名誉毀損」などに該当するかどうかに関する複数の相対立する見解が存在すること、であったはずである。しかし現実にはそうでなかったことが、資料からは強く推知される。

議決に参加する教授会構成員は、自らが参与する決定が違法性を含む可能性が高いことを認識していたならば、異なる意思表示を行っていたか、少なくともこの時点で議決を行うことを躊躇し、原告において問われている解雇事由のそれぞれに関する法的評価が明確になるまでは議決を延期すべきであるとの判断に至るのが通常と思われる。この点で、構成員が共有すべき基礎情報に重大な欠落ないし誤謬があった場合には、これに基づいて行われた教授会の議決は、有効に成立しているとは認められない。

以上のような理由から、本件においては、手続き面で懲戒権ないし解雇権の適正な行使を逸脱する濫用があったこと、および、このことの認識が欠けていた状態で行われた教授会決定は、判断の基礎が欠けていたために無効であったことが疑われるため、この点について詳細な検討を要する。

（二）名誉毀損への該当性

本件教授会での懲戒解雇決定は、原告の言動が名誉毀損に該当する、との評価を前提になされていた。しかしその評価は法的に見ると誤っている。[52] 本件教授会構成員の中に、法律を専門分野としている者はいないことから、本件教授会構成員は、上記の法律解釈を正しいものと信じて議決の根拠としていたと考えられる。これは会議体構成員にとって判断・意思表示に必要な情報に誤りがあったということを意味する。このように必要な前提条件を欠いた状態での議決は、無効と考えられる。

本件で被告が用いていた「名誉毀損」という言葉は、被告の就業規則に明記されている「学院の名誉または信用を毀損する不当な行為」（就業規則三一条五項）を指していると思われるが、同時にこの言葉は法律上の犯罪または不法行為を表す言葉でもある。構成員の多くはこの言葉に、大学内の規則違反の問題と、学外であったならば法的問題となるような重大な違背のイメージとを重ね合わせていたと考えるのが自然である。

52　この点について詳細は三「名誉毀損への該当性」で後述する。

一般に、刑事事件における犯罪であれ、民事上の不法行為であれ、社会で違法行為とされている行為に該当することを行った、との評価を受けることは被雇用者にとって致命的なものとなる。たとえば、被告の就業規則中には、「窃盗、横領等の刑法犯に該当する行為があったとき、または有罪判決を受けたとき」（三一条七項）との懲戒事由規定がある。なんらかの犯罪行為を行った（または有罪判決を受けた）との事実が前提として存する場合には、大学（教授会および理事会）はその事実認定に独自の手間を費やすことなく、その法的・社会的評価を前提に、ほぼ自動的に懲戒免職の判断を下すことが多い。本件教授会決定も、そのような思考に則って、原告の言論が大学の社会的信用を実際に貶めるものだったか、また学生・保護者と大学の間の信頼関係を損なうものと言えるか等を立ち入って吟味することなく、「違法行為に該当するならば懲戒解雇は当然」との了解のもとに審議と議決を行った可能性が高い。ここでは事実に誤認があったこと[53]に加え、この事実に対する評価も合理性を欠いている。このように本件議決はその判断の基礎に決定的な誤謬を含んでいるため、その議決による決定は有効なものとは認められない。

### （三）適正手続違反

#### （ア）無断録音の違法性と証拠能力

大学側が行った授業無断録音がこれまでの裁判例からすれば適正手続に反するとともに人格権を侵害している可能性が高いことも、本件教授会構成員は認識していなかったと考えられる。本件教授会構成員は、原告の発言内容について共有された情報が正当な証拠であるとの信頼をもって、これを判断の根拠としていたと考えられる。しかしこれは、証拠として採用するには不適切な事実情報であった[54]。これは会議体構成員

53　この点について詳細は三「名誉毀損への該当性」で後述する。

54　この点については二の（二）「事実認定に係る手続違

にとって判断に必要な情報に手続き面での誤謬があったということを意味する。このように適正性の観点から必要とされる前提条件を欠いた議決は、有効なものとして維持することはできない。

### （イ）手続き中断の申し入れへの対応

原告は、自分の言動について謝罪を求められたさいに、弁護士に相談し、手続を中断してほしい旨を書面で大学側に申し入れている。ここには謝罪をすれば過ちを自ら認めたことになるため、これが解雇の決定的な理由にされてしまうのではないかとの危惧感があったことが、証拠資料および筆者が原告から得た談話から理解できる。

大学側は原告からのこの申し入れを受け入れず、懲戒手続（教授会審議）を継続し、懲戒解雇を決定しているが、本来であれば法律解釈に疑義がある場合、これについて公平な見地から専門家による見解が出されるまでは、手続きを保留すべきであった。ここで大学側の一方的解釈に基づいて教授会での議決が行われたこと、結果的にこの一方的解釈が法的に見て誤りであったことを考え合わせれば[55]、この議決によって決した本件教授会決定は、その前提となる基礎に重大な過誤があった、と言わなければならない。

### （ウ）告知・聴聞など弁明の機会の保障

懲戒を決定・実行するにあたっては、雇用者は、懲戒に相当する行為があったことの確認（事実認定）をしかるべき慎重さと公正性をもって行い、不利益を受ける当人に弁明の機会を与えるなどの手続を踏まねばならない（適正手続）。

本件では、この手続が行われていたとは言えない[56]。被告は懲戒解雇が決定した後に、その旨を書面にて原告に対し、「違反」の項目で後述する。

55　この点について詳細は三「名誉毀損への該当性」で後述する。
56　この点については二の（二）の（イ）「告知・聴聞など弁明の機会の保障」で後述する。

告に告知し、弁明の機会を設ける旨の告知もその書面中で併せて行っているが、憲法が三一条以下の適正手続条項で保障しているのは、不利益を受ける者が判決に至る前の段階で理由を知り弁明の機会を得ることである。一連の適正手続が民事の懲戒手続においても要請されることからすると、告知・聴聞は、懲戒に関する決定が行われる前の調査段階で行われることが必要である。これを本件にあてはめるならば、被告は教授会決定よりも前の事実調査の段階でこの告知・聴聞を実施していなければならなかったところ、これを行わないまま無断録音を含む事実の調査を続け、懲戒解雇処分を決定した後にはじめてその旨を原告宛に正式に「告知」し、聴聞の機会を設けることを伝えている。これは、「法の適正手続」が要求する「告知と聴聞」の要件を満たすものとは言えない。

たとえば、刑事裁判における裁判員裁判でも、裁判員は、各種の証拠や証言が適法に得られたものであるという前提があってはじめて、判断を行うことができる。本件解雇の決定に参与した教授会構成員は、こうした手続きにおいて欠落がないものと信頼した上で判断と議決に臨んでいると考えられる。したがって、この部分に瑕疵があったことは議決の前提となる基礎が欠落していたと言わざるを得ず、本件教授会決定は無効と考えられる。

## (四)「大学の自治」と議決の有効性

### (ア) 議決に必要な基礎と「大学の自治」

本件については、このように本件教授会決定を無効と見ることは、「大学の自治」の本質とされる「教授会自治」に反することにはならず、むしろこれらの原則に照らした場合にこそ採らざるを得ない見解である。前提となる情報に決定的な欠落や誤謬が存する状態で議決が行われたということは、判断および意思表示の主体である個々の教授会構成員は「自治」の名に値する意思決定を行う機会を提供されていなかったことになるからである。

原告への懲戒処分を議案とする教授会の議決は二度

行われているが、[57]「大学の自治」として教授会を重視・尊重すればこそ、その議決の根拠となるべき情報に誤謬や著しい欠落が含まれていた場合には、この教授会の決定は無効となると判断すべきである。

とりわけ、原告が教授会決定に基づいて要請された学生への謝罪を行わなかったことが、本件教授会において懲戒解雇の議決に至る重要な理由の一つとなっているが、証拠からするとこの点の事実認識については法的に見て過誤があり、[58]議決のための基礎となる事実情報に欠落ないし誤謬があったためにこの教授会決定は無効と言うべきことになる。本意見書で考察している労働法上の適正手続の問題は、「大学の自治」の内容に関する議論に立ち入るまでもなくこの「自治」に外から法的限界を画するものであるが、同時に、上記の結論はむしろ「自治」の趣旨を尊重する立場からの内在的帰結としても、採らざるを得ない結論である。[59]

57　これに関して本件教授会は、二〇一六年二月一〇日、原告の懲戒降格（教授から准教授へ）と特別研究の取消を決定し、その上で二〇一六年七月六日、原告の懲戒解雇（予備的普通解雇）を決定している。

58　この点の詳細は四で後述する。

59　なお、二〇一四年の学校教育法改正によって、人事（教員の採用や懲戒、解雇に係る事柄）は法律上、教授会の審議を必要とする事項ではなくなったが、このことは本件における議決が無効であること、すなわち本件における解雇が無効であることについて、影響を及ぼさない。現行法上決定権限を有する学長が本件解雇の議案を教授会審議事項とし、議決まで行っているのだから、この議案は教授会の議決により決せられることが「大学の自治」の枠内で正当に確定した事項である。学長等および一般の教授会構成員の意思により人事議案を教授会の議決に委ねることは、「大学の自治」の原則に照らして本来望ましいことであり、二〇一四年改正後の学校教育法九三条の規定は、このことを妨げるものではない。したがって、二〇一四年の学校教育法改正に係らず、本件解雇の議案が本件教授会の審議事項となったこと自体は正当である。その上で、上述の事情により本件教授会における議決は無効と考えられるが、付言すると、この決定内容は一度、教学組織の長である学長が、同じく教学組織の最上位決定機関である教授会において審議・議決事項とすることを決定し、これに基づいて審議と議決が行われたのであるから、教授会の議決が無効と判断された場合には、当該決定は無効という結論しか採り得ない。解雇相当という結論のみを、教授会から切り離した理事の一員としての学長単独の権限に基づいて維持することや、

### （イ）大学の自治・教授の自由と「不適切性」

本意見書は上述のように、本件教授会決定は判断の基礎を欠いており無効であるとの見解を採るものであるが、仮に本件教授会決定の有効性がなんらかの理由により維持されるとしても、その他の各種の手続的適正性および実体的適正性の観点から見て、本件解雇は無効と考えられる。

たとえば被雇用者の勤務中の発言や使用教科書の内容などに、仮に被告の建学精神に照らして心配憂慮する点があったとしても、そのことはそれだけで直ちに懲戒の対象とも普通解雇の対象ともなり得ないものであり、むしろ大学の自治の観点からは、教学の回路において協議調整すべき事柄であった。

学生に批判能力、相対化能力があることを前提に、授業で多様な考え方に接する機会を与えることは、大学教育における重要な本質である。本意見書の第二節で確認したように、業種・職種からみて正当とみるべき内容あるいは当然に派生する言論動作を、懲戒・解雇の対象にすることは、懲戒の内容的相当性を失するものとなる。

なお、被告は原告に送付した「懲戒理由説明書」（甲四号証）中で、懲戒解雇事由に加えて不適切な教科書を使用したことを理由に加えた予備的普通解雇を行っている旨も記載している。そこで、大学が普通解雇の理由として付け加えた教科書の不適切性についても、この観点から検討を加えるべきである。

「宗教」や「恋」、あるいは大学なるものの不合理さ等を議論の題材とすること、その一環として教員本人の体験談を題材とすることは、学生に批判能力や相対化能力があることが前提とされている大学教育においては、それ自体では学問の場において不適切なことと断じるべきものではない。(60) ここで適・不適が問わ

形式的決定権のみを有する理事会の意思に基づいて維持することはできない。

60　社会学や哲学などの学術領域では、二〇世紀初頭から隆盛した精神分析学（フロイトからラカン等にいたる流れ）や、ギデンズ、フーコーなどの著名な学者に代表

れるとしたら、それらを論題とすること（教科書において言及すること）の可否ではなく、それを扱う教員がその題材を学術的誠実性をもって対象化しえているかどうか、または当該の教育を受ける側の学生から不快感などの訴えがあった場合にこれがハラスメント等の不適切な言動を伴っていなかったか、といった文脈においてであろう。しかし本件で提出された証拠資料を見る限り、教学の回路においてそうした協議が行われた形跡は見られず、学生からの苦情があったといった事情も見出せない。

　こうした事情が見出せず、被告の業務になんらかの実害を与えているという事情や因果関係も法的に確知できず[61]、法律に違背すると言える行為（名誉毀損や不法行為）もない中で、原告の実践するこれらの手法を「不快」あるいは「不適切」と感じる構成員が存在したとき、これはまだ規則違反や解雇事由に問うべきでない選好の問題と見るべきである。各大学——とくにその学校固有の建学精神を持つ私立大学——には、この選好（たとえば信仰）の共有を関心事とすること

される歴史社会学ないし社会哲学と言われる学問分野が、「エロス」「恋愛」の概念の問い直しやその政治性・社会統制の手段としての側面について考察しており、さらにはＬＧＢＴの権利問題が法的政治的論題として認知されるに至って、《人間の恋愛ないし性愛なる現象は学術的考察の対象となる》との共通理解がすでに確立している。また、これらの社会文化規範を相対化し考察対象とすることと表裏をなす事柄として、これらの社会文化規範を自明の倫理として支えてきた「宗教」を自明視せず相対化することも、倫理・哲学・思想といった分野の学術においては必要かつ正当な思考作法として共有されている。また、そうした論題を身近なわかりやすい例に置き換えて議論しようとするさいに、他者の（とくに授業参加中の学生の）プライバシーやセンシティブ情報に立ち入って題材化することは望ましくない。これに対して教員が自己の経験を自ら題材として開陳することは、選択しうる可視化手法である。同じく、その場に存在しない架空の人物を即興的に創作してこれとの架空の会話を演じることも、落語と類似のプレゼンテーション・スキルとして評価できるものであって、授業の演出上、教員が原則として自由に選択できる教授方法の一つである。

61　この点については、二の（二）の（ウ）「大学の業務に支障が生じたことと原告の言動との因果関係」において後述する。

が一定限度で認められるが、この場合の選好は労使間における規則違反や解雇事由の問題としてではなく、教育方針の共有という教学の問題として原告と被告の間で協議されるべき問題であることが、「大学の自治」からは要請される。しかしこうした協議は、本件証拠資料を見る限り、行われていない[62]。

原告の学内での言動および教科書として使用している書籍内での言論が、こうした選好に基づく不快感のみを根拠として、教学の協議事項ではなく就業規則中の普通解雇事由に該当すると判断されたのだとすれば、ここでは使用者としての大学が、本来教学事項であるべき事柄の検討資格を簒奪したということになり、「学問の自由」の深刻な自己否定があったことになる。

## 二　適正手続の一般原則への違反

本意見書は、本件解雇はこれを決定した教授会の議決が無効であるために無効であるとの見解を採るものであるが、仮になんらかの理由で本件教授会決定が有効であるとの見方が採られた場合であっても、適正手続に関する各種の法原則への違反があるため、この観点から見て本件懲戒解雇は無効と判断すべきであると考えている。以下の適正手続違反に関する考察は、本件教授会議決の基礎に瑕疵があったことの論証となると同時に、仮に本件教授会決定をそれとしては維持する立場を採ったとしても、本件解雇が労使間の事項として法（労働法規およびその背後にある民法、刑法、憲法の重要原則）の要請に違背するために無効であることの論述となる。

### （一）一事不再理または二重処罰の禁止原則への違反

罪刑法定主義の原則からは、根拠となる規律が公平で明確でなければならないことと並んで、刑事法全体に通じる重要法理である「一事不再理」ないし「二重処罰の禁止」の原則が導かれる。これらの原則は、本意見書第二節でも見たとおり、憲法三九条によって明

62　この点については、二の（三）「大学における業務の提供と解雇事由」で検討する。

文化されている重要原則であり、憲法および刑法が関心事とする《市民的自由の確保》という課題にとって不可欠の原則である。また、これも第二節で確認したとおり、およそ法というものは、その法を信頼して行動した者がそのことのゆえに不利益を受けるという不条理を回避するものでなくては、法の名に値しない。この不条理の回避の一内容として、ある行為について刑事責任に問われた者は、当該の刑事責任が確定したならば、同じ行為について重ねて訴追・刑罰の対象とされることはない、という一事不再理の原則が存在する。これは、当該の行為を行った者にしてみれば、当該行為に関する刑事責任がいったん確定したならば、その行為に関する制裁は終了したと信頼する資格を法によって与えられる、ということである。この憲法上の原則は、刑事手続の重要な原則として共有されており、また、懲戒というものが有する刑事罰類似の制裁的性格に鑑み、民事の領域で行われる懲戒処分においても受容されるべき原則である。したがって、使用者が被雇用者に一度なんらかの処分を行った後で、同じ事由に対して重ねて処分を行うことは許されない。

この原則に照らして本件を見ると、被告は、一度、原告を厳重注意に処すると共に、教授から准教授への懲戒降格に処し、さらには原告に対して承認していた特別研究期間（サバティカル）を撤回した。職位の降格や決まっていた特別研究期間の撤回は、原告に重大な不利益を課すことに当たる。[63] 本件懲戒解雇処分は、こうした処分がすでになされていたにも拘わらず、その後、同じ事由に対して決定されている。これは、一事不再理に該当する。

本件解雇は、これを決定した教授会の議決が無効と

63　職位の降格については、被告大学においては教授と准教授との間では定年年齢に八歳の開きがあり、生涯賃金にも大きな差が出ることなどからすると、この不利益は重大な現実的不利益である。また、被告の「特別研究制度規程」の中には特別研究期間の取り消しに関する規定は存在しないため、この取り消しが正当なものであったかどうかについても法的な問題が存することになるが、仮にこれを認めるとしたら、この不利益賦課をもって懲戒と言うべき組織内懲罰が行われていると評価できる。

考えられるために無効であるとの見解を先に述べたが、仮になんらかの理由で本件教授会決定が有効であるとの見方が採られた場合であっても、適正手続に関する上記の法原則への違反があるため、適正手続の観点から見て本件懲戒解雇は無効と判断すべきことになる。

**(二) 事実認定に係る手続違反**

**(ア) 無断録音の法的問題性と原告の正当行為**

まず、原告の使用教科書および授業内の発言について、大学管理職担当者が何らかの憂慮と実態把握の必要性を感じたとしても、前述の通り、まずもって行われるべきは教学事項としての協議である。それでは解決に達し得ない問題が生じていると判断された場合には、管理職側と当該教員との個別面談を行い当該教員に弁明の機会を設けるなどの手続きが行われなくてはならない。そのような手続きを経ずに、当人の了解を得ずに授業の無断録音を行うということは、判例も指摘する通り、人格権の侵害をも惹起し得るものであるため、これを教授会における議決の根拠とすることはできず、仮に教授会決定の有効性の問題を措くとしても、手続きとしての適正性は認められないと言うべきである。(64)

64　仮に本件無断録音によって収集された音声が懲戒の認定を妨げるものではないと判断されたとしても、適正手続違反による解雇無効の主張とは別に、「人格権」への侵害が成立する。会社側による労働監視目的でのテープレコーダーの無断設置について人格権侵害となりうることを認めた判例として、広沢自動車学校事件判決(徳島地決昭和六一(一九八六)年一一月一七日労判四八八号四六頁。昨今では、多くの企業が業務の録音・録画を行っているが、これらと本件のような無断録音を同列にとらえることは誤りである。たとえば、多くの企業が電話での苦情受付については録音を実施しているが、これは従業者が心理的負担となる言論にさらされやすいことから、過剰なまたは従業者の責めに帰すべきでない負担が従業者にかかることを防ぐために行われているのであり、録音を行うことは通常、会話の冒頭で告知される。近年ではタクシー会社がタクシー内に録音機や録画機を導入する傾向にあるが、これも密閉度の高い業務場所で顧客との間にトラブルがあった場合や交通規則違反に問われた場合の従業者(運転手)の責任の有無・程度を公正に把握するためのものであって、従業者の安定的な業務環境を守るために従業者の了解を得て導入されているこれについては、本件甲二八号証としても提出されている目黒高校教諭解雇事件東京地裁判決を参照されたい。この判決では、校長が教諭の同意なしに行った全授業内容の録音を根拠とする解雇を、その方法が相当性を欠くため、授業内容の当否を論ずるまでもなく教育基本法一〇条一項にいう「不当な支配」に該当するため、公の秩序に反する権利の濫用に当たるとした[65]。

この点については、自動車教習所における業務の無断録音に反発した被雇用者の解雇を無効とした昭和六一年の判例が参照されるべきである。ここでは、懲戒対象行為の相当性判断における傍論の中で、録音機の一方的導入が当人を心理的圧迫にさらすこと、これに反発した被雇用者の言動を直ちに懲戒の対象とすることは法の是認するところではないことが確認されている[66]。また、この事例では、企業側が配慮すべきだっ

---

ものである。こうした事例が増えている一方で、不当な監視・侵入を受けない権利を確立するための「適正手続」の法理の共有と「人格権」の法理の構築も、喫緊の課題である。本件における無断録音はこちらの問題系に属する。

65　東京地判昭和四七（一九七二）年三月三一日労民二三巻二号一五五頁。経営者の無断録音は違法とする判例としては、他に東京高判平成二八（二〇一六）年五月一九日ＬＥＸ／ＤＢ文献番号二五五四二七五八があり、その評釈として日下部・神谷（二〇一六）を参照。目黒高校教諭解雇事件を含め、一連の労使間のプライバシー侵害事例を総合的に考察した論稿として、中西（二〇〇九）を参照。

66　広沢自動車学校事件、徳島地決昭和六一（一九八六）年一一月一七日労判四八八号四六頁。「教習車に録音機を積んで録音テープに技能教習の様子を録音することは、……録音される者が自発的にこれをするのではなく、学校管理者が指導員の教習を録音して聞くというのは、教習指導員が教習態度を監視されているかのように感じて心理的圧迫を受けるのは無理からぬところで、録音される指導員及び教習生の自由な同意なしにこれをする場合には、教習生も含め録音される側の人格権の侵害にもなりうることは否定できない。……（会社側が）これを実施したいと考えたならば、……十分協議してその納得を得るよう努力するべきであったにもかかわらず、……会社側の一方的な強行姿勢、とくに録音機を積むという会社の指示に従えない者は帰れと言われたことに対し、申請人らがこれに反発して帰宅してしまったのもやむを得ない面があり、直ちに責めることはできない……」。

た事柄として、被雇用者の人格的自律とともに教習を受ける受講者のプライバシーが指摘されているが、この構図は、大学教室内での教員と学生とのやり取りを大学側が無断録音するという行為にも当てはまる。大学は原告の職業上の人格的自律を害するのみでなく、その空間にいる学生のプライバシーを害していたことにもなるのであって、このことは本件無断録音の手続きとしての違法性および原告の人格権侵害について判断するさいの利益衡量において斟酌されるべき要素である。

この問題領域に関わる判例としては、他にも、企業が従業員のロッカー内や荷物を無断調査した事例、職場モニタリングへの非協力に対して不利益処分を課した事例などで、企業側の行為が違法とされている。(67)

こうした問題領域の諸判例からは、人格権ないしプライバシーの保護必要性を認めることを前提として、①モニタリングの目的や手段の正当性ないし合理性があったか、②労働者に対する事前告知があったか、③該当する業務従事者全体に画一的に施行していたか、

67　判例としては、使用者による労働者のロッカーの無断調査や職場内外でのモニタリングなどについて争われた関西電力事件・神戸地判昭和五九（一九八四）年五月一八日判時一一三五号一四〇頁が参考となる。ここでは企業の行為が「思想、信条の自由を侵害し、自由な人間関係の形成を阻害するとともに、名誉を毀損し、その人格評価を低下せしめた」と判示された。この控訴審（大阪高判平成三（一九九一）年九月二四日労判六〇三号四五頁）では、「労働者は使用者に対して全人格をもって奉仕する義務を負うわけではない」、「使用者は個人的生活、家庭生活、プライバシーを尊重しなければならず、観察或いは情報収集については、その程度、方法に自ずから限界がある」と判示している。これの最高裁判決（最三小判平成七（一九九五）年九月五日労判六八〇号二八頁）も、原判決を支持して会社側の上告を棄却している。また、被雇用者一般に使用者側のモニタリング調査への協力義務があるかが争われた富士重工事件で、最高裁は、調査が職務となっている者以外については「調査に協力することが労務提供義務を履行する上で必要かつ合理的であると認められない限り、調査協力義務を負うことはない」と判示し、調査に応じなかったことを理由とするけん責処分を無効とした（最三小判昭和五二（一九七七）年一二月一三日判時八七三号一二頁）。これらの判例と法理については、中西（二〇〇九）一〇八‐一〇九頁を参照。

ということを踏まえ、使用者側と労働者側の利益を比較衡量して判断するという思考方法が抽出される(68)。

このように要保護性が認められてきた人格権ないしプライバシー権は、憲法上の重要な権利として承認されており、同時に民法七〇九条「不法行為」を認めるさいの前提となる「権利」として、裁判によって確立してきたものである(69)。

この権利を裁判所が重視していることを示す近年の最高裁判所判例として、平成二九年のＧＰＳ捜査に関する最高裁大法廷判決を挙げることができる。ここでは適正手続の観点から、情報収集におけるプライバシーを重要な保護利益として位置付けることで、調査方法に一定の拘束を課している。判決によれば、「憲法三五条は、『住居、書類及び所持品について、侵入、捜索及び押収を受けることのない権利』を規定しているところ、この規定の保障対象には、『住居、書類及び所持品』に限らずこれらに準ずる私的領域に『侵入』されることのない権利が含まれる」と判示している(70)。この理解に基づくならば、教室運営を任されている教員の授業空間内にも、上述の拘束が妥当することとなる。

一方、こうした無断録音の民事上の証拠能力と人格権侵害につき、昭和五二（一九七七）年七月一五日の東京高裁判決では、「その証拠が、著しく反社会的な手段を用いて、人の精神的肉体的自由を拘束する等の人格権侵害を伴う方法によって採集されたものであるときは、それ自体違法の評価を受け、その証拠能力を否定されてもやむを得ない」と判示している(71)。この判例では、無断録音について「話者の同意なくしてなされた録音テープは、通常話者の一般的人格権の侵害となり得ることは明らかである」とも述べている。こ

68　中西（二〇〇九）一〇九頁。
69　プライバシー権を含む人格権全般の発展と内容については、五十嵐（二〇〇三）を参照。
70　最大判平成二九（二〇一七）年三月一五日刑集七一巻三号一三頁。ＧＰＳ捜査に関するプライバシー理解と最高裁判決については、稲谷（二〇一七）を参照。
71　東京高判昭和五二（一九七七）年七月一五日東高民時報二八巻七号一六二頁。

こでは、人格権侵害の有無とその証拠能力とは切り離され、証拠能力の有無は、「著しく反社会的な手段を用いて人の精神的肉体的自由を拘束する等の人格権侵害を伴う方法によって採集されたものである」か否かという基準のもとで判断されている。加えて、この判決では、無断録音の証拠能力が認められない場合として、「人の精神的肉体的自由を拘束する等」の反社会的行為の存在を挙げているが、この要件を厳格に解釈して、文字通りの物理的身体拘束や暴力、有形力を行使しての脅迫などがあった場合のみに限定するべきではない。というのも、そのような手段で取得された録音音声は、無断であったかどうかを問わず、およそ証拠能力の認められるものではないことは明らかだからである。そもそも憲法三一条から四〇条までの適正手続条項には、刑事手続から暴力を排除するという関心が貫徹されており、同三八条の違法収集証拠排除法則も、その中に位置付けられるものである。このルールに基づき、民事における懲戒手続を見るならば、物理的暴力をもって採取された証拠は当然に証拠能力を失うのであって、無断録音の場合の基準としてあらためてこれに言及する必要はない。したがって、無断録音が証拠能力を失う場合を言う「精神的……自由を拘束する等」という基準は、録音を受ける当人の自律性が否定されている度合いに突き合わせて用いられなければならないのであり、社会的に見て自律性の保障が高く確保されるべき空間(72)については、その無断録音の相当性は反比例する形で低減すると考えるべきである。

ここで、憲法上の適正手続における違法収集証拠の

72　先に第二節において、「表現の自由」「学問の自由」などの精神的自由権への制約は、経営者の経済活動の自由を労働法などによって規制する局面に比べて、厳格にその必要性と手段の相当性が吟味されるべきことを確認した。このことに加え、大学は、高度かつ活発な精神作用を前提として成り立つ学術を専門に扱う場であるため、「学問の自由」を始めとする精神的自由権の保障がその業務の本質上とくに重要となる。こうしたことから、大学における授業空間が、自律性の保障が高く確保されるべき空間であることは当然に認められるはずである。

排除[73]を論じるにあたり、先に見たＧＰＳ捜査に関する平成二九年三月一五日の最高裁判決を再び参照する。同判決では、ＧＰＳ技術を使用して無断採取した証拠は裁判では使用できない違法収集証拠であるとしている。刑事手続における適正手続の諸原則は、労使関係における懲戒・解雇の手続においても可能な限り遵守が求められることは第二節で確認した通りである。そうであれば、このような近年の裁判所の判断から見ても、手続的適正を逸脱した手段によって採取した事実情報は、証拠として正当なものと言えず、このような手法で収集された証拠を判断の重要な根拠として行われた教授会決定は無効であるとの見解は、先に述べたところである。[74]仮にこの教授会決定の有効性の問題を措くとしても、これに基づいて行われた懲戒・解雇は無効と判断すべきである。

ところで、この点に関連して、本件被告は原告による教授会の無断録音を問題としている。[75]しかしながら、被告の録音行為と原告の録音行為は同じ法的評価を受けるべきものではない。というのも、事実の前後関係からして、被告の無断録音行為が先に行われており、これに基づいて懲戒解雇または普通解雇の手続きが進行しており、この時、原告は、一方的に解雇されるかもしれないという危惧の中にあったからである。この中で行われた原告の無断録音行為は自己の権利を防御するための情報収集として位置付けられ、労働者としての「正当行為」と見ることができる。[76]それでは、被告による無断録音行為には、これと同という目的から正当行為として無断録音を許容しているのであって、無断録音一般を認めた趣旨と理解すべきではない。

73　暴力や不当に長い拘留によって得られた自白は、裁判では証拠として採用されないとする原則。

74　この点、国立大学法人茨城大学事件における平成二六年の水戸地裁判決では、無断録音によって収集された情報の証拠能力を認めているが（水戸地判平成二六（二〇一四）年四月一一日ＬＥＸ／ＤＢ文献番号二五五〇三六八九）、このケースでは、被害を立証する

75　本件被告準備書面より。

76　これについては、二の（四）「原告の行為の正当行為該当性」で後述する。

等の正当性が認められるかどうか。

被告は準備書面において、教室内の状況は教員当人に知られず密かに行うのでなければ把握できないとして、その無断秘密録音の必要性を主張しているが、この点については、労働関係における使用者は、刑事事件における警察活動とは異なる思考をとるべきである。

教育現場における管理において必要なことは、まずは学生に対して良好な勉学環境を保障すること、そして万が一教員が学生に対して問題発言などを行い授業の成立を自ら害していたり、学生をそそのかして大学の業務に支障を生じさせる行為を行わせているという疑いがあるとしたら、それを止めさせ正常な勉学環境の回復をいち早く達成することである。したがって、当該教員に、そうしたことが疑われる授業（ないしガイダンス）に他の教職員が視察聴講に出向く旨を伝えた上でこれを行うことによって管理者の危惧した言動が抑制されるのであれば、教育現場における管理上の目的はその段階で達せられることとなる。仮に、当初から被告の目的は原告を解雇することにあり、これを正当化しうる証拠を隠密に収集していたのであれば、この無断録音行為の正当性は否定される。

ここで、念のために、被告の側に懲戒解雇または原告の責めに帰すべき事由による普通解雇とは異なる隠れた動機（雇用者側の事情）があった場合のことを仮定して、雇用者側の事情による解雇（いわゆる整理解雇）について付言しておくと、整理解雇が不当解雇に該当せずに適法に行われるためには、まず労働基準法八九条にしたがってその旨記載する就業規則を整備した上で、判例によって確立された諸要件を満たすことが求められる。これについては、東洋酸素事件[77]で、①人員整理の必要性、②解雇回避努力義務の履行、③被解雇者選定の合理性、④手続きの妥当性、という四要件が示され、先例として踏襲されている。

①から③は、裏から言えば、雇用主や職場構成員の主観的な人物好悪を動機として行われる解雇はその正

77　東京高判昭和五四（一九七九）年一〇月二九日東高民時報三〇巻一〇号二五九頁。

当性を認められず、不当解雇となることを示している。手続きの妥当性については、いかなる形式の解雇であれ、当然に要求される条件である。本件被告による解雇手続を見ると、①および③は不明、②は上述の通り満たされているとは言い難く、むしろ解雇を目的とした証拠収集であったことが強く推知される状況が認められる。加えて④は、①および③の事情が原告に説明されていない点および本意見書で検討された内容に鑑みると、満たされているとは言い難い。

このような検討を総合すると、被告の主張する無断録音の正当化根拠は、教育現場の管理運営のための正当行為として支持しうるものではない。したがってこの無断録音は社会的に相当と言える限度を超えており、法的に許容されるものではない。

**（イ）告知・聴聞など弁明の機会の保障**

懲戒を決定・実行するにあたっては、雇用者は、懲戒相当行為があったことの確認（事実認定）をしかるべき慎重さと公正性をもって行い、不利益を受ける当人に弁明の機会を与えるなどの手続きを踏まねばならない（適正手続）。本件では、この手続きが遵守されていたとは言い難い。以下、この点について検討する。

被告は懲戒解雇が決定してから、その旨を書面[78]にて原告に告知し、弁明の機会を設ける旨の告知もその書面中で併せて行っている[79]。

民事の懲戒に手続的適正性を要求するという労働法において広く共有されている立場は、懲戒がもたらす不利益が実質的に制裁の性質を帯びることに鑑み、憲法三一条以下で規定されている適正手続の本質的内容の遵守を懲戒権者にも求めるものである。したがって、

78　「懲戒事由説明書（甲四号証）」。

79　筆者が開示を得ることのできた書面を見る限り、二〇一六年七月六日に教授会決定、同月二二日に理事会承認、八月二六日に学長から原告へ懲戒事由説明書（甲四号証）の送付（九月八日に陳述の機会を設ける、または九月八日までに陳述書を送付すること、との記載あり）、九月七日に原告から学長へ反論書の送付、九月一五日に学長から原告へ解雇通知の送付、という順序となっており、それ以前に懲戒理由の告知や聴聞に関する申し出があったことを示す証拠は見出せなかった。

ここで憲法の趣旨に立ち返って告知および聴聞の意義を確認する。憲法三一条以下の適正手続に関する規定の中で、三三条、三五条に規定されている「令状主義」の趣旨は、捜査段階で捜査機関が被疑者の身体や住空間・職場空間や荷物などに立ち入る際に、その理由を告知しなければならない、というものである。また、取調べ段階および公判において被疑者・被告人に各種の権利が保障されているのも、有罪判決に至る前の段階で被疑者・被告人に弁明の機会を保障するという趣旨である。この趣旨からは、告知・聴聞を民事の懲戒手続において行うときにも、懲戒の有無・軽重に関する決定が行われる前の調査段階で行うことが必要である。これを本件にあてはめるならば、被告は教授会決定よりも前の事実調査の段階でこの告知・聴聞を実施していなければならないが、準備書面や証拠書面を見る限り、これが行われた形跡がない。少なくとも無断録音があったということは、この告知を行わずに事実調査に入ったということになる。原告が不利益処分を受ける可能性を自ら察していたという事情は措くとして、被告の側からの告知と聴聞が行われないまま事実の調査が続けられ、懲戒解雇処分が決定した後にはじめてその旨が正式に「告知」され、聴聞の機会を設けることが伝えられたことになる。そうであれば、ここでは、労働法およびその背後にある憲法が要請する「法の適正手続」の一環としての「告知と聴聞」は、行われていないと言わざるを得ない。

このような手続き上の欠缺があるため、原告の懲戒解雇を決定した本件教授会決定は無効であるとの見解は先に述べた通りであるが、仮に教授会決定の有効性の問題を措くとしても、上記の手続違反は法の適正手続において本質的重要性を有する部分であるため、この部分に欠落のある本件解雇は無効と考えられる。

（ウ）大学の業務に支障が生じたことと原告の言動との因果関係

なお、懲戒理由の一つとなり、また本件無断録音の契機ともなった出来事として、原告が授業履修登録のさいに被告の大学の登録受け付けサイトに特定日時

（登録受付日の一九時）に一斉に登録の送信をすることを学生に呼びかけたことが挙げられている。被告はこれによって大学のサーバーがダウンし業務に支障が生じ、またこの支障について苦情を申し入れてきた学生と保護者がいたことについて、原告が大学の業務に支障を生じさせる行為を学生に教唆したとの理解をとっている。

しかし原告が自己の行為につき認識し意図していたのは、学生に特定の時間帯に（この時間帯を原告が殊更に短く限定した事実があるかどうかは本件証人尋問でも争われているところである）履修登録届けを送信させることと、そのことによって希望する履修登録を確実に行わせようとするということであって、大学業務に混乱を惹き起こさせることではない。また客観的事実として、この送信行為と大学のサーバーがダウンしたこととの間に因果関係があることが立証されていないことは、原告代理人が準備書面で指摘している通りである。本件のような懲戒解雇は、刑事事件に関する適正手続に準じる解釈姿勢で臨む必要があることは第二節で確認したところであるが、この要請からすれば、原告の言動と被告において生じた事実との間に客観的な因果関係が認められなければならない。この因果関係については、サーバーのダウンを防ぐために大学が出した指示の逐一を正確に反映できなかったという微細な遵守不足をもって当該結果を生ぜしめたことを推定するという「見做し」の解釈姿勢をとることはできない。この因果関係が特定できない場合には、原告の言動は、大学が出した指示の逐一を正確に消化しきれなかった、あるいは学生への指示の言葉の中にすべてを盛り込みきれなかった、というおよそ可罰的違法性を欠く微細なものにとどまり、これをもって懲戒の対象とすることは、社会的相当性を著しく逸脱するものであると言わざるを得ない。

## （三）大学における業務の提供と解雇事由

常識を相対化する思考技術は、通常、大学に所属し知識を提供する役割を業務として請け負った者の行いうる特殊技能として肯定されている。したがって、また、その思考技術の提供方法をさまざまに工夫することも、個々の大学教員の裁量の枠内で許容される。大学における個別的教員の業務の自律性はこうした文脈で通常のこととして肯定されているものであり、使用者である大学は、慎重なる見識をもってそれに相応しい人材を選別し､雇用していると考えられる。被告は、原告のこのような意味での自律的裁量をある時点までは肯定していたと考えられる。少なくとも、原告が、自己の所属する大学から、自己の学問・教育内容が一つのスタイルとして認められていると信じていたことには相当の理由があるといえる。

たとえば、甲三一号証、甲五三号証として提出された「明学ライフ」や甲五五号証として提出された「明学プレス」には、原告の授業を面白いとして推奨する学生の授業紹介記事が掲載されている。これらは被告大学の在学生や卒業生が作成する冊子・新聞形式の媒体であるが、ここに「明学」という名称（明治学院大学の略称として親しまれ周知となっているもの）が使用されていることを考えると、[80]被告が原告の授業に対して何らかの承認を与えていると見るべきである。

したがって、本件において、原告が、自らの学問上および教育上のスタイルに対して被告による認諾が存在すると考えるのも無理からぬことであり、このような状況を鑑みると、被告が、原告に教科書の記述内容や授業内での言動につき改善を求めるにあたっては、手続的適正の観点に基づく義務があったと言える。具体的には、原告の書籍や授業に現れた価値態度に被告の建学精神に基づくと教育上看過できない問題があったのだとすれば、それはまず教学の回路で協議すべき事項であったはずである。さらに、これが被告の建学精神に基づくと教学事項を超えて雇用関係を維持できないほどに深刻な労使問題を惹き起こすものであるため、懲戒解雇または普通解雇の対象とせざるを得な

80　これらの冊子には、たとえば「この冊子は大学が公認したものではない」「この冊子に掲載されている見解は大学の見解を反映したものではない」との趣旨の断り書きは記載されていない。

かったのだとすれば、このことについて被告は告知・聴聞を行う必要があった。しかし本件で示された証拠を見る限り、この点での告知・聴聞は行われた形跡が見られない。これが行われていないのであれば、本件懲戒および不適切な教科書使用を理由とする普通解雇は、手続違反の観点から無効と判断すべきこととなる。

（四）原告の行為の正当行為該当性

「人権」の保障と法治国家の維持のためには、保障された権利を行使したことによって不利益を受けることはないという信頼の保護が、不可欠の前提として必要である。国政を担う三権の一部門である司法も、具体的事件の解決や、これに伴う法解釈、利益衡量のあり方を通じて、この意味での法への信頼すなわち法的安定性を維持する職責を負っている。

この論理を憲法と刑法との間で架橋する実定法上の法理としては、これまで何度か言及してきた、「正当行為」（刑法三五条）がある。[81] 民事における懲戒・解雇も、その不利益賦課は刑罰に準じるものであり、したがって、この刑法上の法理が参照・援用されるべきである。

本件では原告と被告の権利・利益が憲法論のレベルで衝突しているため、原告の権利の重さを憲法上の価値序列に照らして正しく斟酌する必要のあることを第二節で確認した。[82] このことから、原告の一連の行為を労働者一般としての正当行為、および精神的自由の保障を前提として成立する大学教員職について認められるべき正当行為として評価すべきと考える。したがって、本件のように被雇用者の正当行為を懲戒解雇および普通解雇の理由ないし原因とした解雇は無効であると考えられる。

授業を無断で録音されるという事態に直面して自己が解雇等の対象となっていることを危惧した原告がこのことに授業内で言及したこと（懲戒事由の一つである

81　藤井（一九八一）一七九頁。
82　第二節の三の（四）の（ウ）「懲戒の正当性と憲法上の人権保障」。

テスト用紙・レポート用紙に情報提供を呼びかけるメッセージを記載したこと）は、一方的に不利益を被ることを危惧した原告が自己の権利を守るために行った情報収集行為であるから、雇用関係にある労働者としての正当行為と言うことができる。さらには、大学組織外で裁判などの法的手段に訴えることを考えての情報収集行為という面もあったことからすれば、憲法三二条「裁判を受ける権利」の延長として保護される行動でもある。したがって、被告は原告の言動のこの部分を理由として原告を解雇することはできない。なお、ここでの原告の発言中に特定の教員名が含まれていたことは、発言場所が公然性の要件を欠くため名誉毀損には該当しないと考えられるが、仮に本件就業規則上の名誉毀損該当性を認めるにしても、それは正当行為であることから違法性ないし懲戒事由該当性が阻却されると解するべきである。

本件で論じる「名誉毀損」は被告就業規則に規定された「学院の名誉……を不当に毀損する行為」（明治学院就業規則三一条五項）を言うが、その解釈においては刑法二三〇条における名誉毀損の要件を参照し、その適用が恣意的に拡大しないよう限定すべきである。このことは「名誉毀損」に関する項目において後述する。

## （五）懲戒の相当性

### （ア）相当性判断の理論的基礎

本意見書では、先に見た通り、本件解雇はこれを決した教授会決定が無効であるために無効、との理解を採っているが、仮に教授会決定の有効性の問題を措いたとしても、以上までの考察から、本件解雇は手続的適正性を欠いているために無効と考えている。しかし、仮に一事不再理への違反や無断録音に関する法的評価が、筆者の知り得なかったなんらかの事情によって異なるものとなり、本件解雇の有効性を失わせるものではなかったとした場合には、次に被告の懲戒解雇がそれとして相当といえる範囲内にとどまるものであったかどうかを検討する必要がある。本意見書では、以下、この論点についても考察しておきたい。

先に第二節で確認した通り、懲戒・解雇とりわけ懲戒解雇というものは不利益を科すものであると同時に実質的な制裁であるため、その認定は、刑法における厳格さに準じて慎重な解釈姿勢をもって行うべきである。こうした観点から、使用者が被る損害が軽微な損害であれば——刑事事件ならば「可罰的違法性がない」として違法性が阻却され、犯罪の成立が認められないようなケースであれば——民事上の懲戒も行われるべきではなく、この状況で敢えて解雇までの重い懲戒を強行すれば、相当性を失する点で懲戒権の濫用ないし逸脱というべきである。

この時、比較衡量の対象となっているのは、使用者（被告）の被った「損害」ないし原告を解雇することによって回避される不利益の重さと、原告が行った各種の行為における原告にとっての利益の重さであるが、その前段階として、原告に保障されている権利の重さが斟酌されなければならない。この二段階の衡量の結果、被告が受けた利益侵害の重さ・深刻さが、原告の側に利益および権利の重さに勝ると認められて、初めて、原告による懲戒処分に相当性が認められることとなる。とりわけ、民事とはいえ制裁的色彩の強い懲戒解雇処分を行う以上、原告側の受ける利益侵害は極めて重いものであるため、原告側の行為に高い違法性・逸脱性が認められるのでなければならない。

第二節で確認した通り、憲法上の人権保障の体系を踏まえるならば、私立大学という企業経営体が行う自己規律と、大学教育者の自由権に属するものとしての表現活動および授業内での教授の自由とが対峙する場面では、前者に対しては憲法上の制約が働き、労働者および一個人としての表現活動に対しては憲法によって要請される綿密な判断手順と事情斟酌が加わるのであり、この思考は本件にも反映されなければならない。したがって、本件のように、比較衡量における一方の利益が「精神的自由」および「労働者の権利」を含む場合には、上記の理論的姿勢を踏襲した綿密な利益衡量が行なわれなければならない。また、衡量されるもう一方の利益が使用者の「経済活動の自由」であることからは、本意見書の第二節で確認した通り、懲戒権者は軽微な落ち度を殊更に監視注視する姿勢をとるべきでなく、軽微と考えられるものは可罰的違法性の理論に準じて懲戒相当性を阻却することが社会的に相当な判断となるという解釈が導かれる。

### （イ）本件における相当性の判断

懲戒の内容は、規律違反の種類・程度その他の事情に照らして相当なものでなければならないが、上記の判断基準に照らすと、本件はそもそも懲戒の対象とすることと自体が相当性を失すると考えられる。

本件では、証拠書類等を見る限りでは、被告の側に実害（ないし被告が主張する実害と原告の言動との因果関係）があるとは認められず、原告の側には懲戒事由に該当すると言えるほどの重大な違法行為も認められない。そのため、被告が各種の適正手続違反の危険を冒してでも原告を解雇しようとする隠れた動機があるのではないかとの疑いを禁じ得ない。たとえば、ここで仮に本件懲戒解雇の実質的理由が、原告が被告の進める運営方針（本件の場合には履修登録制度の変更）に批判的な見解（を持つ学生に同調する意見）を表明したからであったとすると、大学においてこれを懲戒解雇の理由とすることは不当または相当性を失すると言うべきであろう。

これに関する判例として、鹿児島国際大学解雇事件[83]を参照しておきたい。同事件は、鹿児島国際大学の教授三名が懲戒解雇処分は不当として地位確認などを求めた訴訟である。一審・二審ともに解雇無効と判断し、大学を運営する津曲学園に教授の地位確認と給与支払いを命じた。その後、大学側が上告したが、最高裁の上告棄却により、控訴審での原告勝訴が確定した。大学の運営方針と教員との意見対立に起因する懲戒処分につき、第二審判決は、第一審判決を引用しつつ次のように判示した。「本件大学において進行しつつあった大学改革、大学院・新学部開設をめぐり、そ

83　福岡高判平成一八（二〇〇六）年一〇月二七日判例集未収録。（原審・鹿児島地方裁判所平成一四年（ワ）第一〇二八号）雇用契約上の権利を有する地位の確認（解雇無効）。

の経営見通しや将来像の策定について教職員の間に様々な意見があるのは当然であり、……むしろ真摯に同大学の将来像を考え、意見を述べることが自らに課せられた義務であると考え、それを履践したものともいえるのであって、これをもってことさら各開設準備委員会の議事や控訴人による改革事業の妨害を狙ったものということはできない」……「上記行為が控訴人主張の懲戒事由に該当するとは認められない……」。

ある大学教員が、大学の事務のあり方について不満（を持つ学生に同調する見解）を授業内で述べたことが一部の大学構成員に不快感を与えたり、大学が採用したシステムに関する苦情は自分ではなく担当部署窓口に申し出るようにと述べたことが一部の事務職員の事務負担を増やす結果となることはありうるとしても、このこと自体を懲戒の理由とすることは、憲法上保障された「学問の自由」から派生する「教授の自由」に支えられた授業空間の自律性や、大学の事務業務のあり方に照らして、原則として許されないと言うべきである。(84) 先にも言及したように、こうした問題はまず教学の回路にて協議・調整を行うべきであり、また、なんらかの実害（業務の支障）が発生したことを理由として懲戒の対象とするのであれば、その害と原告の言動との間の因果関係が特定されなければならない。

ここで原告代理人準備書面(85)にあるように、本件懲

84　大学の方針に不便を感じている学生がいた場合にこの意見を汲む受け答えをし、苦情の受付先を教示することは特段の事情のない限り、日常の業務連携であり、それ自体で大学業務に対して害を及ぼす行為であるとは考えられない。たとえば教室内の机や椅子などの設備について一部の学生から不便であるとの苦情があったとき、「たしかにそれは不便だ」と同調することは、一教員がなしうる通常の会話であろう。この場合に、当該の問題に一教員が対処することはできないため苦情の受付先として学務担当や施設管財担当を示唆することは通常の業務連携であって、当該部署の受付職員の業務を妨害したとの評価を受けるものとは考えられない。筆者には、本件で提出された各種の証拠書類を見る限り、本件原告の言動がこの域を超える業務妨害教唆に属するとは考えられない。

85　「訴状に代わる準備書面」平成二八年一二月二八日提出。

戒解雇には規則への該当性がない、と論じることは正当である。同時に、仮にこれらを懲戒解雇の理由とすることが被告の就学規則第三一条の懲戒事由（職務上の義務違反、「不快と思われる言動」、「学院の名誉または信用を毀損する不当な行為」など）を根拠として可能であると被告が真剣に考えていたとすると、これは過度に広汎な解釈適用の余地を残す規則を拡大適用しているという問題に当たる。これが刑罰規定であった場合には、こうした過度に広汎な文言による不利益賦課は憲法問題を提起する、との理解が、憲法と刑法にまたがる法理論として共有されている。(86) 本意見書で先に確認したように、企業の懲戒規則の文言は基本的には当該企業の自由に委ねられているが、必要のあるときは、裁判所がその適用範囲を妥当な範囲にとどめるべく合理的限定解釈を行う。(87) 本件で被告の有する上記就業規則は、そのまま無限定の拡大適用を許容すれば労働法の趣旨やその背後にある憲法の人権保障と衝突する内容とならざるを得ないため、こうした合理的限定解釈を必要とする。その一場面が、次に論じる名誉毀損に関する限定解釈である。

　また、懲戒手続については刑事手続に準じた適正手続の遵守が求められることからすれば、刑法上の正当行為（刑法三五条）や可罰的違法性の法理が参照・援用されるべきであることを先に見てきたが、これらの法理は、過度に広汎な適用範囲となる可能性を持つ規則を適正な範囲に限定するためにも、必要な法理である。

## 三　名誉毀損への該当性

　本意見書は、本件解雇はこれを決定した教授会の議決が無効と考えられるために無効であるとの見解を採

86　「過度の広汎性」を持つ刑罰法規が、憲法における自由保障、刑法における罪刑法定主義のどちらから見ても法的問題を惹き起こし、アメリカの憲法訴訟理論によればこうした法規は一定の要件のもとに違憲無効の判断を受けることについて、藤井（一九八七）、門田（一九九三）を参照。

87　第二節の三（四）（ア）「根拠となる規律の存在とその内容の適正性」。

るものであるが、仮に本件教授会決定の有効性の問題を措くとしても、懲戒相当事由の一つである名誉毀損への該当性がないこと、あるいはその適用が過度の拡大解釈に基づくものであって使用者と被雇用者との信頼関係を損なうものであることから、本件懲戒解雇は無効と判断すべきであると考えている。以下の考察は、本件教授会議決の基礎に瑕疵があったことの論証となると同時に、仮に本件教授会決定をそれとしては維持する立場を採ったとしても、本件解雇が労使間の事項として法の要請に違背するために無効であることの論述となる。

（一）一方的な法律解釈の共有と議決無効

被告から就業規則三一条五項の懲戒事由に該当するとされた原告の言動は、以下の二つに分けられる。

（A）教科書として使用している図書（一般書籍として書店でも売られている）の中に、明治学院大学の品位を傷つける表現があったこと。(88)

（B）大学内で、自分の授業が無断録音されていた事実を、録音資料を使用した教員の実名を出して教室内で発言し、また情報提供を求めるメッセージをテスト用紙とレポート用紙の欄外に印刷して学生に配布したこと。

本意見書では、（A）と（B）の双方が名誉毀損の要件を満たさないか、あるいは少なくとも、当該言動は正当行為として認められるために名誉毀損としての違法性ないし懲戒事由該当性が阻却されると考えている。原告の言論について名誉毀損が成立しない以上、原告の言論が「名誉毀損に当たる」ことを判断の基礎として行われた教授会決定もまた、無効である。

本件被告の就業規則三一条五項は、先に見たように広汎な解釈可能性のある規則であるため、その適用の

88　ここから派生して、この教科書には他にも大学の授業に使用するには不適切な箇所があるとの意見が大学内部で出されたが、この部分は甲四号証「告知書」によれば普通解雇事由とされている。

不当な拡大を防ぐために、法の趣旨に沿うよう解釈の幅を限定した上で適用する必要がある。[89] この「名誉または信用を毀損する」、という文言は、刑法上の「名誉毀損罪」および「信用毀損罪」に倣ったものと見られる。学内にのみ適用される就業規則の条文は、国家が制定した法律とまったく同一に解釈しなければならないものではないが、通常、これらの文言は法律条文に存在することから、これに倣ったものと見ることが常識的であり、この規則の下にある被雇用者は、これらの法律上の定義を参考にして自分の言動がこれに該当するか否かを判断しようとするのは当然であると言えよう。さらに言えば、当該組織内の構成員にとっては、こうした刑法典に明文規定のある犯罪概念が懲戒規定として就業規則内に明記されていれば、ある構成員の発言がこれに該当すると調査委員会や大学法人側顧問弁護士などが認めたとき、当該構成員が犯罪に準じる悪質な言動を行ったと信じるのが通常であろう。

したがって、こうした法律条文上の概念を流用した規則については、これに該当すると判断されたときに当人が被る不利益の重さも、刑法規程におけるものと同程度のものとなるのであり、当該の法律上の概念が社会において有している意味内容を、そのような規程の解釈の指針とすることが社会的相当性に照らして必要となる。

さらに、名誉毀損や信用毀損のように言論を対象とした法規制は、憲法二一条の保障する「表現の自由」、一九条の保障する「思想及び良心の自由」、二三条の保障する「学問の自由」との強い緊張関係を惹き起こすと共に、その拡大解釈を許すと、当該の規則に服する構成員全体に精神的な萎縮を及ぼす可能性が高いことなどから、実際の運用・適用においても、拡大解釈や恣意的な解釈適用が起きることを防ぐさまざまな理論が共有されている。[90] 職業倫理上要請される守秘義務遵守事項を除く一般の言論については、こうした法

89　第三節の二の（五）「懲戒の相当性」。

90　「萎縮効果」に関する理論および判例については、毛利（二〇〇八年）を参照。

律の解釈適用における配慮を尊重する必要がある。これは本意見書第二節で見た、憲法上の権利・価値を組み込んだ利益衡量の必要性から導かれる思考方法である。

そこで以下、被告から名誉毀損に該当するとされた原告の言論（A）（B）のそれぞれについて、法律上の名誉毀損の解釈を参考としながら、見解を論じる。

（二）書籍の中の大学への風刺表現の名誉毀損該当性

原告の言動で被告から就業規則三一条五項の懲戒事由に該当するとされたもののうち（A）については、法律上の名誉毀損の成立要件である、社会的名誉を低下させる事実を摘示する言論には該当しない[91]。なぜなら、まず、当該教科書内の「平成学院大学」が明治学院大学の品位を傷つけるものであるとの受け止め方は被告の主観的解釈であって、同書の中にはこれとは別に「明治学院大学」という名称の大学も登場しているからである。このことをも踏まえるならば、「平成学院大学」という架空の大学名のもとに描写された事柄は、日本の大学一般、あるいはいわゆるミッション系大学一般への風刺と見ることができる。社会風刺は、事実の摘示ではなく、混ぜ返しや皮肉（アイロニー）などの形をとった論評に属するものであり、憲法二一条「表現の自由」の保障を受ける表現の範疇に属する。

（三）大学内での発言と公然性の要件、録音の違法性との関連

（B）については、大学内における口頭での発言と、テスト用紙およびレポート用紙の欄外に書かれた発言とがある。

まず、口頭での発言は、学内・教室内で行われるため、名誉毀損の公然性要件を満たすものではない。仮に、そのような発言に公然性を認め、大学および特定教職員の信用を低下させる内容であるということで名誉毀損の該当を認めるならば、原告の言論を慎重な法

91　名誉毀損の成立要件については、奥平（一九九七）一三一‐一七九頁を主に参照。その他に山田（二〇〇九）、五十嵐（二〇〇三）、松井（二〇一三）を参照。

的な議論を経ることなく「名誉毀損」と一方的に断定し、教授会で公表した大学側も当然に名誉毀損に問われなければならないことになると思われるが、一般に、こうした理解は採用されていない[92]。

次に、テスト用紙とレポート用紙の欄外に書かれた発言については、テスト用紙は当日の授業時に教室内で回収することを想定したものであり、レポート用紙は後日の授業時に教室内で回収することを想定したものであるから、およそ公然性は認められない。

しかし、学生がレポート用紙を持ち帰ったことを理由に、公然性のある発言だとする見解も被告から主張されている。この見解を是とする場合には、その発言内容が被告の社会的名誉を低下させる事実を指摘したものであるかどうかを検討しなければならない。そこで、この発言内容を見ると、原告は学生に対し、無断録音が行われたという事実と、当該録音音源の提供を受けてこれを資料として使用した者の氏名に言及している。この場合、授業無断録音を不法な行為、あるいは、少なくとも社会的な適切性や相当性を欠く行為と考えるならば、大学ないし特定の教職員がこれを行ったことを公言されたことは、被告にとって社会的信用を低下させる事実情報を公言されたことになるだろうから、名誉毀損が成立しうる。しかし、被告の当該行為が雇用関係または大学の自治において正当な管理行為に属するものであると主張する立場においては、その事実の摘示は被告の社会的名誉を低下させることにはならないので、原告の言論は被告にとって、名誉毀損の要件を満たさない。被告側の無断録音が適正性を欠き不法性を帯びる行為である、との理解をとった場合にのみ、原告の言論は名誉毀損を構成しうる。

以上を踏まえると、授業の無断録音と録音資料の使用が、大学業務の管理運営上正当な行為であるならば、原告が録音資料の使用者を公表したとしても、このことが名誉毀損に当たることはない。したがって、仮に被告の無断録音と録音資料の使用に関する認識が正当であるとした場合、原告の当該言論は名誉毀損を構成

92　名誉毀損の成立要件については、前注九一に挙げた文献を参照。

せず、名誉毀損を理由とする解雇処分は認められない。

**四「謝罪の有無」について**

本意見書は、本件解雇はこれを決定した教授会の議決が無効であるために無効であるとの見解を採るものであるが、仮になんらかの理由で本件教授会決定が有効であるとの見方が採られた場合であっても、懲戒相当事由の一つである《教授会が要求した謝罪がなかった》との事実認識に誤りがあることから、本件懲戒解雇は無効であると考えている。以下の考察は、本件教授会議決の基礎に瑕疵があったことの論証となると同時に、仮に本件教授会決定をそれとしては維持する立場を採ったとしても、本件解雇が労使間の事項として法の要請に違背するために無効であることの論述となる。

**（一）本件における名誉毀損と「謝罪」との関係**

被告の名誉毀損と謝罪の有無に関しては、解雇に至ったとする被告の説明と主張は、被告が原告に宛てて発行した「告知書」（甲四号証）、「解雇通知」（甲六号証）、および準備書面から、概要以下のようにまとめられる。

被告の無断録音行為は管理上必要な行為であり不法性を帯びるものではなかったにも拘わらず、原告は学生の聴講する教室でこの行為を行った特定の教員の名を明示して不法な行為に関わっているかのような印象を与える言論を行ったものであり、この言論は被告就業規則内にある「名誉または信用を毀損する不当な行為」（就業規則三一条五項）に該当すると被告は理解した。被告は、この理解を判断の基礎とした教授会の決定に基づいて、原告に授業内で学生に対しこの件に関して謝罪することを求めたが、原告はこの謝罪を行わなかった。このため同教授会は、原告の一連の行為が懲戒解雇に相当するとの判断に基づいて懲戒解雇の決定をし、被告はこの教授会決定とこれを承認する理事会決定を経て、原告を解雇した。

しかし原告の言論は法律上の名誉毀損には該当しないこと、このように拡大解釈される可能性のある学内規則は法の趣旨に沿うよう解釈の幅を限定した上で適用すべきであることは先に見た通りである。原告は、学内での発言が名誉毀損に当たるとされた件につき、自らの言論が名誉毀損に当たると認めることは応じない形で、被告からの要求（教授会での決定）にしたがって謝罪を行った。しかし被告はこの謝罪を謝罪として認めず、原告が謝罪をしなかったとの理解に基づいて、これも解雇理由の一つとした。

### （二）業務命令として強制できる謝罪の限界

この謝罪の経緯を本件「甲三三号証の二」で提示された録音反訳に即して見ると、大学（具体的には懲戒に関する調査委員会の構成員）が、授業に立ち会っており、履修学生のいる面前で原告に謝罪を要求している。被告が原告に求めた謝罪文言の中には、原告にとって容認できない事実認識の違いが含まれており、原告はこれについて法的手続をとっている最中であるため発言を控えたい旨の発言を数度行っているが、被告調査委員会はこの弁明をいっさい認めずに、被告側が作成した謝罪の文言を原告の言葉として発声するよう求めている。

この件で原告は、「解答用紙欄外注の訂正と謝罪」として、謝罪を要求された事実を読み上げた上で、「お詫びします」との言葉を数度、発している。このことを被告の調査委員会は「謝罪していない」と断じているが、この認識の前提には、本人が内心から非を認めて謝罪することが「謝罪」であるという価値観が存在することが本件「甲三三号証の二」の「残念」といった発言から推測される。しかし当人の内心から発した謝罪か、業務命令に従った謝罪であることを明示しての謝罪かは法的には問題ではなく、[93] 法的・客観的事

93　最高裁は、謝罪広告事件（最大判昭和三一（一九五六）年七月四日民集一〇巻七号七八五頁）で、謝罪広告は「単に事態の真相を告白し陳謝の意を表明するに止まる」ものであるとの理解をとった上で、これを命じることは「倫理的な意思、良心の自由を侵害することを要求するものとは解せられない」と判示している。この論理を反対解釈するならば、名誉毀損などに伴って命じられる謝罪というものは「単に事態の真相を告白し陳謝の意を表明するに止まる」ものである限りにおいて当人の人格ないし思想良心の自由を侵害しないものと言えるのであり、「倫理的な意思、良心の自由」に踏み込んでの謝罪強制は

実としては記録上明らかに、本件で被告が原告に要求した謝罪は行われている。ところが、被告はこれを謝罪と認めず、原告自身の言葉としての謝罪を期待し、しかも「密告を奨励するようなことをして申し訳ございませんでした」といった文言を（「密告を奨励」という事実認識を原告は共有していないにも拘わらず）復唱すべきことを反語的表現によって強く求めているが、これは当人の自律に反する言動を強制している点で、人格権侵害と言うべき強制となっている。さらに被告調査委員会が、原告が被告の期待する通りの言葉を原告自身の言葉として発しなかったことを「謝罪がなかった」と認識して懲戒解雇の理由としたことも、人格権およびその背後にある憲法上の「思想良心の自由」に照らしたときに権利侵害性ないし違法性を帯び、懲戒権の濫用となると考えられる。

　また被告はこの場面について、謝罪が行われなかった上に特定の教員の名誉をさらに傷つける発言を行ったことを懲戒解雇の理由としているが、読み上げるよう指示された謝罪文に法的に争うべき事柄が含まれており、これをそのまま自分の言葉として発言することを控えて、その謝罪をするよう指示された事実を読み上げる、ということは、それ自体で名誉毀損を構成するものではない。少なくともその指示が業務命令としても社会的相当性の面からも正当なものであるならば、当該の指示を行った人物名を出して当該の指示を受けた事実を述べることは、相手方の社会的名誉を低下させる言論とはならないはずである。これがさらなる名誉毀損に該当するとする理解は、この指示が業務命令としてまたは社会的に見て相当とは言い難いもの

「思想良心の自由」を――現在の判例理論であれば人格権を――侵害する、ということになる。この判例に照らせば、本件では原告の言論が名誉毀損に該当するかどうかという点については保留中であること、当該謝罪が業務命令に基づいていること等がまさにこの時点での「事態の真相」に該当する。こうした事情について発言した上で、倫理的な意思に踏み込まず「陳謝の意を表明するに止まる」謝罪を行ったことをもって、法は「謝罪」と評価するのであって、これを謝罪と認めず倫理的な意思および内心の自由に立ち入っての謝罪強制を行った被告の側に、人格権（およびその背後にある思想良心の自由）の侵害があったと言うべきである。

を含んでいた――本意見書はこの理解を採るものである――、という理解を採らなければ成立しない。

このように、被告調査委員会は、すでに「お詫びします」という言葉を数度も述べている原告に対し、被告の期待する謝罪の一言一句に至る復唱を学生の面前で執拗に強要したが、原告はそれには応じていない。こうした状況で原告の行った謝罪が、被告調査委員会の期待する謝罪とは異なるものであったことをもって、「謝罪は行われなかった」(94)と調査委員会が解釈したことは、法的に見て誤りである。被告調査委員会はこの結論部分のみを教授会に「事実」として報告したと思われ、原告はこの報告をもって「懲戒解雇相当」と判断されたのであるが、この判断は、判断に必要とされる基礎を欠いており無効と言わなくてはならない。

94　「謝罪する気がないというふうに私たち判断しますので、その旨、報告したいと思います」（甲三三号証の二、二三頁）、「謝罪するという気はないと理解していいですね」（甲三三号証の二、三一頁）との記録が記載されている。

## 五　小括

本件解雇を決定した教授会は、学校教育法上も被告学内規則上も適法・有効に開催されたが、その議決は、判断の基礎を欠いているため無効である。以下、その理由の要点をまとめる。

本件教授会構成員が原告の解雇を決定するに当たって、判断材料として知るべき事実およびその事実に対する評価は、以下に関する誤謬歪曲のない情報であった。

① 本件被告が主張する懲戒解雇および普通解雇の根拠となる事実。

② 事実に対する評価（違法行為に該当する、悪質である、などの評価）。

③ 被告の側の適正手続違反の有無、および、適正手続原則に関する基本知識。たとえば、教授会において本件解雇を決定することが、一事不再理などの法原則に抵触する内容のものとなることの知識

ないし認識。

これについて検討した結果、本意見書では、以下の結論に至った。

（一）適正手続事項が遵守されていたかどうかを検討した結果、まず本件懲戒解雇は、一事不再理ないし二重処罰の禁止の原則に反するため、無効である。

（二）次に、その他の適正手続事項が遵守されていたかどうかを検討した結果、（ア）被告による原告の授業の無断録音は、手続的適正性を大きく逸脱するもので、これをとくに正当化する特殊事情も見られないことから、懲戒の根拠として採用するべきでない事実情報である。そのため、この事実情報に基づいてなされた懲戒解雇は判断の基礎を欠いており、無効である。（イ）懲戒手続に必要な告知・聴聞が行われているとは認められない。（ウ）原告の言動が大学の業務に支障をもたらしたことにつき、サーバーのダウンについては因果関係を認めることができず、学生および保護者からの苦情があったことについては通常の業務連携であって業務に障害をもたらす行為とは認められない。

（三）原告の授業内容や教科書の内容は、被告の建学精神ないし教育方針にとって問題があるのであれば教学事項として協議されるべき問題であって、それを経ずに懲戒解雇または普通解雇の対象とすべき根拠は見出せない。

（四）原告の情報収集行為は、労働者としてあるいは裁判を受ける権利を保障された個人として自己の権利を守るために行った活動であるから、正当行為に該当し、懲戒該当性が阻却される。

（五）原告の教科書の記述、大学教室内で同僚教員の氏名を出したことは、いずれも名誉毀損に該当しない。仮に大学教室内での言論が名誉毀損に当たるとすれば、その前提として、被告の無断録音や業務命令が法的な正当性ないし社会的な相当性を逸脱するものであったとの理解をとらねばならない。

（六）本件原告は、本件教授会によって要求された謝罪を行っていると法的には言える。それにも拘わらず、本件被告は、謝罪は行われていないとの理解に基づき本件懲戒処分を決する議決を行った。

以上（一）から（六）まで確認した事実および法的評価は、本件教授会の議決において、判断の基礎となるべき重要事項であるにも拘わらず、本件においては、そこに欠落ないし誤謬が認められることは、所論のとおりである。したがって、本件解雇の法的根拠である本件教授会決定は、判断の基礎を欠いているものと解さざるを得ない。本件教授会決定が無効であるならば、本件解雇は無効である。

仮になんらかの理由で本件教授会決定が有効であるとの見方が採られた場合であっても、上記（一）から（六）で確認した事実および法的評価は、それ自体で本件解雇を無効と判断すべき理由となる。

したがって、本件解雇は、仮に本件教授会決定を有効と見た場合でも、適正手続違反、懲戒事由不該当および相当性を失する点で、無効である。

また、本件の手続中に生じた原告への人格権侵害については、本件解雇の有効性の問題とは別に成立しうるものであり、被告によって行われた無断録音および教室内での謝罪強制は、人格権侵害に該当すると考えられる。

## 第四節　結　論

以上の検討を通じて得られた各論点への小結論を総合して、本件解雇に関する本意見書の結論的見解を述べる。

懲戒解雇は、制裁としての性格を強く帯びるものであり、刑事罰に準じる不利益を課すものである。そのため、こうした処分を行う際には、使用者は、刑事手続における「法の適正手続」に準じる手続の遵守が求められる。

この適正手続の原則を大学の組織形態にあてはめて、本件解雇において行われた手続について見ると、まず、本件解雇に係る教授会決定は、判断に必要な基礎を欠いており、無効である。また、仮に本件教授会議決の有効性の問題を措くとしても、本件解雇は適正手続の諸原則に反しているため、懲戒解雇として無効である。とくに判断の根拠となった情報の入手方法が法の要請する適正手続に反するものであった点、同じ事由につき重ねて懲罰の対象としてはならないとする一事不再理の原則に反するものであった点、名誉毀損該当性について誤認があった点、教授会が原告に要求した謝罪がなされたか否かについて誤認があった点で、この懲戒処分は無効と判断される。また、仮に不適切な教科書の使用等を理由として普通解雇がなされたと理解するならば、この理由は誤った事実認識および名誉毀損に関する誤った評価に基づいていた点で根拠を欠いているため、無効である。

このような検討から総合すると、本件解雇は、懲戒解雇としても普通解雇としても無効と判断すべきと考える。

人権の保障と法の支配の維持のためには、保障された権利を行使したことによって不利益を受けることはないという《法への信頼》の保護が必要である。裁判所は、具体的事件の解決や、これに伴う法解釈、利益衡量のあり方を通じて、この意味での法への信頼を維持する役割を、社会から期待されている。この観点から、本件の審理において、本意見書で検討した適正手続の諸論点につき、綿密な精査が行われることを期待する。

**参考文献**

赤坂幸一（二〇〇八）「法令の合憲解釈」大石眞・石川健治編『憲法の争点』（有斐閣）
阿部照哉（一九七六）「法律の合憲解釈とその限界」同『基本的人権の法理』（有斐閣）
荒木尚志（二〇一六）『労働法　第三版』（有斐閣）
五十嵐清（二〇〇三）『人格権法概説』（有斐閣）
市川昭午（二〇〇四）「私学の特性と助成政策」（『大学財務経営研究』一号）
稲谷龍彦（二〇一七）『刑事手続におけるプライバシー保護――熟議による適正手続の実現を目指して』（弘文堂）
大場　淳（二〇〇三）「国立大学法人化と教職員の身分保障」（https://home.hiroshima-u.ac.jp/oba/docs/chushikokuhosei20030930.pdf）（最終閲覧・二〇一八年

一月三日）
奥平康弘（一九八八）『なぜ「表現の自由」か』（東京大学出版会）
奥平康弘（一九九七）『ジャーナリズムと法』（新世社）
奥平康弘（一九九九）『「表現の自由」を求めて』（岩波書店）
大日方春信（二〇一一）『著作権と憲法理論』（信山社）
門田茂人（一九九三）「過度に広汎な刑罰法規と萎縮的効果について――アメリカ合衆国における議論から（一）（二）」（『島大法学』三七巻二号・三号）
君塚正臣（二〇一八）『司法権・憲法訴訟論　上・下』（法律文化社）
日下部真治・神谷咲希（二〇一六）「民事訴訟において違法収集証拠の証拠能力が否定された事例」東京高等裁判所平成二八年五月一九日判決」（Anderson Mōri & Tomotsune, Dispute Resolution Group Newsletter, 2016 年 8 月，https://www.amt-law.com/asset/pdf/bulletins3_pdf/160815_1.pdf）（最終閲覧・二〇一八年一月五日）
憲法的刑事手続研究会編（一九九七）『憲法的刑事手続』（日本評論社）
阪口正二郎（二〇一一）「表現の自由の「優越的地位」論と厳格審査の行方」駒村圭吾・鈴木秀実編著『表現の自由I状況へ』（尚学社）
佐藤俊二（一九八一）「私立大学教員の懲戒処分手続に関する判例――教員の人事・身分保障と私立大学教授会の権限」（札幌大学『経済と経営』一二巻一・二号）
佐藤俊二（一九八二）「私立大学教員の懲戒処分手続の要件について――賞罰委員会と教授会」（札幌大学『経済と経営』一三巻一・二号）
佐藤雄一郎（二〇〇七）「ミスコンダクトの調査における手続保障――アメリカ合衆国における議論の歴史から」（『生命倫理』一七巻一号）
宍戸常寿（二〇一二）「合憲・違憲の裁判の方法」戸松秀典・野坂泰司編『憲法訴訟の現状分析』（有斐閣）
杉原泰雄編（二〇〇八）『新版　体系憲法事典』（青林書院）
須藤陽子（二〇一〇）「ＬＲＡの基準と比例原則」同『比例原則の現代的意義と機能』（法律文化社）
角田邦重（二〇一四）『労働者人格権の法理』（中央大学出版部）
曽根威彦（二〇一三）『現代社会と刑法』（成文堂）
高橋和之（二〇〇三）「「憲法上の人権」の効力は私人間に及ばない――人権の第三者効力論における「無効力説」の再評価」（『ジュリスト』一二四五号）
永井憲一・中村睦男共編著（二〇〇四）『大学と法――高等教育五〇判例の検討を通して』（大学基準協会）
中西功治（二〇〇九）「職場におけるプライバシー侵害の特徴と使用者の事前協議義務」（『立命館法政論集』七号）
中山　勲（一九七六）「私企業における懲戒処分と労働者の

表現の自由——罪刑法定主義、事前抑制」（『阪大法学』九七・九八号）

西谷　敏（二〇一六）『労働法の基礎構造』（法律文化社）

萩原　滋（一九九八）『罪刑法定主義と刑法解釈』（成文堂）

花見　忠（一九五六）「懲戒権の法的限界」（『日本労働法学会誌』九号）

樋口陽一（一九七三）『近代立憲主義と現代国家』（勁草書房）

樋口陽一・佐藤幸治・中村睦男・浦部法穂（一九九七）『注解法律学全集（一）憲法一』（青林書院）

広中俊雄（一九九七）『民法解釈方法に関する十二講』（有斐閣）

藤井俊夫（一九八一）『憲法訴訟の基礎理論』（成文堂）

藤井俊夫（一九八七）「過度の広汎性の理論および明確性の理論」芦部信喜編『講座　憲法訴訟』第二巻（有斐閣）

藤井俊夫（二〇〇七）『司法権と憲法訴訟』（成文堂）

松井茂記（一九九四）『二重の基準論』（有斐閣）

松井茂記（二〇一三）『表現の自由と名誉毀損』（有斐閣）

松元忠士（一九九八）「私立大学における教員の人事紛争について」（公益財団法人日本学術協力財団『学術の動向』一九九八年一〇月号）

水町勇一郎（二〇一六）『労働法　第六版』（有斐閣）

毛利　透（二〇〇八）『表現の自由——その公共性ともろさについて』（岩波書店）

山下純司・島田聡一郎・宍戸常寿（二〇一三）『法解釈入門』（有斐閣）

山田哲史（二〇一七）「ドイツにおける憲法適合的解釈の位相」（『岡山大学法学会雑誌』六六巻三・四号）

山田隆司（二〇〇九）『名誉毀損——表現の自由をめぐる攻防』（岩波書店）

渡辺康行・宍戸常寿・松本和彦・工藤達朗（二〇一六）『憲法Ⅰ基本権』（日本評論社）

第四章

# 労働者の職場におけるプライバシーの権利

山田省三

## 第一節　はじめに

原審（東京地判平三〇・六・二八）は、控訴人（大学）が平成二八年一〇月一七日付けで行った被控訴人（教授）に対する解雇（以下、本件解雇）を無効とする一方で、控訴人による被控訴人の講義録音を相当と判断している。前者の普通解雇の効力に関する判断については、結論としては妥当と思われるが、後者の判断については、労働者の職場におけるプライバシーの権利の観点から再検討されるべきであると考える。

本意見書では、職場におけるプライバシーについて論じた後、本件解雇の効力に言及することとしたい。

## 第二節　職場におけるプライバシーの保護とモニタリング

### 一　はじめに

国際労働機関（ＩＬＯ）は、一九九三年の「職場におけるモニタリングと監視」（Monitoring and Surveillance in the Workplace, 1993）と題する報告書において、とりわけ就業時間内の使用者によるモニタリングや監視が、労働者の労働条件や健康に著しい影響を及ぼしていると指摘した上で、「労働者のプライバシーは、基本的人権の問題として取り扱わねばならない」と宣言していた（ILO, International Labour Office, Conditions of Work Digest, Part 1, Protection of Personal

Data, vol. 10, 2/1989, vol. 2, p. 11, p. 77）。この宣言から、すでに四半世紀が経過しているが、プライバシー保護は、各国の職場において、「基本的人権の問題」として定着していると評価できるであろうか。

## 二　プライバシーをめぐる論議の展開

### （一）プライバシーの権利とは何か

プライバシーの権利については、従来から憲法学や民法学において主に議論されてきたのに対し、これまで労働法学では論議されることはあまり多くはなかった。このように、わが国の雇用関係において、さほどプライバシーが問題とされない理由として、①個々人に自立意識の低さ、横並び意識の強さから生じる会社本位主義、②和の強調から生じるプライバシー意識の希薄さという要素、③全人格的評価、私生活への干渉の当然視といった日本的労務管理のあり方が指摘されている（道幸哲也『職場における自立とプライバシー』日本評論社、一九九五年、一三一-一四頁）。

また、労働法規を概観しても、封建的労働慣行の除去を主たる目的とするという時代背景を有する労働基準法はともかくとして、二一世紀に制定された労働契約法においてすら、労働者のプライバシーに関する規定は置かれていない。わずかに「使用者は、事業の付属宿舎に寄宿する労働者の私的生活の自由を侵してはならない」と規定する労働基準法九四条一項や、健康診断の実施事務に従事した者が、「その実施に関して知り得た労働者の心身の欠陥その他の秘密を漏らしてはならない」と規定する労働安全衛生法一〇四条の規定等にとどまっているのが現状である。

ところで、三菱樹脂事件最高裁大法廷判決（最大判昭四八・一二・一二民集二七巻一一号一五三六頁）では、採用の自由（憲法二二条一項、二九条）を根拠として、応募者の特定の思想信条を理由として、企業は労働者の採用を拒否しても何ら違法ではないこと、入社試験において応募者の思想信条を質問することも、労使間の信頼関係から許容されると判断されている。同判決では、自由権的基本権（憲法一四条、一九条）の第三者効（私人間効力）の問題として議論されているが、むしろ採用過程における採用者の応募者に対するプライバシー保護義務の問題として処理されるべきであったと考える。すなわち、思想信条は内心の自由の根幹的部分を占めるものである以上、信義則上の義務として、採用者は応募者のプライバシー保護義務を負っており、これを侵害する場合には、少なくとも契約締結上の過失として損害賠償責任を負っていると考えるべきだからである。

周知のように、「宴のあと」事件（東京地判昭三九・九・二八判時三八五号一二頁）が、「私生活をみだりに公開されないという法的保障ないし権利」としてのプライバシーの権利を、わが国の裁判史上において初めて承認して以来、半世紀以上が経過している。このように、「見るな、撮るな、書くな」という私生活への侵入禁止（let be alone）がこの権利の基本的概念であったことに疑いない。その後の早稲田大学江沢民講演会参加者名簿提出事件（最二小判平一五・九・一二民集五七巻八号九七三頁）は、講演会参加名簿に関する個人情報はプライバシーに係る情報として法的保護の対象になるとしたうえで、このようなプライバシーに関する情報は、取扱いによっては、個人の人格的な権利利益を損なう恐れがあるものであるから、これを無断で警察に開示した行為は、任意提出したプライバシーに係る情報の適切な管理についての合理的な期待を裏切るものであり、不法行為を構成すると判断しているが、これも、知られたくない情報としてのプライバシー権の一態様であろう。

しかし、コンピュータ技術の飛躍的発展やＳＮＳ機器の普及等の事態は、本人が知らない間に個人情報（誤った情報も含めて）が収集・拡散され（コンピュータの不可視性）、それが個人の経済的・社会的評価を決定しているにとどまらず、不正アクセスにより第三者に個人情報が漏洩される可能性がある事態に至っており、このため、従来のような私生活の静謐を確保するだけでは不十分な時代となっている。このため、プライバシーを個人情報コントロール権として構成し、どのような個人情報が存在するかを確認する権利、不正確な情報があればそれを訂正する権利、自己に不利益な情報の抹消請求権（ドイツでは、一定期間経過した労働者の懲戒記録の抹消請求権が認められている）等の権利を構成することが主張されている。

また、わが国でも近年増加している、コンピュータ上のなりすまし事件（大阪地判平二八・二・八判時二三一三号七三頁）では、「確かに、他者との関係において人格的同一性を保持することは人格的生存に不可欠である。名誉棄損、プライバシー権侵害及び肖像権侵害に当たらない類型のなりすまし行為によって本人以外の別人格が構築され、そのような別人格の言動が本人の言動であると他者に受け止められるほどに通用性を持つことにより、なりすまされた者が平穏な日常生活を送ることが困難となるほどに精神的苦痛を受けたような場合には、名誉やプライバシー権とは別に、「他者との関係において人格的同一性を保持する利益」を意味するアイデンティティ権の侵害が問題になり得ると解される」とされている。同判決は、結論的には抹消請求を棄却しているが、「他者との関係において人格的同一性を保持する利益」を初めて肯定したことは、人格そのものに係る権利として、プライバシー権の一類型として、損害賠償にとどまらず、インターネット上からの削除請求権の根拠として用いられる可能性を示唆するものである。

さらに、コンピュータが人間の記憶と区別されるのは、本人が死亡しても、誤った個人情報も含めて、個人情報が未来永劫残存される点である。このため、欧州司法裁判所は、二〇一四年五月、検索サイト・グーグルに対し、社会保険料の滞納に関する個人情報の削除を命じているが、これも、個人情報コントロール権の一つと理解することができよう。

このほか、自己決定権もプライバシーの権利の内容として重要である。たとえば職場における容姿の自由が問題となった事案において、労務提供に支障がない限り、労働者の髪の色・型、服装等は、個人の尊厳、思想表現の自由あるいは人格の自由の範囲とされている（ハイヤー運転手のひげにつきイースタン・エアポートモータース事件（東京地判昭五五・一二・一五労判三五四号四六頁）、トラック運転手の茶髪につき、東谷山家事件（福岡地小倉支決平九・一二・二五労判七三二号五三頁）が、これも自己決定権としてのプライバシーの問題と評価することができよう。

最後に、商業宣伝放送差止等請求事件（最三小判昭六三・一二・二〇判時一三〇二号九四頁）における伊藤正巳裁判官の補足意見が注目される。そこでは、公共地下鉄車内での宣伝広告放送における「とらわれの聞き手」（captive audience）論が展開され、「本件は、聞きたくないことを聞かない自由を法的に利益としてどのように把握するか、また地下鉄の車内のようないわば閉ざされた場所における情報伝達の自由をどのように考えるのか」との問題提起を行ったうえで、「他者から自己の欲しない刺激によって心の静穏を害されない利益は、人格的利益として現代社会において重要なものであり」と指摘されている。同裁判官は、公共地下鉄車内との空間内での出来事として、自宅等と比べてプライバシーは制限されると結論されているが、公共の場におけるプライバシーそのものの存在を否定するものではないであろう。

以上のように、プライバシーの権利は、第一に私的領域への侵入禁止という基本的な概念、第二に個人情報コントロール権、第三に自己決定権等に分類することができよう。

## （二）なぜプライバシー権が尊重されるべきなのか

では、プライバシーという概念が尊重されるべき根拠は、どのようなものであろうか。プライバシーという概念が採用されるべき価値の根拠として、オリバーは、「自治と民主主義」（autonomy and democracy）、「人格的自治」（personal autonomy）ないし「尊厳と人格的福利」（dignity and well-being）との理念をあげている。まず、「人格的自治」とは、人がいかに自己の生活をすべきかを自由に決定する能力に関連するものであり、「自治」（autonomy）とは、個人がそれにより、外部からの観察や、社会的圧力から自由である選択を開発する機会を守ることに求められる。

続いて、オリバーは、プライバシーの重要性につき、以下のように論述している。「自治と民主主義」とは、価値および尊厳と人格的福利（dignity and personal well-being）に関する価値である。人格的自治とは、どのように自由に自己の生活を送るべきかを選択する個人の権限に関連するものであり、かつ、民主社会において、とりわけ価値のある思想と評価される。個人の自治は、プライバシーの侵害により脅威にさらされるから、プライバシーが保護され、自治と生活の選択の多様性が奨励される社会は、個人の選択が禁止されている社会よりも、より複数主義的（pluralistic）かつ寛容的であるとオリバーは指摘する。さらに、プライバシーはまた、尊厳および人格的福利にとってもきわめて重要であり、プライバシーへの侵害は、個人主義（individuality）、個人の尊厳および自由のような人格的権利（rights of personality）に対する攻撃とみることができるが、他者との親密な関係の発展はまた、プライバシーにとって重要であり、プライバシーなしには、基本的な親密関係は存在し得ないものと論じられている（Hazel Oliver, Email Internet Monitoring in the Workplace and Contracting Out, Industrial Law Journal, vol. 31, No. 4 December 2002, pp. 322-324）。

以上のように、プライバシーを個人の尊厳・尊重、人格発展にとって不可欠の前提とするオリバーの主張は、プライバシー権の根拠を憲法一三条に求めるわが国の議論とも共通するものであろう。

## （三）雇用関係とプライバシー

それでは、自宅のような私的空間ではなく、労務提供の場所である企業内の職場に労働者のプライバシーは肯定される余地はあるのであろうか。

労働者は、労働契約に基づき、就業時間中および職場（事業場外労働も含む）内において、労務提供を行う義務を負担しているのであるから、事業場外かつ就業時間外の行為は労働者の私的自由時間であり、まさにそこでは労働者のプライバシーが機能する場面であることは疑いない（もっとも、労働者によるいわゆる企業外非行のように、使用者の対面や名声を棄損する行為については、企業秩序侵犯行為として懲戒処分がなされる可能性があるのは否定できないであろう）。では、私宅ではなく、労務提供先である職場にプライバシーが保障されるべき根拠はどこに求められるのであろうか。

第一の疑問は、そもそもプライバシーの権利は、独占的に国民・住民の個人情報を収集することが可能である国家に対して保障されるべきものであり、雇用関係を含む私法関係のような対等な契約当事者間ではさほど必要とされないのではないか、すなわち、プライバシーの権利とは、国家に対する憲法上の公法的権利以外の何物でもないのではないかとの疑問である。

第二の疑問は、労務を提供する場所である「職場」が「私的領域」といえるのかという問題である。使用者は、雇用契約により、設備および労働方法を含む職場をコントロールしており、それゆえ、有償労働を目的として、使用者の敷地内である職場に入ることにより、労働者は、すべてのプライバシーを放棄しているのではないか、あるいは使用者による監視により観察を受けることが当然予定されているのであるから、プライバシーの権利は職場に適用されないのではないかとの疑問が生じるからである。労働に従事している時間は「私的時間」（private time）とは評価できないのではないかとの問題である。

（ア）EUにおけるプライバシーの議論

これに対して、オリバーは、プライバシーの権利は、私的な個人や組織による侵害もまた、国家によりなされる場合と同一の効果を有するとして、私人間においてもプライバシーの権利が尊重されるべきであり、むしろ労働者は使用者のコントロール下に置かれており、多くの労働時間を費やしている職場においてこそ、自律的存在（autonomous beings）としてプライバシーの権利こそが尊重されるべきと主張する。まさに、労働者は、「私的」領域を離れて、職場という「公的」領域に入ったものと指摘することができるが、近年発展が著しいコンピュータテクノロジーは、職場における労働者のプライバシー侵害を容易にしていることも理由となっている（H. Oliver, op. cit., pp. 324-330）。

アメリカとは異なり、プライバシーの議論がそれほど活発でなかったEU諸国において、その法的根拠とされたのが一九五〇年欧州人権規約（以下、「同規約」。）の「すべての者は、自己の私的・家庭生活および通信を尊重される権利を有する」と規定する八条一項である。もっとも、プライバシーの権利が制限される例外として、「法令に基づく場合、民主社会における国家および公共の安全もしくは国家の経済に不可欠な場合、経済的福利あるいは秩序の混乱や犯罪を防止し、健康とモラルを保護し、もしくは他人の権利および自由を保護する場合を除き、プライバシーの権利を行使することは、公的機関（public authority）により侵害されることはない」との留保条項が付されている（同条二項）。

以上のように、同規約はあくまで公的機関によるプライバシー侵害を禁止する公法的規制を目的とするものであり、職場を含む私的関係に当然に適用されるものではなかった。しかし、同規約を解釈するのが裁判所や審判所のような公的機関であることを理由として、イギリスの裁判所等は、自身が同規約の公的機関に該当するとして、民間企業等における事案を取り扱ってきた。

そして、職場におけるプライバシーという権利の存在が、ＥＵレベルで一般的に肯定されたのが、Niemietz v. Germany 判決（[1993]16EHRR97）欧州司法裁判所判決である。同事件では、侮辱罪をめぐる捜査のなかで、ドイツの弁護士事務所内の顧客ファイル捜査の合法性が問題となっているが、同規約八条一項の「私的および家庭生活」（private and domestic life）に、法律事務所のような企業施設が該当するか否かが争点となっているが、同判決は、一定の専門的もしくはビジネス活動を行う施設を「私的・家庭生活」との文言に含ませることは、必ずしも同条の本質的目的に反するものではないとして、法律事務所における調査が同条違反を構成すると判断されている。これにより、「私的生活」（private life）の範囲が法律事務所のような「職場」を含むものと理解されるに至ったため、雇用関係におけるプライバシーの議論を活性化させることになったのである。

もっとも、以上の議論は、あくまで欧州人権規約という国際公法が私的な雇用関係に適用されるか否かという文脈でなされるものであるから、雇用関係を含む私法関係においてもプライバシー概念が肯定されているわが国では、あえてこのような議論は不要なものと考えられる。

（イ）わが国における職場のプライバシー

以上みてきたように、EUでは、条約である欧州人権規約が「公的機関」に適用され、かつ「私的・家庭生活」がプライバシーの対象と規定されていたため、これを企業に適用するための議論が不可欠とされていた。これに対し、憲法一三条の個人の自由、幸福追求権を根拠として、プライバシーの権利が企業に適用されないものとは考えられてこなかった（もっとも、プライバシーの意義・性格からすれば、労働者にとっても、私宅と職場とで差異があるのは当然である）。

わが国の裁判例においても、雇用関係におけるプライバシーの権利（もっとも、その範囲をどこまで広げるかによって変わってくるが）をめぐる裁判例は少なくない。

たとえば、労働者の思想信条を理由として、継続的監視、職場八分とともに、尾行、電話盗聴、ロッカーの無断の開扉および私物写真撮影が行われた関西電力事件（最三小判平七・九・五判例時報一五四六号一一五頁）では、職場における自由な人間関係を形成する自由を不当に制限するとともに、その名誉を棄損するものであり、またそのプライバシーを侵害するものであると明言されている。ここで指摘される「自由な人間関係を形成する自由」とは、まさに、オリバーが指摘する人格的自治の概念と共通するものであろう。

また、上述した職場における容姿をめぐる裁判例や、引越し業務における顧客の所持品紛失に伴う従業員に対する身体検査がプライバシー侵害とされた日立物流事件（浦和地判平三・一一・二二労判六二四号七八頁）がある。

さらにセクシュアルハラスメントとの関係では、女性更衣室でビデオの隠し撮りが継続的に行われた京都セクハラ（呉服会社）事件（京都地判平九・四・一七労判七一六号四九頁）では、性的プライバシー侵害と判断されたほか、女性トイレが覗き見された可能性が大きいにもかかわらず、会社がこれを放置した結果、女性従業員が退職に至った仙台セクハラ（自動車販売会社）事件（仙台地判平一三・三・二六労判八〇八号一三頁）では、使用者は労働者の性的プライバシーが侵害されないよう職場環境を整備する雇用契約上の義務違反が肯定されている。これらは、性的自己決定権（性的自由）としてのプライバシー権と理解することもできよう。

このほか、医療情報プライバシーの問題として、HIVやB型肝炎の情報に関するいくつかの裁判例がある。まず、HIV感染者解雇事件（東京地判平七・三・三〇労判六六七号一四頁）では、使用者が社会的偏見の多い医療情報をみだりに第三者に漏洩することはプライバシー侵害に該当することとされたほか、T工業事件（千葉地判平一二・六・一二労判七八五号一〇頁）では、HIV抗体検査等を行わせたことが、東京都（警察学校・警察病院HIV検査）事件（東京地判平一五・五・二八労判八五二号一一頁）では、HIV検査で陽性が確認された者の入校辞退を求める行為が、B金融公庫事件（東京地判平一五・六・二〇労判八五四号五頁）では、採用過程においてB型肝炎ウイルス検査を行ったことが、いずれもプライバシー侵害と判断されている。

また、看護師が体調不良のため、自分の勤務する病院で検査を受けたところ、梅毒罹患およびHIV陽性との結果が出たところ、副院長が業務上の必要があるとして院長、看護師長等に当該情報を伝えた社会医療法人A会病院事件（福岡高判平二七・一・二九労判一一一二号五頁）では、当該伝達が個人情報保護法一六条の禁止する目的外使用に該当するとして、プライバシー侵害の不法行為の成立が認められている。

雇用関係におけるプライバシーを考察する際には、労働者に関する個人情報の収集増加が不可欠となっていることが無視されてはならない。使用者からすれば、企業秩序を維持し、円滑な労務管理や人事考課を実施することが不可欠であるし、家族・住宅手当等を支給するためには家族状況等の情報収集が必要とされる。また、安全配慮義務（労働契約法五条）、セクシュアルハラスメントやマタニティハラスメントに関する措置義務（男女雇用機会均等法一一条、一一条の二）、あるいはワークライフバランス（仕事と生活の調和、労働契約法三条三項）等、近年増加している法令上もしくは労働契約上の配慮・措置義務を履行するためには、幅広く労働者に関する情報を収集することが不可欠となっている。しかし、反面において、このことは、労働者のプライバシーとの調整関係が不可欠な課題であることを示している。

次に、本件で問題となっている就業時間中の録画・録音のようなモニタリングが、法的にどのように評価されるかを見ていきたい。

なお、本意見書で用いられるモニタリングとは、企業保有の電話やインターネットの利用状況を調査すること（電子メールのチェック等）や、労働者の就労状況をカメラ等で撮影あるいは録音する等、労働者の労務提供過程での言動を把握する使用者の活動と、幅広く定義することとしたい。

## 三　職場におけるモニタリングをめぐる法理

### （一）職場におけるモニタリングの問題点

現在の職場では、何らかのモニタリングを受ける労働者が増加しているが、その目的として、危険業務に従事する労働者の安全確認、商品等の品質・衛生管理、製品の盗難その他の犯罪防止、企業秘密の漏洩防止、労働者による労務提供の評価の態様、企業施設の不正利用の防止等をあげることができる。さらに、ＩＴ技術の発展と、それに伴う監視コストの低減化が、使用者のモニタリングを量的・質的に拡大させる重要な要因となっていることも留意されるべきである。

かつて使用者は、労働者の住所、家族・住宅関係、履歴あるいは給与のような限定された情報のみを保有し、これを紙ベースでファイルしているのが通常の個人情報収集の方法であった。しかし、ＩＴ化の進展にともない、このような状況に大きな変化が生じており、機器の小型化、軽量化、解析の高度化等が図られており、典型的なオフィスにおいて、コンピュータ化された情報収集は、労働者が出勤した瞬間に記録され、処理されている。労働者の出勤はデジタルＣＴＶ (closed-circuit television) システムに記録され、すべての情報を獲得するための読取りカードやパスワードが用いられ、パソコン上に記録される。労働者が業務を開始すると、データを含むEメールを送受信し、インターネットにアクセスし、ボイスメールのメッセージを残すことになるが、そのデータは、量的に増大しながら、労働者が退勤するまで収集され続ける。

さらに、CCTVの特徴は、そのモニタリングの継続的かつ全方位的 (all-encompass) 性格から、本来の対象目的を超えて、これとは無関係である労働者の私的な言動もモニタリングしてしまうことに求められるが、これこそが、まさにモニタリングがもたらす使用者のメリットでもあろう。これが、現代のモニタリングが従来の伝統的な監視とは異なる点である。しかも、秘密裡に撮影・録音されるだけでなく、収集された情報が、他の目的にも使用され得るし、労働者の承諾なしに、他の第三者に伝達される可能性も否定できないのである。また、撮影や録音が行われていることが告知されていなければ、不利益が生じそうな言動を回避することもできないし、また告知されたとしても、モニタリングされているという精神的プレッシャーの中で労務提供を継続しなければならない。

このような状況の下で、労働契約に基づき、使用者の指揮命令下におかれる労働者であっても、職場内におけるプライバシーの権利が保障されていることが想起されなければならない。そして、継続的債権関係であるとともに、生身の身体や精神を持った人間が労務提供を行うという人格と不可分である労働契約の特質からすれば、不当なプライバシー侵害が労働者に与える不利益は看過できないものである。したがって、ここでは、使用者のモニタリングに関する業務上の必要性と、労働者のプライバシーとの利益調整をどのように理解するかが課題となろう。

職場における労働者に対するモニタリングについては、電話・電子メール等の企業保有機器の私的使用の有無を調査するケースと、就業時間中の労働者の労務提供を録画・録音等のケースに分類することができよう。

（二）電子メールの私的利用

EU司法裁判所において、職場における使用者による電話のモニタリングが問題となったのがHalford v. United Kingdom事件（[1997]IRLR471）というイギリス国内の事件である。同事件は、中立人である女性副警部が、性を理由とする昇進差別を受けたとして申し立てた裁判での証拠を収集するために、警察が中立人の自宅および職場の電話を傍受（tap）しているのは、欧州人権規約が禁止するプライバシー侵害に該当すると申し立てた事案である。

これに対し、欧州司法裁判所は、使用者が提供する電話機器については、被用者に対する事前の告知なしに傍受できるとのイギリス政府の主張を棄却したうえで、本人の同意なしに、職場における被用者の電話を録音することは、私的生活や通信に対する侵害に該当するとして、非財産的損害（non-pecuniary loss）として一万ポンドの支払いを命じたが、同時に、イギリスにおいて、職場における電信通話の傍受を禁止する国内法の規定が欠如している事態こそが、そもそも欧州人権規約違反に該当するとした同判決の判示内容が注目される（「プライバシーの合理的期待」（reasonable respect to the privacy））。

本件では、侵害に対する事前通告がなされていなかったこと、職場での私用電話の利用が認められていたこと、さらに、中立人が性差別訴訟を遂行する目的で電話を利用していたという事実がプラスに機能したものであるが、自宅の電話が傍受されていたとの事情が結論に影響したことも無視できないであろう。したがって、本ケースにおいて、事前の告知があった場合には、結論にどのような差異が生じるかが、あらためて問われることになろう。EUでは、労働者のプライバシーへの侵害を最小化するための議論として、比例原則（proportionality test）の概念が用いられてきたが、そこでは、情報収集の目的が正当であること、かつそれを達成する手段が最小のものであることが要求されてきた点が重要であろう。

次に、わが国における同種の裁判例を概観する。

まず、使用者が保有するコンピュータ等による電子メールの私的使用をめぐる事案として、F社Z事業部事件（東京地判平一三・一二・三労判八二六号七六頁）を挙げることができる。同事件は少し複雑な事案であるが、同社では、従業員各員に電子メールのドメインネームとパスワードとが割り当てられており、このアドレスは社内で公開されているほか、パスワードは各人の氏名をそのまま用いていており、社内における従業員相互間の連絡ツールとして電子メールが多用され、必要な場合にはCC（カーボンコピー）で一斉送信されていたところ、営業部長Yの直属女性アシスタントX1は、Yから食事への誘い等の電子メールが送信されてきたため、これがセクシュアルハラスメントに該当すると の電子メールを夫である同僚X2に送信するつもりでYに誤送信してしまった。これを受信したYはX1のメールの監視を開始したが、X1がパスワードを変更したため、Yは社内IT部に依頼してX1等のメールを自分宛てに自動送信するよう依頼したところ、X1らがセクシュアルハラスメント行為でYを告発する動きを察知し、誤送信メールも見なかったことにする等の対応をしたところ、YがX1らのメール等を閲読したことが不法行為に該当するとして、X1らが損害賠償を請求したというものである。

これに対し、同判決は、X1らの請求を棄却したが、「従業員が社内ネットワークシステムを用いて電子メールを私的に使用する場合に期待し得るプライバシーの保護の範囲は、通常の電話装置における場合よりも相当程度低減されることを甘受すべきであり、職務上従業員の電子メールの私的使用を監視するような責任ある立場にない者が監視した場合、あるいは、責任ある立場にある者でも、これを監視する立場にある者でも、これを監視する職務上の合理的必要性が全くないのに専ら個人的な好奇心から監視した場合あるいは社内の管理部署その他の社内の第三者に対しモニタリングの事実を秘匿したまま個人の恣意に基づく手段方法により監視した場合など、監視の目的、手段及びその態様等を総合的に考慮し、監視される側に生じる不利益とを比較考量した上、社会通念上相当な範囲を逸脱した監視がなされた場合には、プライバシー権の侵害と解するのが相当である」との判断を下している。会社備品であるインターネット機器の私的利用のケースにおけるモニタリングに対する労働者のプライバシーの範囲が一定程度軽減され得るという同判決の立論は、前掲Halford判決には見られないものであるが、企業保有の機器を使用する場合であっても、プライバシーの権利が否定されるわけではないこと、および職場におけるモニタリングが許容されるためには、その目的、手段、態様等を総合判断して、労働者の不利益と比較考量されるべきことが確認されたものと指摘できよう。

次に、同僚に対する誹謗中傷メール等の私用メールを過度に送受信していたことを理由とする懲戒処分の効力が争われた日経クイック事件（東京地判平一四・二・二六労判八二五号四〇頁）では、使用者は、企業秩序を維持確保するために、事実関係の調査をすることができるのが原則であるが、その調査や命令も、それが企業の円滑な運営上必要かつ合理的なものであること、かつその方法・態様が労働者の人格や自由に対する行き過ぎた支配や拘束でないことを要し、調査等の必要性を欠いていたり、調査の態様等が社会的に許容し得る限界を超えていると認められる場合には、労働者の精神的自由を侵害した違法な行為として不法行為を構成すると判断している。

さらに、会社のパソコンを利用して私用メールを送受信したことが労働契約上の職務専念義務に違反するとして普通解雇されたグレイワールドワイド事件（東京地判平一五・九・二二労判八七〇号八三頁）では、労働者といえども個人として社会生活を送っている以上、就業時間中に外部と連絡をとることが一切許されないわけではなく、就業規則等に別段の定めがない限り、職務遂行に支障とはならず、使用者に過度の経済的負担をかけない等、社会通念上相当と認められる限度において私用メールを送受信したとしても、職務専念義務に違反するものではないとして、普通解雇が権利濫用で無効と判断されている。

これに対して、専門学校教員が、就業時間中に職場のパソコンを利用して、インターネットの出会い系サイトに、メールを大量に送付したことを理由とする懲戒解雇の効力が争われたK工業技術専門学校事件（福岡高判平一七・九・一四労判九〇三号六八頁）では、発信元が学校のパソコンであることを推知させる状態で送信し、学校のアドレスを使用して大丈夫かとの指摘を相手方から再三指摘されているにもかかわらず、メールの送受信を継続した点において、教員として重大な職務専念義務違反があったとして、原審判決を破棄して懲戒解雇を有効と判断している。

以上の裁判例からみると、会社機器の私用通信は労働契約上の職務専念義務等に違反するものであるが、職務に支障がない限りにおいて、職場内における私的自由としての外部との通信の自由（これも、職場内における一種のプライバシーとみることも可能であろう）が認められているものと指摘できよう。

### （三）職場におけるモニタリングの裁判例

次に、職場内における無断録音等のケースにつき、わが国の裁判例がどのように判断してきたかにつき、言及しておきたい。なお、すべて録音のケースであり、録画のケースはない。わが国の裁判例を概観してみると、労働組合員等の特定の労働者の行動監視というケースが少なくないのが特徴である。

たとえば、就業時間中の監視ではないが、従業員控室に組合活動に関する情報収集のための盗聴器が設定されたとの疑念を抱き、これを設置したと疑われる主任宅等を夜九時過ぎに訪問したことを理由とする組合役員に対する減給処分の効力が争われた岡山電気軌道事件（岡山地判平三・一二・一七労判六〇六号五〇頁）では、このような疑念を抱いたことに相当の理由があるにもかかわらず、十分な説明をすることもなくなされた本件懲戒処分は無効であると判断されている。さらにプライバシーとの関係について、同判決は、「本件従業員控室は、被告〔会社〕が管理する施設であり、原告らの他にも自由に従業員らが出入りしていたものであるから、原告らは私的な会話等をすることもあったというのであるから、原告らがこのような会話を他人から聞かれていることを容認していたものとは考えられず、本件従業員控室に盗聴器を設置し会話を傍受することは、原告らのプライバシーを侵害するものであって違法なものと言わなければならない」として、慰謝料三〇万円を認容している。同事件は業務遂行中ではなく、従業員控室という企業施設のうちでも労働者のプライバシーの度合いが相対的に高い場所での事案であるといえよう。

また、新幹線車両検査作業をめぐる労使紛争の中で、遺失した組合員のノートが駅助役により複写されたJR東海大阪第一車両事件（大阪地判平一六・九・二九労判八八四号三八頁）では、ノートの遺失者を特定する際に、労働組合による怠業行為を示唆する記述が発見されたため、それを証拠化させるとともに、事後の事実調査を行うために、写しを証拠として保管することは業務上許されるとする一方で、個人のプライバシーに係る部分まで写したことはプライバシー違反とされ、上司個人と使用者に不法行為責任が肯定されている。本件は、無断録音されたものではないが、秘密裏にノートを写される行為はこれに準ずるものであろう。

業務遂行過程がモニタリングされた事例として、自動車学校の教習中の様子が秘密録音されていたことに抗議して、教習を拒否したことを理由とする懲戒解雇の効力が争われた広沢自動車事件（徳島地判昭六一・一一・一七労判四八八号四六頁）をあげることができる。同判決は、教習指導員が録音により教習態度を監視されているかのように感じて、心理的圧迫を受けるのは無理からぬところであり、その自由な同意なしに録音することは人格権を侵害するものと判断している。そのうえで同判決は、本件においてその必要があるならば、あらかじめその事情を話し、これに対する意見を十分に聞き、反対者の理由に対する意見を述べて説得し、その同意を得るかどうか等実施の方法などにつき十分に協議して、その納得を得る努力をすべきであったにもかかわらず、車内に録音機を積めとの会社命令に従えない者は帰れと命令したことは乱暴かつ軽率なものであり、本件懲戒解雇を無効と判断している。ここでは、教習の様子を録音する旨を一方的に社長命令の下に強行したものと判断されており、労働者の同意があったものとは認められないであろう。

なお、以上の事案は録音等の事案であり、今後問題となる可能性の大きい録画についてではないことに留意されるべきであろう。この点は、後述したい。

### (四) 職場におけるモニタリングの実施要件

それでは、どのような場合に、職場において、使用者は労働者をモニタリングできるであろうか。ＥＵの議論においては、「合理的なプライバシーの尊重」および比例原則があげられていた。

#### (ア) 業務上の必要性

就業時間中のモニタリングが許容されるためには、施設管理権や指揮命令権といった抽象的根拠では不十分であり、労働者のプライバシー権を上回る高度の業務上の強い必要性がなければならない。具体的には、前述したような、労働者の安全衛生確保、品質管理、企業秘密の漏洩防止、企業施設の不正使用防止等をあげることができるが、就業時間中の労働者のモニタリングを行わなければ、これらの目的を達成できない場合に限定され、他の代替方法がある場合には、許容されない。

#### (イ) 比例原則

以上の業務上の必要性が認められるとしても、モニタリングは、その必要に応じた最小限の方法であることが要求され、業務上の必要性が肯定されたとしても、モニタリングの方法は、労働者の人格侵害を最小限におさえる方法・態様のものでなければならない。すなわち必要性に相応した比例的なものでなければならず、具体的には、モニタリングの期間・時間、実施場所、対象等を最小限度に限定して実施されなければならない。

また、常にモニタリングの必要性が点検される必要があり、必要性がなくなった時点で直ちに中止されなければならない。さらに、セクシュアルハラスメントを防止する目的でモニタリングを行う必要が臨時的に生じた場合であっても、それにより、かえって新たなセクシュアルハラスメントを生じないように慎重に行われなければならない。営業活動中のモニタリングについても、その時間が限定されなければならないであろう。

### （ウ）労働者の同意の有無

従来の裁判例における事案は、すべて労働者の同意を得ることなく、無断で録音されたものである。それでは、労働者の同意さえあれば、モニタリングは許容されることになるであろうか。

通常は、労働者の同意さえあれば、その限りにおいて、プライバシー権を放棄したものとの理論構成が可能となるであろう。しかし、この場合の同意とは、対等な契約当事者間の契約関係におけるプライバシー確保ではなく、経済的対等性の確保が困難であり、大きな情報格差が存在しており、かつ、日常的に使用者の指揮命令下に置かれているという雇用関係の特質に即したプライバシー保護の議論が必要であることは疑いないであろう。すなわち、上述した雇用関係の特質を考慮すれば、たとえば「後ろめたいことがないなら、録画・録音していいじゃないか。ダメというのは、何か悪いことでもしようとしているからではないのか」と使用者から指摘された場合、労働者は、同意を拒否することができるであろうか、疑問である。そして、このことは、使用者側の必要性についても妥当するものであり、業務上不可欠である安全・衛生管理等を目的とするモニタリングについて、同意しない労働者には実施しないという選択肢はあり得ないであろうから、この意味においても、就業時間中のモニタリングについて、労働者の同意のみを要件と解することには疑問が残るところである。

もちろん、モニタリングの事実が告知されている場合と、されていない場合とでは、通常の人間行動には大きな差異が生じるのであるから、モニタリングが実施されていることを認識していれば、人間は注意して言動を行うのが通常であるから、予期しない不利益を回避できる可能性が大きいのは明らかである。以上の理由から、就業時間中のモニタリングについては、労働者の同意というよりも、業務上不可欠な理由が存在することが大前提条件と考えられるべきである。

ところで、就業時間中のモニタリングが業務上必要とされる目的は、現在の労働者の就労を文字通り監視することにあり、そこでは常にカメラを監視する者が存在しており、いったん事故があれば、直ちに駆け付けて必要な処理を行う体制が採られているのである。この意味において、カメラによるモニタリングが目的としているものは、労働者の労務提供を現在進行形で把握することにある。

これに対して、録音は、就業時間内の労働者の言動を過去形として収集するだけの、すなわち事後的な事実確認のみができる存在に過ぎない。したがって、安全確保等の目的を達成するというよりも、基本的には労働者の発言内容（時には行動を収録できるかもしれないが、音声のみではこれも困難であろう）を記録することしかできないという性格を考慮すれば、労働者の安全を図る等の業務上の必要性を達成することが困難な機器である以上、録音には労働者の同意も不可欠となろう。

（エ）基本手続規程の明文化

最後に、就業時間中のモニタリング手続の明文化が必要である。具体的には、モニタリングが①必要とされる事由、②対象範囲、③権限ある者に限定されること、④苦情処理規定等も明文化される必要があろう。

（五）プライバシーの放棄（contract-out）

前掲 Halford 判決は、職場における「プライバシーへの合理的尊重」との概念を提示したが、これは、わが国ではあまり議論にはなっていないが、「プライバシーへの合理的尊重」を雇用契約等において、事前に放棄（contract out）できるかという問題である。同事件においては、事前警告なしの電話傍聴がプライバシー侵害とされたものであるから、では事前に労働者の同意を得ていた場合には、異なった結論が導かれるか否かが問題となるが、同時にプライバシーの権利を事前に労働者に放棄させることができるかという問題が提起されている（contract out of rights）。わが国では、強行法規については放棄がゆるされないことになるはずである（もっとも近年では、たとえば広島中央保健生協（C病院）事件（最一小平二六・一〇・二三労判一一〇〇号五頁）のように、同意によって強行法規（この場合、労働基準法六五条三項）の適用を排除できるかが問題となっている）。これに対し、強行法規という概念を有しないイギリスでは、雇用契約によりプライバシーの権利を放棄できず、このような合意は公序（public policy）に反して無効と考えられている。

次に、イギリスでは、労働時間や両親休暇（parental leave）等の一定の制定法上の権利については、労働協約（collective agreement）等により例外的に修正もしくは放棄できるとされているが、差別禁止規定の放棄が許容されていないように、プライバシーのような個人の人格に関する権利を放棄させることは、集団的協定によっても許されないと解されている（H. Oliver, op. cit., pp. 330-334）。

もっとも、企業におけるプライバシー方針・基準の作成や、苦情処理という制度枠組みへの労働組合の関与が不可欠であることは、当然であることを最後に指摘しておきたい。

## （六）教育機関における授業のモニタリング

以上のように言及してきた一般企業のモニタリングの考え方は、教育機関である大学・高校等にも基本的に妥当するものと考えられる。これに対し、教員の講義・授業の録音・録画等のモニタリングと同視することができるであろうか。

### （ア）目黒高校事件東京地裁判決

この点で、本件と同様に、高校教員の授業が無断録音された目黒高校事件（東京地判昭四七・三・三一労経速七七九号）が参考となる。同判決は、まず録音に申請人教員の同意が得られたとの学校側の主張を退けたうえで、「教育は不当な支配に服することなく、国民全体に対し直接に責任を負って行われるべきである」と、教育権の独立を定める教育基本法一〇条〔現行一六条〕

一項をあげ、「教育の本質および教育者の使命に鑑み、前記教育の目的の範囲内においてその自由と自主性を保持し、公の機関又は学校法人の理事者やその他の団体又は個人に由来する不当な支配ないし影響力から防御されなければならない。従って、それらの者は教員の教育の具体的活動の内容に立ち入って命令、監督することは避けなければならず、そのなし得ることは教員に対する適正な手段による援助、助言ないし助成でなければならない」と判示している。

そのうえで、同判決は、学校人事委員会から、申請人の生徒指導ないし授業内容について問題があること、および校長が申請人に注意を喚起するよう決議がなされことから、校長は申請人の授業内容を検討しようとしたのであるが、校長・同僚または父兄による授業参観、生徒からのノート等の借用、申請人とその同僚または校長との意見交換等、他手段によることなく、直ちに申請人の同意なしにその全授業を録音したものであり、このような行為は、高校教員に対し、その授業内容について、有益な援助ないし助成を行う前提としての授業内容の確知方法において適正な手段とは言い難く、右のような確知方法を教育の場面において直ちに容認するときは、教育の自由の空気が失われ、教員の授業における自由および自主性が損なわれること も否定できず、結局、以上の手段によって収集した申請人の授業内容を根拠として申請人を解雇した本件は、すでにこの点において前記教育基本法第一六条一項(現行)の「不当な支配」に該当し、右は公序に反し、このような被申請人の解雇の意思表示は権利の濫用として許されないものと結論している。

ここでは、授業内容に問題があるとの指摘があったので、授業内容の当否を調査するという業務上の必要性が認められるとしても、他の適切な調査手段があるにもかかわらず、直ちに申請人の授業を秘密録音したことが、教育基本法の「不当な支配」に該当するとしているが、授業時間中の教員のプライバシーを侵害したものと評価することもできよう。

(イ) 大学講義の録画・録音

前記裁判例は高校教員の事案であるが、本件のような大学教員による講義については、学問の自由の保障を規定する憲法二三条や、「大学については、自主性、自律性その他の大学における教育及び研究の特性が尊重されなければならない」とする教育基本法七条二項も参考となろう。また、このような無断の講義録音の反射的効果として、講義を受ける学生の発言等も無断録音される可能性があるから、学生の教育を受ける権利（憲法二六条）をも侵害することになろう。

もちろん、大学教員の講義の録音（現在では、録画が主流であろうが）が行われることは少なくない。大学紹介のホームページやオープンキャンパスでの受験生への放映、教員の教育能力を研鑽するファカルティ・デベロプメント（ＦＤ）のための資料、通信教育でのオンデマンド授業、あるいは稀ではあるが、講義を欠席した学生へのサービス等の目的で、講義内容が録画されることは少なくない。この場合には、利用目的が明らかであるし、各々の目的や、講義という性質上、担当教員の同意なしに録画されることはあり得ないであろう。

これに対し、上述したような労働の安全性確保等、通常の企業では業務上の必要性が強く肯定される可能性のある事由が、大学の講義においては妥当することはありえないし、このため、担当教員に無断で講義内容が録画・録音される必要は全くないし、無断の講義録音は、そもそも口述著作権侵害に該当する可能性も否定できない（著作権法一〇条一項一号）。したがって、特段の事由がないにもかかわらず、教員の同意を得ずになされる講義の録画・録音は、憲法や教育基本法、著作権法等の法令に違法するものであり、かつ大学教員のプライバシーを侵害するものとして、差止請求や不法行為に基づく損害賠償請求を可能にするものである。

## 第三節　本件録音の法的評価

以上の議論を踏まえた場合、控訴人による被控訴人の講義を無断録音したことに対する法的評価は、明らかであろう。上述したように、使用者が労働者の労務提供過程をモニタリングすることは、労働者の同意の有無を問わず、原則的に職場におけるプライバシーを侵害するものとして、違法と評価される。モニタリングする業務上の必要性が労働者の被る不利益を高度に上回っており、かつその方法が最小限度の方法でなされたものである場合に、例外的に違法性が阻却されることになるだけである。たとえば、危険な機械を使用する労働者の安全を確保する場合や、企業の機密事項の漏洩を防止する等の企業にとって不可欠な事情が存する場合に限定されるところ、大学教員の講義においては、通常このような必要性が認められる可能性はほとんどないことは前述したとおりである。

そして、本件のような教育現場においての秘密録音は、教育基本法における「不当な支配」に該当することは、前掲目黒高校事件東京地裁判決により確認されているところである。さらに、本件教員のような大学教員に対する無断の講義録音については、憲法二三条の教育の自由を侵害することとなることも、前述したとおりである。

それでは、本件において、被控訴人に無断で講義内容を録音するための特段の業務上の必要性が控訴人に存在したものと評価できるであろうか。控訴人の主張によれば、本件ガイダンス資料には、被控訴人が履修者数制限措置に反対していることや、本件履修者数制限措置によって授業を履修することができなくなった学生に教務課へクレームを入れるように呼びかける文言とともに、教務課の電話番号まで殊更に記載していることが判明したことから、被控訴人のガイダンスの内容を確認する必要があると判断したとされている。これに対し、本件一審判決は、上記のような被控訴人の言動が、大学が決定した方針に明らかに反するものであって、学生に混乱を招くとともに、大学の業務を妨害しかねないものであったということができるから、センター長らがこのような判断をしたこと自体の合理性は是認することができ、不当な動機・目的があったということはできないと判断している。

ところで、この問題を判断するためには、一般企業とは異なる高等教育機関としての大学における組織の在り方、大学における教員の位置づけ等を理解することが不可欠であり、これが本件の評価にとって決定的な意味を有していることが想起されなければならない。大学も組織体である以上、それを運営するためには、一定の秩序形成が不可欠であることは否定できないが、その在り方が通常の企業とは異なるのである。以下、具体的に検討していきたい。

まず、原審は、控訴人の機構会議が履修者数制限を決定していることをもって、「大学の決定」があったと判断している。問題は、このような講義方法・態様に関する決定が、各教員に対してどの程度の拘束力を有するのかである。

大学の教育事項に関する決定は、各学部教授会から選出された委員から構成される全学委員会が、全学に共通する事項を決定し、これが各学部教授会で報告されるというのが通例であろう。そして、これは、教授会の審議事項ではなく、報告事項にとどまるのが通例であろう。原審は、この決定が、あたかも一般企業における業務命令や職務命令のように各教員を拘束するような理解をしているように思われるが、個々の教員の教授の自由が保障されるべき高等教育の場である大学の教育方法に、通常の企業の論理で処理しようとするものであり、あたかも大学が上意下達の機関であるかのように理解しているものと指摘せざるを得ない。

以上のように、どのような教育方法が望ましいか一律には決定できないにもかかわらず、本件一審判決は、担当教員の教育方法に関する主張を一切無視して、大学の決定が業務命令として当然に担当教員の教育方法に関する主張に優先するかのような判断をしているのは、高等教育としての大学における教員の教授の自由をないがしろにするものと言わざるを得ないのである。大学の講義には、講義科目、語学教育科目、体育系科目等、多様な科目があるが、教育効果が人数の多寡に左右される教科と、左右されない教科があるのである。もちろん演習科目や語学科目等の科目のように、少人数制の授業が相応しいものは別として、本件教員が担当する倫理学のような通常の講義科目の場合には、学生数が多くなれば、それだけ担当教員により講義や採点作業が負担になるだけの話である。講義内容だけでなく、受講学生数をどこまで受け入れるかは、基本的には担当教員の専権事項の範囲内の問題であり、大学や教授会が講義科目の履修学生の上限を設定したとしても、それはたかだかガイドライン以上のものではなく、各担当教員自身が科目の特性や教育効果を考えて、履修受入れ人数を決定するものであり、履修者数制限があっても、一定の例外が認められるというのが通常の大学における教育現場の在り方であろう。むしろ受講学生数を制限することは、反対に学生の希望科目を学修する権利を侵害する結果となるし、抽選で選抜することが教育現場の在り方としてふさわしいかも疑問である。

以上の観点からすれば、被控訴人が自己の担当科目履修者数制限に反対していることも、けっして不当な主張ではないのである。

この点に関し、原審は、本件教員の言動により、学生の混乱を招き、大学の業務を妨害したとの理由に基づき、無断講義録音の必要性を認めているが、秘密録音をせねばならないほどの学生の混乱や大学業務の混乱が生じていることを、控訴人が具体的に立証しているとは、到底理解できないものである。したがって、控訴人に秘密録音の必要性を認めるには、あまりに抽象的な理由にとどまっているものであり、具体的にどのような混乱が学生に生じるのか、どのような大学業務妨害が生じるのかが、全く明らかにされていないといわざるを得ない。

また、百歩譲って、原審が指摘するように、たとえ控訴人が事実確認する必要性があったとしても、目黒高校事件判決が判示するように、録音以外の方法での事実確認を行うことも可能であったはずである。本件において被控訴人の講義を秘密裡に録音する必要性は全くなく、センター長が被控訴人から事情を聴取し、なぜ控訴人が履修学生の制限をする必要があるのか、例外を認めないならばその理由等を説明すれば済むだけの話である。また、講義内容を録音する必要があるとしても、まさに前掲広沢自動車事件判決が示すように、録音の必要性を堂々と説明すべきであったのである。以上のように、秘密録音回避の方策を検討すべきであったにもかかわらず、控訴人はそのような努力をまったく怠っている。というよりも、このような録音が不正であることを了知していたからこそ、控訴人は秘密裡に録音せざるを得なかったものと推測せざるを得ない。

以上のように、秘密裏に講義内容を録音することは、被控訴人の教授の自由を侵害し、不当な教育への支配に該当し、かつ業務遂行過程におけるプライバシーを侵害するもので、大学教員や労働者としての人格権を侵害し、不法行為を構成するというべきである。

ところで、大学は、本件録音の対象はガイダンスであり、講義ではないから問題がないと主張しているが、両者を峻別することは困難かつ無意味であるし、たとえガイダンスであっても、これから行う講義の基本方針・内容の全体像を学生に伝える講義内容そのものである以上、講義である点に相違はなく、またガイダンス自体も第一回目の講義としてカウントされるのであるから、控訴人の主張は失当である。

以上の観点からすれば、「教授の自由（憲法第二三条）が保障されるべき大学教授に告知することなく、大学が当該教授を録音するということが、当該教授に対する不法行為を構成することがないとはいえない」としながら、「本件録音行為が、使用者としての地位に基づいて認められる本件大学の管理運営のための権限の範囲において適法に行われたものであるから、本件録音行為は教育基本法一六条一項に規定する不当な支配に該当するものではなく、原告に教授の自由が保障されていることを考慮しても、原告の学問的研究活動を侵害し、自由な教育の機会を奪うものとして、その人格権を侵害するものではない」とする一審判決の判断を支持することはできない。教授の自由（憲法第二三条）が保障されるべき大学教授である被控訴人に対し、録音する特段の必要性もなく、かつ事前の手続きも履践することなく、控訴人が講義内容を無断録音したことに対し、安易に業務上の必要性を肯定しており、不当であるからである。

## 第四節　本件懲戒解雇・普通解雇の効力について

### 一　解雇事由相当性

本件において、控訴人は、被控訴人の以下の行為が、控訴人就業規則（以下、就業規則。）二六条二号「業務に必要な適応性、適格性、職務に適さないと認められるとき」、あるいは同条四号「その他前各号に準ずる程度にやむを得ない事情があるとき」に該当するとして、被控訴人を普通解雇としている。そして、控訴人は、本件労働審判では一〇の解雇事由、原審では二〇の解雇事由、本審では三〇の解雇事由を挙げているが、控訴人の主張する事由が、就業規則の解雇事由に該当するか否かの検討から始めたい。

（一）主位的請求としての懲戒解雇の効力

平成二八年八月二六日付の被控訴人に交付された「懲戒事由説明書および陳述の機会の告知書」（以下、「説明・告知書」。）によれば、被控訴人に対する懲戒解雇事由として、①欄外注意書きを記載した本件テスト用紙等を学生に配布し、授業時の被控訴人の発言を録音した資料をA教授に提供した人物に関する情報提供を呼び掛けた行為が、就業規則三一条二号に定める懲戒事由に該当すること、②本件補足説明をしたことおよび被控訴人がポートヘボンによる訂正に応じなかったことが、同規則三一条号および二号の懲戒事由に該当すること、③本件秋学期アンケートに係る「授業評価結果の考察」の授業評価報告書への掲載を電子メールで要請したことが同規則三一条一号の懲戒事由に該当すること等をあげている。

これに対し、原審は、まず、①について、原告の行為は、本件欄外注意書きの内容に鑑みれば、あたかも本件録音行為が違法に行われたものであり、A教授がこの違法行為に関与していたかのような印象を学生に与え、このような不快な言動によりA教授の人格を傷つけたもので、同教授の就労環境を悪化させたものと判断している。たしかにA教授の実名を示して情報提供を呼び掛けた被控訴人の行為は相当であったとは言い難いものであるが、被控訴人がこのような行為に出たのは、そもそも教員の講義内容の無断録音という、大学ではあってはならない行為が行われたことに端を発したものであり、被控訴人のみを責めることは相当ではなく、たとえ控訴人の就業規則に該当するとしても、懲戒処分の対象となるものではない。

次に、②についても、教授会の決定に基づくポートヘボンによる本件欄外注意書きの訂正および謝罪の要請を受けたにもかかわらず、被控訴人がこれに応じなかったのであるから、このような被控訴人の行為は、「職務上の義務に違反したとき」に該当するとしても、秘密録音行為の正当性を控訴人が被控訴人に十分な説明をしていなかった以上、被控訴人がこれに応じなかったこともやむを得ないものであり、懲戒の対象とすることはできない。なお、本件謝罪要請自体は懲戒処分足りえないが、業務に関する事項とはいえ、個々の教員間の謝罪要請を教授会が機関決定できるか否かには、若干の疑問が残るところである。

そして、③の授業評価報告書への掲載要請の件については、原審も指摘するように、一定の見解に基づき、教員がその掲載を要求することが、懲戒事由とはなり得ないであろう。そもそも一定の決定事項であっても、それに対する要請を行うことが目的外使用として懲戒事由となることは考えられず、ましてや大学における教育をめぐるケースでは、このことはより妥当しよう。

以上により、控訴人の主張する被控訴人の行為は、そもそも懲戒事由に該当しないか、あるいはそれに該当するとしても、懲戒解雇という最も重い処分に付することは、懲戒権濫用に該当し無効である（労働契約法一五条）。

（二）予備的請求としての普通解雇の効力

控訴人は、上記「説明・告知書」によれば、上記懲戒事由に加えて、本件厳重注意一および二の対象となった言動や、授業において不適切な教科書を使用していることを理由として、就業規則二六条二号および四号の解雇事由が認められるとして、予備的に普通解雇するとしていた。

（ア）平成二二年四月九日の言動

B教務課長が控訴人の方針に従って、被控訴人の授業が行われている教室に赴き、履修者数の制限について説明したと、当然のように、原審は認定している。しかし、教室は教員が自己の責任で講義を行う場所であり、その許可を得ている場合はともかく、一方的に職員が入室することは、教育現場ではありえないことである。控訴人では、このようなことが常態化しているとすれば、通常ではないと考えられるが、緊急の事態でない限り、担当教員の了解も取らずに事務職員が教室に入ることは、教員の教育権侵害である。学生の面前でバカと述べたか否かは当事者間に争いがあるが、当該教員の許可を取らずに職員が入室し、一方的な説明をさせた控訴人側にむしろ責任が存するのであり、被控訴人のみを責めることはできないはずであり、普通解雇事由に該当すると解することはできない。

（イ）使用教科書の内容の妥当性

控訴人は、被控訴人の使用する教科書の内容が不適切であることを普通解雇事由にあげている。たしかに控訴人は、キリスト教の福音主義を理念とした私立大学であるから、それを基本理念とする教育内容を行うことが許されているのは当然である。しかし、控訴人は、同時に学校教育法により設立された学校法人であり、国から補助金を受けている高等教育機関でもある。したがって、控訴人は、特定の思想・信条を有する経営組織（いわゆる傾向経営）ではありえない以上、その教職員が大学の理念を批判することは、それが誹謗中傷に至らないものであれば、学問の自由の範囲内のものとして許容されよう。とりわけ被控訴人は、研究教授する倫理学において、行動の規範となる物事の道徳的な評価を理解しようとする、哲学・倫理学を研究することを目的としているのであるから、当然一定の批判を行うことは当然である。さらに、被控訴人には、憲法二三条により学問の自由が保障されていることからすれば、本件教科書使用を理由とする解雇や不利益処分は、公序違反と評価されるのみならず、前述した教育基本法一六条が定める「不当な教育の支配」にも該当することは当然である。

（ウ）その他の普通解雇事由

控訴人は、被控訴人が大学教員としての資質を欠くとして、成績評価、授業運営ないし履修制限等につき縷々事由を列挙しているが、いずれも大学外に排斥するという重大な不利益を伴う普通解雇事由には該当することはない。また、大学教員としての資質を欠くというのであれば、解雇前に改善指導なりをすることが要請されるはずであるが、このような指導を行うことなく、一挙に解雇に及んでいることからしても、本件解雇は、解雇権濫用と評価される（労働契約法一六条）。

（三）解雇手続違反

控訴人からなされた被控訴人に対する本件解雇（懲戒解雇ないし普通解雇）の効力については、結論としては、第一審判決の判断と同様と考えられるが、同判決が指摘していない以下の論点を付加しておきたい。

第一に、就業規則によれば、教授の懲戒処分については各教授会の議決に基づき、学長が行うとされている（三四条一項）。被控訴人が所属する教養教育センター教授会では、当初（平成二八年二月一〇日の教授会）には降格が相当との議決をしておきながら、理事会からの要求を受けて、後の教授会（同年七月六日）において、本件解雇を再決議している。すなわち同教授会自体が普通解雇とするのは困難であることを自認して、降格処分を決定したことの証左以外の何物でもない。にもかかわらず、同教授会は、再決議において被控訴人を解雇しているのであり、これは一事不再理の原則（この原則は、刑事法だけでなく、本件のような大学による処分にも適用されるのは当然である）に反するものであり、教授会による本件再議決は、「一時不再理の原則」に反するものとして、そもそも無効である。

次に、同教授会の再議決においては、主位的に懲戒解雇、予備的に普通解雇が相当とされている。しかし、企業秩序違反に科される懲戒解雇と、労働能力不足等の債務不履行的行為を対象とする解約である普通解雇とは、その事由・手続等が峻別されるべきものである。使用者側代理人が、敗訴を回避するために、訴訟上、このような主張をすることはともかく、所属教員に対する重要な不利益処分を行う主体としての教授会が、懲戒事由であるか、債務不履行であるかの解雇事由を特定できずに行った解雇自体、効力が生じるものではない。このような不明確な議決がなされたこと自体、同教授会が自主的に判断したというよりも、理事会による圧力を受けて議決されたことの証左であり、本件再議決自体が効力を有することはありえない。

以上の理由に基づき、被控訴人になされた懲戒解雇ないしは普通解雇は、そもそも就業規則所定の各解雇事由に該当しないだけでなく、手続的に重大な瑕疵があり、いずれにしても無効である。

# 第五章　〈学問の自由〉と大学の〈大学〉としての存在理由

幸津國生

## 第一節　本章の問い

二〇一五年四月ＭＧ[1]で大学当局によって同大学の一人の教授の講義が「盗聴」（「無断録音」・「秘密録音」）された。これがその後この事態を告発した同教授が解雇されたいわゆる「明治学院大学事件」の発端である（〈編者〉まえがき、寄川編二〇一八：ⅰ参照）。

本章は「事件」についてその「実録」（同、寄川編二〇一八：ⅱ）を典拠とする。私はこの「実録」によってはじめて「事件」について知った一部外者にすぎない。しかし、学生時代を含むかなりの年月の経験から思い浮かぶ〈大学〉[2]というところでの出来事とは懸け離れた「事件」に一個人として無関心ではいられない。

1　「明治学院大学」。以下引用以外は「ＭＧ」という表現を用いる。「明治学院大学」のシンボル・ロゴがアルファベットの「Ｍ」と「Ｇ」との組み合わせで示されるのに対して、この表現はこれら二文字を順に並べた形で表記される。公式サイトで「明学」という表現とともに「ＭＧ＋（エムジー・プラス）」（「明学のことをもっとよくわかる情報コンテンツ」）という表現も使われている。このことから見ると、「ＭＧ」という表現も普通に使われているようである。そのこととは別に同大学を指す場合、本章では「ＭＧ」と表記する。このように表記することによってシンボル・ロゴのシンボル性を尊重し、そこに込められた同大学の「ミッション」（使命）への思いを受け止めたい。公式サイト参照。

2　〈大学〉というように〈 〉を付けて理念としての大学を、「大学」というように「 」を付けて現実の諸大学が制度的に承認されて一つの名前をもつことを示す。

そもそも先のような事態がその発端となったということ、そのこと自体が信じられない。そこで当の事態の捉え方をめぐって私は次の二つの問いを立てたい。すなわち、この事態は第一に〈大学〉において保障されるはずの制度上の「学問の自由」（さらに理念としての〈学問の自由〉）[3]に反しているのではないか、そしてそれはまた第二にMGの〈大学〉としての存在理由（MGの場合、「建学の精神」・「教育理念」によって示される）にも反しているのではないか、という二つの問いである。

二つの問いは相互に密接に関連しており、それらへの答えは当の事態が何を意味するのかを示すだろう。講義が「盗聴」されたことは、MGでは教員の「学問研究」（注4参照）における制度上の「学問の自由」も守られていないこと、さらに「学問の自由」の権利の行使としての当の「建学の精神」・「教育理念」も実現されていないことを意味するだろう。

以上の問いと答えとによって、本章の問いと答えとの輪郭は明らかだろう。しかしこの輪郭においてさらに問われるべきことがある。MGの「建学の精神」・「教育理念」とはどのようなものなのか、そして〈学問の自由〉にどのように関わるのか、という問いである。これらのことをめぐって、MGでのキリスト教信仰を基盤とした活動を導く「宗教」の立場と学問研究を推し進める活動を導く「学問」の立場との関係という視点から考えたい。

日本の大学であれば、どの大学でも「大学」という

3　〈学問の自由〉がどのように実現されるのかを問うかぎり、それを理念的に捉えることが必要だろう。ただし、「学問の自由」は日本国憲法の一つの条項になっており、それが制度的に成立していることから見れば、すでに一定程度現実的になっている（注2参照）。日本国憲法第二三条「学問の自由は、これを保障する。」（『人権宣言集』三九三）この条項は現実の歴史を背景にもっている。「日本国憲法の権利宣言」は「学問の自由を明文で定め、京大事件や天皇機関説事件の再現を防ごうとすること」などの「諸特色によって、それに先立つ明治憲法の権利宣言から区別される」（宮沢俊義）（『人権宣言集』三九一）という。このように「学問の自由」が一定程度現実的になっていることが現在「学問」の立場にとっての基盤になっている。このことは本章の問いにとっての前提である。

名前をもつかぎり、「学問の自由」（〈学問の自由〉）を基盤に学問研究を推し進めること（研究）、そして学問研究の成果を学生に「教授」すること（教育）によって、〈大学〉としての使命を果たすだろう。そこに、その大学の〈大学〉としての存在理由があるだろう。その際問われるのは、この存在理由が各大学でどのように学問研究の推進と学問研究の成果の「教授」とにおいて実現されるのかという点である。この点についてMGは「学問の自由」と日本の（とりわけ宗教系）大学一般の〈大学〉としての存在理由との関係をめぐって一つの具体例を示すだろう。

## 第二節　MGにとっての「建学の精神」・「教育理念」

そこでMGの当の「建学の精神」・「教育理念」の実現への問いについて取り上げよう。そのとき、これら両者がMGにとってどのように位置づけられているのかを明らかにする必要があろう。この点について次の文章が述べている。

「キリスト教による人格教育という建学の精神〝Do for Others〟という教育理念を大切にして社会に貢献していく。それが、明治学院大学です。」（「教育理念」）

このように、MGにとって「建学の精神」・「教育理念」はMGの〈大学〉としての存在理由を示している。両者のうち「建学の精神」は「キリスト教による人格教育」とされ、MGの立場を一般的に表明したものだろう。そこではこの立場の内容について特別の説明はなされていない。それゆえ、その内容を示しているだろう「教育理念」を検討しよう。

では、ヘボン以来の伝統のあるMGの「教育理念」とは何だろうか。〝Do for Others〟がその答えである。それは『聖書』の次の一節に基づくとされている。

「人にしてもらいたいと思うことは何でも、あなたがたも人にしなさい。」（〝Do for others what you

want them to do for you.〟（新共同訳「マタイによる福音書」七章一二節）（「教育理念」）

この一節に盛られたその思想は、全世界のキリスト教信者たちにとっても当然のものとして受容されるものだろう。しかし、その受容はそれがキリスト教信仰を前提するかぎり、日本の大学においては宗教など諸文化事情、それら諸文化のもとでの各大学独自の事情によって限定されざるを得ないだろう。その中で当の思想を「教育理念」として掲げ、それを「ミッション」（使命）として「教育」において実践しようとするMGにとって、この実践は「大学」という名前のあるどの大学にもまして厳密に根拠づけられるべきものだろう。

この「教育理念」に基づいた「教育」を行うというMGは、「大学」である以上、「学問の自由」についてはほかのどの大学にもまして厳しく守らなければならないだろう。というのは、この「学問の自由」に基づくことが当のMGにおいて研究される学問の内容にとって不可欠だろうからである。たとえばMGの場合、「学問の自由」に基づいてこそはじめて「教育理念」の内容――「キリスト教による人格教育」という「建学の精神」のもとでの〝Do for Others〟（他者への貢献）（後述引用参照）――を発展させることができるだろう。なぜならば、その「教育理念」の生き生きとしたイメージは各「学問」分野の活動によって普遍的なものにまで展開される（後述「五つの教育目標」、「人類の普遍的な理想」参照）ゆえに、それだけ「学問の自由」の権利の保障を必要とするからである。

このようにしてはじめて、当の「教育理念」は実現される可能性をもつだろう。それゆえ、MGにおいてはほかのどの大学にもまして「学問の自由」を守ることがMGの〈大学〉としての存在理由の基盤として求められるだろう。

## 第三節　「塾」と「大学」

この「学問の自由」を守ることは、他の大学にとってと同様にMGにとっても当然のことだろう。その場合考慮されるべきことは、創立以来のMGの歴史に由来する特別の事情についてである。ただし、本章の問いの対象となるのはMGの歴史そのものではなくて、現在MGが自己認識としてどのようにその伝統を受け止めているのかということである。

その事情とは、ヘボンによって創立された「塾」以来の伝統として「建学の精神」：「キリスト教による人格教育」が現在も生きており、このことにMGが〈大学〉としての存在理由を見出しているということである。当の伝統が現在も生きていることのうちに、現在MGが何を〈大学〉としての存在理由と捉えているのかが示されている。つまり、MGが創立期に「塾」として目指したものが現在も生きているということである。それは「塾」自身の活動が何を目指していたのかを現在の視点から根拠づけるものだろう。

そもそも「塾」は学問研究の場として始まったのだろう。では何を何ゆえに学問研究するのかについてどのように答えて根拠づけるのかが、現在にまで引き継がれる問いだろう。

ヘボンが「塾」を始めた頃には、その「塾」の学問研究の場としての根拠づけについて、現在で言えば「建学の精神」・「教育理念」にあたるものの学問的な根拠づけについて問われることはなかったのかもしれない。この根拠づけのために求められたのは、学問研究することそのこと自体よりはむしろ「塾」自身の在り方について、その在り方が独自のものとして自覚されていることだったようである。

そこで自覚されたものは、たとえば「塾」としての活動において生じる、キリスト教信仰の信者としてそこに集う教員と塾生との「信頼と応答」とされている。

「ヘボン博士の国境、民族、貧富の差を超えた『他者への貢献』には、イエス・キリストの無償の愛（アガペー）に対する信頼と応答があるということです。ヘボン博士自身の〝Do for Others〟は、じつにキリストの愛に対する信頼と応答でありました。ヘボン博士はキリスト教による人格教育がもつ内面的な豊かさを教えてくれています。」（「明治学院大学の五つの教育目標」）

また「塾」の宣教師たちの「学生を育て、世に送り出すこと」への熱意が語られている。

「明治学院は、ヘボン博士をはじめ、幕末から明治時代にかけて来日した多くの宣教師たちの熱心な祈りと努力によってその礎が作られました。宣教師たちは、国境を超えて、痛みと困難を抱えた人々の声に耳を傾け、異文化世界の人々と深いところでつながり、人とこの世に仕えることのできる学生を育て、世に送り出すことが重要であると考えました。」（「明治学院大学のキリスト教主義教育について」）

そして当時の「塾」で創立者たちが残そうとしたのは「単なる知識」ではなくて「人が生きる上でなくてはならない」「愛」であったという。「愛」は「単なる知識」に対置され、そこで「人間性が回復される」ものとされている。

「創立者たちが残そうとしたのは単なる知識ではなく、人が生きる上でなくてはならない、自分を深く肯定し受け入れることのできる愛と、困難な隣人のそばに向かおうとする愛の力でした。弱さが真に肯定され、人間性が回復されるところに愛はあるからです。」（「明治学院大学のキリスト教主義教育について」）

ここにはキリスト教信仰という「宗教」の立場が前面に現れている。確かに学問研究するという「学問」の立場が必ずしも「単なる知識」によるものとされているわけではない（「宗教」の立場と「学問」の立場との関係については後述参照）。しかし、「学問」の立場が展開されるところまでにはまだ至らなかったということだろうか、当の展開そのものについては具体的に述べられることはなく、背景に置かれたままである。

ここで自覚されたものは、〝Do for Others〟という関係者相互の態度として求められ続け、現在も生きているようである。当の態度について、「人格」に焦点があてられている。

「学問がいかに高度化、専門化したとはいえ、大学は、教員という人格から学生という人格への研究成果の教授の場でもあります。教員と学生が一個の人格をもつ人間として互いに尊重し合うヒューマンな関係のもとに教育がなされなければ、研究成果はなかなか伝わるものではありません。そこに明治学院大学の教育理念である〝Do for Others（他者への貢献）〟の意義があり、その理念を保障するキリスト教による人格教育という確かな根拠＝建学の精神があります。」（「明治学院大学のキリスト教主義教育」）

ここでキリスト教信仰そのものについて考えることは私の能力を越えているので断念せざるを得ない。しかし、ここでの「信頼と応答」が「塾」での人間相互の関係において現れたのであり、これが現在も「大学」で求められていると言うことは許されるだろう。

## 第四節　「大学」としてのMG

先のような「塾」としての位置とは異なり、現在ではMGは制度的に「大学」という「公的な研究教育機関」（後述参照）としての位置を獲得している。つまり、MGには「学問の自由」が制度上すでに与えられており、そのことが「大学」としてのMGの存在の前提である。この点は次の文章に示されるように、MG自身が自覚的に規定している。

「大学の基本的な機能は『学術研究』（研究）と『学術研究の成果の教授』（教育）にあり、個人の魂の救済を目的とする宗教団体と異なるのは当然のことです。」（「明治学院大学のキリスト教主義教育」）

ここでは「大学」の「基本的な機能」が「『学術研究』

（研究）と『学術研究の成果の教授』（教育）」とされ、「宗教団体」の「個人の魂の救済を目的とする」という規定と対比されている。「大学」を取り上げる際に、このような規定において「宗教団体」を取り上げることが何を意味するのか、その論旨は文脈上必ずしも明確ではない。この点を私は次のように解釈する。ここでの文脈はおそらく、「研究」・「教育」が「個人の魂の救済」とは異なってより広い社会的な意味をもっているという説明のうちにあるだろう(4)、と。

このとき問われるのは、MGがヘボンの「塾」以来の伝統をどのように規定するかということである。この問いをめぐって、私はMGの歴史について一つの推測を試みたい。

ヘボンの「塾」は、ここで言われている「宗教団体」ではなくて、もちろん学問研究の「塾」だったのだろう。ただし、その当時、「塾」は「個人の魂の救済」と言われる事柄に対応するような役割をも果たしていたかもしれない。もし「塾」の活動が「個人の魂の救済」を目的とすることをも含むならば、「塾」と「宗教団体」との区別は難しかっただろう。

おそらく「塾」は、ヘボンの態度のように「個人の魂の救済」という目的よりも広い社会的な意味をもつ事柄（「他者への貢献」参照）を目的としており、すでにその点で「個人の魂の救済」を目的とするという「宗教団体」とは異なっていただろう。ただし、そのような差異がありながらも、「塾」は「愛」の境地を基盤とするかぎり、一つの「宗教団体」的性格をもっていたと思われる。しかし、「塾」はそのような性格をもちつつも、時間をかけて学問研究を推し進めて実質的に〈大学〉の基礎となるものを作ってきたのであり、そのプロセスをへて現在につながる形を備えることで「大学」が形成されてきたのだろう。

4　ここでの「学術研究」は本章での「学問研究」と部分的に重なる。本章では両者をともに真理探究に向かう意志によって推し進められる活動、前者は制度化されて整然とした活動（おそらくMGの「大学」におけるように）、後者は前者を一部分として含むがさらにより広く必ずしも整然としていない活動（おそらくMGの「塾」におけるように）も含む活動、と捉える。

そのプロセスの途上で、そこでの活動の性格をどのように規定するのかという問いが立てられることもあっただろう。そこでの活動は「個人の魂の救済を目的とする」ものではなくて、ヘボンにとってのようにより広い社会的な意味をもつ活動だったものの、その担い手たちが理解していただろう学問研究とは異なって「宗教団体」としての活動ではなかったか、それとも学問研究の場である「塾」としての活動だったか、という問いである。

この問いをめぐって、「塾」としては「宗教団体」の活動ではなくて「塾」の理解するかぎりでの学問研究を推し進めているという自覚があったのではないだろうか。しかし、そのような自覚にもかかわらず、一つの点をめぐって明確な答えを与えることができなかったと思われる。すなわち、先に触れたように、「愛」の境地を求めるキリスト教信仰に関するかぎり「塾」もまた一つの「宗教団体」的性格をもっており、それゆえに先の「宗教団体」との差異を明確にすることができなかったのではないか、という点である。

この点に関して私は次のように推測する。MGは「塾」においても、一方でその活動として学問研究を続けてきたのだろう。しかしながら、他方でこの「塾」は「個人の魂の救済」を目的とすることはないとしても、（「愛」の境地を目指す）キリスト教信仰を基盤とする点で一つの「宗教団体」でもあったのかもしれない。「塾」が「宗教団体」であるかどうかという点では、先の目的をもつ「宗教団体」とは区別されるにせよ、その性格は不分明だっただろう。そのように「塾」が「宗教団体」的性格をもっていたとすれば、もともとMGでは「宗教」の立場と「学問」の立場との関係は明らかではなかったと思われる。

「塾」は（現在に至る道を進み）「大学」となった。ここで「塾」と「大学」との区別が明らかになった。両者を区別するものは、時代の変化とともに不可避的となった学問研究の社会的な在り方だろう。当の在り方をめぐって、MGは次のように自己を規定している。

「建学の精神において特徴を持つ私立大学である

とはいえ、学校教育法にもとづく公的な研究教育機関として」(の)「明治学院大学」(「明治学院大学のキリスト教主義教育」)

したがって、MGはこの規定にとって前提される学問研究の社会的な承認を確かなものとするために、「大学」という名前に値する活動をつねに持続的に遂行し、そのことによって〈大学〉としての存在理由を示さなければならないだろう。当の社会的な承認の基盤は「塾」と「大学」とを区別するもの、つまり社会的に保障された「学問の自由」だろう。

「塾」においては、学問研究もキリスト教信仰の「愛」の境地によって支えられたのだろう。そのような境地を基盤としつつも、学問研究はその自立に向かって進んできたのではないだろうか。そして学問研究の自立は、「公的な研究教育機関」としての「大学」においては「学問の自由」が社会的に保障されることによって可能になったと思われる。このことによって「建学の精神において特徴を持つ私立大学であるとはいえ」、MGは「宗教団体」ではなくて、「大学」であると自己を規定するようになったのだろう。

## 第五節　「宗教」の立場と「学問」の立場との区別と両立

ここでの「宗教団体」と「大学」との区別は、それぞれの活動を導く立場という視点から見るならば、「宗教」の立場と「学問」の立場との区別として捉えることができよう。そのように捉えることで、両者の関係がそれぞれの存在理由の関係において捉えられるだろう。そしてこの関係に「塾」と「大学」との区別を重ねることができよう。「宗教」の立場が現れていたかもしれない「塾」と「学問」の立場に立つ「大学」との区別である。

このようにしてMGの歴史の中で、MGは「塾」から「大学」へと、つまり学問研究がなお自立せず「宗教」の立場との区別を明確にしてはいなかった「宗教団体」的性格のものから「学問の自由」を基盤とする「公的な研究教育機関」へと変化したのだろう。そのことによって、MGはその学問研究が自立することで「学問」の立場を確保することができるようになった。そしてMGは〈大学〉を基盤とすることになり、「宗教」の立場において存在するかもしれない（「個人の魂の救済」を目的とすること、あるいはまた「愛」の境地を求めることというような）在り方を越える可能性を獲得したわけである。「宗教」はここではMGの「宗教」としてのキリスト教であり、あくまで信仰を基盤とするものだろう。「学問」はこの「宗教」に支えられつつも、当の「宗教」とは異なる独自の多様性（「五つの教育目標」参照）をもち、そのかぎりで必ずしも「宗教」的ではないと考えられる。

その際忘れてはならないのは、「宗教」の立場と「学問」の立場とが相互に支え合うこともできるということである。MGはそのことの一つの具体例を示している。

一方では、MGが「大学」という名前のもとに「学問」の立場に基づく活動を推し進める基盤となったものは、創立以来「塾」に内在していたと思われる「宗教」の立場だったのではないだろうか（「建学の精神」：「キリスト教による人格教育」、「教育理念」：〝Do for Others〟（他者への貢献）における「愛」の境地を参照）。つまり、「宗教」の立場は「学問」の立場を推し進める方向において働いたのだろう。

この点に関わって次の文章にあるようなヘボンの「プロテスタント・キリスト教」を伝えるという「ミッション」（使命）があったと思われる。

> 「〝Do for Others〟の背後にある、『求めなさい、そうすれば与えられる』という積極的な生き方があることを忘れるわけにはいきません。求め、探し、叩くという姿勢があってこそ、他者のために貢献するというあり方は意味をもってきます。ヘボン博士には、『日本にプロテスタント・キリスト教を伝えたい』という強い『ミッション』（使命）がありました。『他者への貢献』を果したいという夢を抱き、その夢の実現を地道に追いかけていくことの大切さをヘボン博士は、教えてくれていま

す。」（「明治学院大学の五つの教育目標」）

他方では、「学問」の立場が「塾」においては「個人の魂の救済」や「愛」の境地に限定されていたかもしれない「宗教」の立場に対して、その限定を越える広がりをMGに与えてきただろう。そのことを示すのは、「宗教」の立場が「学問」の立場による「五つの教育目標」における生き生きとしたイメージをもって捉えられるようになったことである。すなわち、「五つの教育目標」の設定にはMGの「ミッション」（使命）として推し進められる、「大学」における各「学問」分野の活動が前提されているだろう。

「第一に、他者を理解できる人間の育成。本学の教養、人文科学教育においては、自己の健康管理、人間の相互理解に不可欠な言語、芸術表現活動、心のありようが追究され、他者に対する洞察力を養います。そのような洞察力によって、文化や宗教、民族や価値観の多様性を理解する豊かな人間を育むことです。」

「第二に、分析力と構想力を備えた人間の育成。本学の社会科学教育において、経済法則、経営組織、社会関係、法律制度、政治運動の分析が追究され、論理的、実証的能力をもち、未来社会に対する構想力をもつ鋭利な人間を育むことです。」

「第三に、コミュニケーション能力に富む人間の育成。文章表現、メディア、情報処理、諸外国語によって、人間に対する洞察力や、社会に対する分析力を、年齢や社会的背景、文化や宗教、言語や国籍の異なる人間に上手に伝達できる人間を育むことです。」

「第四に、キャリアをデザインできる人間の育成。ヘボン夫妻からミッションをもつことの大切さを継承し、正課であれ、課外であれ、自分にとってのミッションを模索し、キャリアデザインに取り組むことのできる人間を育むことです。」

「第五に、共生社会の担い手となる人間の育成。ヘボン夫妻の『他者への貢献』が、立場や境遇、国籍や民族の相違を超えて、『弱者』『途上国』『少年少女』に対する暖かい眼差しをもった双方向の貢献であった点に鑑みて、隣人へのボランティアや福祉、外国との平和構築、自然環境との共存を図ることの出来る人間、換言するならば、人間、社会、自然と『ともに生きる』（Mitleben）ことの出来る人間を育むことです。」（「明治学院大学の五つの教育目標」）

このようなイメージによって「建学の精神」・「教育理念」を捉えることを可能としたものは、「大学」のもとでこそ十分に発揮される「学問の自由」だろう。「学問の自由」の権利の行使によって学問研究の成果が蓄積され、「宗教」の立場としてのキリスト教信仰の「愛」の境地の実現への道が「学問」の立場での各「学問」分野の研究によって開かれる。

このように「学問の自由」を基盤にして、「宗教」の立場と「学問」の立場とは共通の目的をもつことによって両立することができるようになるだろう。その目的とは、「人類の普遍的な理想」（後述参照）の達成という目的である。

「学問の自由」という権利の行使によって内容的に「宗教」の立場もまた「学問」の立場を承認することができるだろう。つまり、「人類の普遍的な理想」への道が学問的に研究されるならば、「宗教」の立場にとっても、この「宗教」の立場の目的とする「愛」の境地を「人類の普遍的な理想」という形で実現する「学問」の立場を承認することができるだろう。というのは、「愛」の境地は「宗教」の立場としては（キリスト教信仰の上から見て）「人類の普遍的な理想」を越えるものをもっている（「イエス・キリストの無償の愛（アガペー）」という規定参照）だろうが、当の境地の実現を「人類の普遍的な理想」のうちに見出すようにいわば自己限定するだろうからである。

逆に「学問」の立場にとっては「人類の普遍的な理想」とは「宗教」の立場に対応する次元での「学問」の立場なりの最高の表現であり、「宗教」の立場が先の自己限定を行なえば、それを「人類の普遍的な理想」への一つの立場として受け容れることができよう。

かくて、各大学の〈大学〉としての存在理由は一般に「学問の自由」が守られてこそ可能となるだろう。なぜならば、「学問の自由」に基づいてこそ各大学はいかなる制限も受けることなく、各大学の〈大学〉としての存在理由の実現の基盤である学問研究をすることができるようになるからである。このことによって、一般に各大学にとっては〈大学〉としての存在理由を証明する活動を持続させることが可能となるわけである。

その場合、各大学は当の〈大学〉としての存在理由を証明しなければならない。つまり、〈大学〉一般の活動のためにまず守られるべき「学問の自由」があり、そしてその「学問の自由」の基盤の上に、各大学の〈大学〉としての存在理由が問われるわけである。ここに「宗教」の立場に関わる大学にとって、ではどのように「学問」の立場を貫くのかという問いが生じる。MGの場合、その〈大学〉としての存在理由を示す「建学の精神」・「教育理念」をどのように学問的に実現するのか、という問いが生じるわけである。「宗教」の立場と「学問」の立場との関係へのこの問いをめぐっては、MGは先に見たように、両者が両立することが可能であるという答えの一つの具体例を示していると思われる。

## 第六節　「宗教」の立場と「学問」の立場との対立

しかし忘れてはならないのは、一般に「宗教」の立場と「学問」の立場との関係において両者の対立という難しい局面があるだろうということである。

MGにおいても〈大学〉であることをめぐって両者の関係への問いはもともと内在するものだろう。そうだとすれば、MGでつねにたとえば「建学の精神」・「教育理念」の学問的な根拠づけをめぐって学問的な議論が行われているのかどうかが問われるだろう。今回の「事件」はそのような局面を示すものではないだろうか。

この局面では「宗教」の立場から「学問」の立場が

制度上求める「学問の自由」が否定された。つまり、実際にMGでは「盗聴」が行われた。この行為を、「学問」の立場に基づく学問研究つまり制度的には「学問の自由」の権利の行使を否定すること以外の何かとして理解することができるだろうか。

このことによって大学当局は何かを一方的に行おうとした。その何かも「大学」における出来事としては「塾」以来徐々に形成されてきたものの一部分であり、その意味では一つの学問研究でもありうるものだろう。しかし、それは「学問」の立場に基づく学問研究とは別の仕方で表わされる立場（「盗聴」を「大学当局」は「大学組織を守るために行った」という。〔編者〕まえがき、寄川編二〇一八：i参照）である。

私はその立場を特定の「宗教」の立場であると解釈する。この立場は「宗教」の立場として表明してきた仕方で「人類の普遍的な理想」に向かって「他者」への関わりをもつこともなく、むしろそのようでありうる自己を否定した。それは、結局「公的な研究教育機関」としての自己に対置した「個人の魂の救済を目的とする宗教団体」と同じ次元にとどまり、「他者」に対して一方的に自己の立場を主張する特定の「宗教」の立場にすぎない。

この特定の「宗教」の立場は〝Do for Others〟の態度に基づくものではない。したがってその立場は「愛」の境地に向かう「宗教」の立場ではありえない。なぜならば、何かが行われ、それが関係者相互の〝Do for Others〟の態度に基づいて行われた何かであるかぎり、その何かが「盗聴」という形で行われるということはありえないからである。そこには当の態度によって捉えられるべき「他者」が、したがって「双方向」性が欠けており、そこにあるのは一方的な態度に基づく一方的な行為のみである。

このように「他者」というものが欠けているとき、そもそもヘボンから学んだはずの「双方向」性はどこにいってしまったのだろうか。この「双方向」性こそが「建学の精神」に謳われる「キリスト教による人格教育」における「人格」の成立要件であるにもかかわらずである。当の「人格」の成立要件に触れている次の言及は注目に値する。

「双方向のコミュニケーションの大切さです。『他者への貢献』を標榜したとしても、利己心をもつ人間ですから、自分の尺度で他者を見てしまいがちです。そこで、注意しなければいけないのは、自分の尺度で他者を見てしまって、自分の行為を他者はどう受け取るだろうかという配慮を怠ることです。ヘボン博士の場合、医療奉仕において身分の上下、貧富の差を越えて庶民に慕われるという双方向のコミュニケーションがあり、その成果は『和英語林集成』という辞書の語彙の豊富さに反映しています。教育においても塾生の信頼にその成果を読み取ることができます。」（「明治学院大学の五つの教育目標」）

しかし、実際に生じた事態はこのような「双方向のコミュニケーション」によるものではなくて、一方的な行為によるものだった。そうだったとすれば、そこでは学問研究の対象に向かって採られるはずの態度とはまったく次元の異なる態度が採られたのである。このことは「学問」の立場による学問研究の遂行としての〈学問の自由〉に、そして制度上の「学問の自由」に反するばかりではない。それはさらにMGの「建学の精神」・「教育理念」そのものに反しており、そのことによってMGの伝統を存亡の危機に陥らせた。

そもそも何によって当の事態が生じたのかと言えば、大学当局の態度によってである。この態度はMGの伝統を存亡の危機に陥らせ、MGを特定の「宗教」の立場にあるものにしてしまった。それは当の伝統の否定と言わざるを得ない。MGの歴史が積み重ねられるうちに、ヘボンの「塾」の熱意は冷め、「大学」の名前のもとに「建学の精神」・「教育理念」は見失われ、〈大学〉としての存在理由は忘れられてしまったのだろうか。この存亡の危機からどのようにして伝統を復活させるのか、が現在の課題としてMGの前にある。

## 第七節　「他者」について

この現在の課題を解決するためにはMGの〈大学〉としての存在理由をなすものを基礎のところから捉える必要があろう。ここでの課題に関連して「他者」についてMGはどのように捉えるのかという問いが立てられよう。この問いには次のように答えられている。

「多様な『他者』が共に行動するとき、それまで共有できなかった互いの経験が本当にかけがえのないものであることに気づかされていきます。他者への深い共感、互いの経験と個性の尊重は、人類の普遍的な理想の礎そのものです。」（「明治学院大学のキリスト教主義教育について」）

ここでは「他者」への関わりが「人類の普遍的な理想の礎そのもの」とされている。そして当の関わりがMGの「キリスト教主義」の内容を示す。つまり、MGにとって「他者」への関わりこそがその「キリスト教主義」の核心である。同じ文脈で「キリスト教主義」の「目的」が「人類の普遍的な理想」の実現として捉えられている。

「明治学院大学のキリスト教主義は、社会の困難に向けて一歩踏み出し、『公正』『平和』『共生』などの人類の普遍的な理想をさまざまな立場の人たちと一緒に実現していくことを目的としています。」（「明治学院大学のキリスト教主義教育について」）

ここでは「キリスト教主義」は「人類の普遍的な理想」の実現を「さまざまな立場の人たちと一緒に」目指すのだから、事柄としてはそれ自身「さまざまな立場」のうちの一つであることになる。しかし、そのことを自己の立場とすること、つまり自己を相対化する立場が採られていることがはっきりと示されているわけではない。それでも、少なくともその一つの立場においては「他者」への関わりは、「個人の魂の救済を目的とする宗教団体」との対比では、すでにそのような「宗教団体」の「目的」を越えている。つまり、キリスト教信仰の「宗教団体」あるいは当の信仰に基づく「塾」の「目的」は、ヘボンにおいてそうだったように「個人の魂の救済」を越えている。

注目されるのは、ここでの「他者」への関わりは必ずしもキリスト教信仰における「他者」への関わりとして捉えられてはいないということである。そこではキリスト教信仰にはとくに触れられてはいない。「他者」への関わりは「人類の普遍的な理想の礎そのもの」をなすべきものとされており、「他者」を尊重することの「人類」的な規模での実現に結びつけられている。つまり「キリスト教主義」はいわば「人類の普遍的な理想」という目的をもつものとして説明されており、そのように自己限定されているわけである。

このような「他者」への関わりは、本来キリスト教信仰という「宗教」の立場においてもなされるのだろう。ヘボンの「塾」は、この「塾」の立場を「宗教」の立場として捉えるならば、ここでの「他者」への関わりをもっていただろう。そのかぎりで当の「塾」はすでに「個人の魂の救済を目的とする宗教団体」を越えていただろう。現在はここでの「他者」への関わりが「公的な研究教育機関」としての「大学」における目的（「建学の精神」：「キリスト教による人格教育」）のもとでの「他者」への関わりになっているのだろう。

ここでの「宗教団体」は「個人の魂の救済を目的とする」ものに限定され、これに「公的な研究教育機関」としての「大学」が対置されている。それゆえ「大学」での「他者」への関わりは一人ひとりの教員・学生にとって学問研究およびその成果に基づく実践つまり「学問」の立場によって産み出された「他者」への関わりだろう。それは「学問」の内容として「人類の普遍的な理想の礎そのもの」という形を採る。

ただし、ここでの「他者」への関わりには「大学」での日常の生活で育まれるものとして「マニュアルに頼らずに問題解決できる本当の力」とともに「さまざまなかたちの礼拝」も挙げられている。ここにはMGでのキリスト教信仰の「宗教」の立場が現れている。

『他者』に向き合う。その中でマニュアルに頼らずに問題解決できる本当の力が育まれていきます。その力は、明治学院大学での日々の授業や、ボランティア、留学生活、課外活動、そして多くの友人との出会いを通して、さらに確かなものとなっていくでしょう。また、挫折や行き詰まりの中で、自分を見つめ直し、再び取り組む力を得る時となることを願って、さまざまなかたちの礼拝が本学では行われています。」(「明治学院大学のキリスト教主義教育について」)

このように、MGは「他者」への関わりには「礼拝」というMG独自の近づき方も採っている。そして「礼拝」においてキリスト教信仰のもとでの「愛」の境地は形式的には「宗教」の立場を示しているが、内容的には「学問」の内容においてと同じく「他者」が尊重され、「人類の普遍的な理想の礎そのもの」が実現されることとして捉えられよう。

ここで言われていることから見れば、「他者」への関わりはキリスト教信仰という「宗教」の立場によるものに必ずしも限定されるわけではない。つまり「他者」への関わりはキリスト教信仰の現実の広がりを越えたところに及んでいるだろう。もちろんキリスト教信仰の本来の広がりと「人類の普遍的な理想の礎そのもの」とはキリスト教信仰という「宗教」の立場から見れば合致するものだろう。しかし、仮に楽観的なキリスト教信者がいるとしても、現実にこの合致が達成されているとはおそらく誰にも言うことはできないだろう。このことは「さまざまな立場」の一つとして自己を相対化する(前述参照)立場においては当然であろう。MGがそのような立場を採っているかどうかは明らかではないが、「さまざまな立場」への言及は事柄としては自己を相対化することを意味するだろう。そしてこの自己相対化はおそらく次の事実に対応しているだろう。現在の世界(その一部の日本)でキリスト教信仰の及ぶ現実の広がりには限界があり、その限界の外にはキリスト教以外の宗教(さらに無宗教)の広がりがあるという誰にも否定することのできない事実である。

## 第八節　〈学問の自由〉の広がり

ここで注目したいのは、そのような「宗教」の立場相互の限界を越えて広がる可能性のあることがあるということである。それは、全世界において〈学問の自由〉が共有される可能性があるということである。このことは、「学問」の立場における学問研究というものの根本的な性格に基づいている。この性格とは、学問研究が誰にとっても開かれており、何についてもどのような方法によっても学問研究それ自身を推し進めること以外には何の目的ももたないことにあるだろう。学問研究のこの根本的な性格によって「学問」の立場はあらゆるものを対象とする人間の実践に基づいて、学問研究の遂行において発揮される〈学問の自由〉を内容的に展開し、どこまでも学問研究にとっての制限を乗り越えていく。（ただし、一つひとつの学問研究が「人類の普遍的な理想」に反しないかどうか、その根拠が問われなければならない。この点の考察は本章の範囲を越える。）

その場合、「学問」の立場はそのときのそれ自身の存在の社会的な基盤として、その存在を制度的に保障する「学問の自由」を追求するだろう。「宗教」の立場の一つとしてのキリスト教信仰の現実の広がりには限界があるとしても、その立場とは区別される「学問」の立場は自立を求めて広がっていくだろう。このことには、先に述べたように自己を「個人の魂の救済を目的とする宗教団体」ではなくて、「公的な研究教育機関とするMGの自己規定に連なる事柄が示されているだろう。すなわち、MGによって捉えられた「他者」はキリスト教信仰の現実の広がりを越えたところにおいても学問的に研究されるものだろう。つまり、「学問」の立場の活動としての学問研究は、いかなる「宗教」の立場をも越えて、「人類の普遍的な理想」に向かって推し進められよう。ここに全世界における〈学問の自由〉の共有の可能性が開かれる。そのとき〈学問の自由〉の一つの在り方として学問研究を社会的に支える、つまり制度的に保障するものとして「学問の自由」

が求められよう。

そのように見れば、〈学問の自由〉は学問研究の制限のない広がりを支えるものである。その際学問研究において行使される〈学問の自由〉は学問研究の対象に向けて十分に発揮されるだろう。「学問の自由」の権利の行使としての学問研究がどのような対象に向けられても、いかなる制限もない。それは〈学問の自由〉の一つの内容をもった展開である。

そのとき、一つ注意されるべきことがある。一つの「宗教」の立場において前提されるものも当然学問研究の対象となるということである。というのは、ここでの想定のもとではあらゆるものが学問研究の対象となりうるからである。

それは、たとえばMGの場合に即して言えば、当の「建学の精神」・「教育理念」がそれ自体学問研究の対象となることが不可避的だということである。そしてこれら「建学の精神」・「教育の理念」がどのように実現されるのか、についてもまた学問研究の対象となるわけである。そのことは、「教職員一同」のこととして「キリスト教による人格教育」について言われる次の場合にも、「学問」の立場からすれば当然のことである。

「明治学院大学では、各専門学部、教養教育センターが提供する正課カリキュラム以外に、学生の人間としての成長を支援する目的で、ボランティア、国際交流、そしてキャリア教育にも力を入れ、教職員一同キリスト教による人格教育を推し進めています。」（「明治学院大学のキリスト教主義教育」）

その場合注意されるべきことは、「建学の精神」・「教育理念」の根拠づけをめぐって否定的に捉えられることも十分ありうるということである。そしてそのような学問研究の一つの在り方の支持者に対してそれとは異なる在り方の支持者が異論や反論を唱えることもまた十分ありうる。もちろん異論や反論も「学問の自由」の権利の行使として行われることができる。しかし、それはあくまで正当な行使としてのみ、行われなければばならない。その際当の学問的な批判に向けては学問的な対応以外のものが現れてはならない。

この学問的な批判が、仮に当の「大学」に籍を置く者によって行なわれたとしても、それが学問研究の所産であるかぎり、それ自身の存在理由を主張することも当然のことである。そこでの一つの立場からの批判については、この批判自体が「学問の自由」の権利を行使した結果なのだから、その反批判もまた「学問の自由」の権利を行使して行われるべきであり、先の批判が学問研究の対象とされること以外の対応であってはならない。

## 第九節　本章の問いへの答え

かくて、「学問の自由」の権利を行使して学問研究を堂々と推し進めることが望まれる。すなわち、ここで何かが生じるとすれば、その事態とは学問的な次元において生じるはずの事態であり、「盗聴」というような事態ではまったくありえないし、あってはならない。このような事態は「学問の自由」の否定以外の何ものでもない。

MGでは学問研究が「建学の精神」・「教育理念」の実現に結びついているのだから、大学当局の態度がその「教育理念」の〝Do for Others（他者への貢献）〟という態度に適合しているのかどうかについても、学問研究による吟味が行われなければならない。大学当局にとって「学問の自由」の権利を行使するためには、MGを代表して大学当局が自覚的に追求してきたはずのMGの「教育理念」に適合する態度を採ることが不可欠だろう。というのも、「公的な研究教育機関」とMGを規定するはずの大学当局にとっての「学問」とはまず当の「教育理念」それ自体について学問的に根拠づけることだろうからである。このようにその「教育理念」を学問的に根拠づけることは「建学の精神」・「教育理念」の実現を可能にし、そのことがMGの〈大学〉としての存在理由を示すだろう。

その点をめぐって求められるのは、大学当局が「宗教」の立場における「愛」の境地の「人類の普遍的な理想」への自己限定を前提としつつ、「さまざまな立場」の一つとして自己を相対化する立場に立ち、その上で「学問」の立場を貫くことである。先に述べたように自己への批判がなされた場合にも、これに対する反批判をただ学問的な対応のみによって学問的に根拠づけることである。自ら否定してきた「個人の魂の救済を目的とする宗教団体」と同次元の特定の「宗教」の立場に立ってはならない。「学問」の立場を貫くことでこの特定の「宗教」の立場を否定すること、このことによってはじめて、大学当局はＭＧの〈大学〉としての存在理由を示すことができるだろう。

〈大学〉としての存在理由を示すことは、まず「学問の自由」を守る態度をもってはじめてできることである。大学当局が今回の「事件」をそのままにする態度を採るかぎり、この態度は「学問の自由」の権利行使という点を否定し、またＭＧの〈大学〉としての存在理由を示す「建学の精神」・「教育理念」の実現という点を否定するものである。

それゆえ、すでに「事件」が生じた状況のもとでは、大学当局には当の「教育理念」の対象として位置づけられる「他者」に対して「教育理念」そのものの学問的な根拠に基づく態度を示すことが当然のこととして求められよう。今回の「盗聴」という事態に即して言えば、当事者である教授に対して、大学当局はまず「事件」について謝罪し、教授の解雇という処分を撤回し、教授としての身分を承認することで、「教育理念」に即して〝Do for Others（他者への貢献）〟の態度を示さなければならない。今後は一切「盗聴」を止め（「盗聴」は「大学当局によれば」「慣例として行われて」いるという。〔編者〕まえがき、寄川編二〇一八：ⅰ参照）、このようなことを行わないと在学生たち・卒業生たち・学内外関係者たちに大学当局は表明するべきだろう。

そのようにしてはじめて、ＭＧはまず制度的に「学問の自由」を守ること、そして〈大学〉における「学問」の立場に立ち帰ることが可能となるだろう。さらに「宗教」外の視点から言えば、そのようにすることでＭＧに内在すると思われる「宗教」の立場（「愛」が「人類の普遍的な理想の礎をなすもの」に合致するかぎり）をも実現することができるだろう。そしてそれこそがMGの伝統の存亡の危機を乗り越え、「建学の精神」・「教育理念」を真に実現していく道への復帰の第一歩となろう。MGはこのようにして、日本の大学一般にとって「学問の自由」の発揮の具体例を示し、そしてMGの立場について全世界のキリスト教信者たちや〈学問の自由〉を共有するべき人々に説明できるようになるだろう。

**文献目録**

高木八尺・末延三次・宮沢俊義編『人権宣言集』岩波文庫、一九五七年。（＝『人権宣言集』）

明治学院大学公式サイト（https://www.meijigakuin.ac.jp/）（二〇一九年一月五日閲覧）（各引用で対象となっている項目名を挙げる）

寄川条路編、小林節・丹羽徹・志田陽子・太期宗平著『大学における〈学問・教育・表現の自由〉を問う』法律文化社、二〇一八年。

第六部

# 哲学者の論説

## 第一章

# 大学教授とは何か？

小川仁志

ある不可解な事件が起こった。筆者のよく知る哲学者の身にふりかかった事件だ。仮にその哲学者をA氏としよう。A氏は高名な哲学者だ。その名を知っている人は、皆彼を知者だと思っている。豊富な知識、深い洞察、批判的精神、そして人々を魅了するユーモア。

彼は辛辣なことをいったり、ユーモアを交えて真実を突いたりするのが得意だ。なぜなら、それは彼の仕事だから。若者たちを相手に、権力批判をしたり、つまり自分の属する共同体の悪い部分を指摘したり、時には仲間を困らせたりする。でも、それは彼が悪いわけではない。正しいと思ったことをしているだけなのだ。

ただ、あの時はまずかったようだ。A氏は神様を批判してしまったのだ。自分の属する共同体で常識ともされている神様を批判してしまった。しかし、そのどこがまずいのか？　彼にとっては何もまずくないし、聞いている若者たちだって、何ごとも批判的に見る力がつくのだからちっとも悪くないはずだ。

つまり、その神様を信じる人たちにとってまずいというだけの話だ。そのため、なんと彼は裁判に巻き込まれるはめになってしまったのだ。みんなが信じる神様を批判し、若者をたぶらかしたのが悪だというのだ。もちろん、そんな話がばかげていることは誰もが承知だ。その背後には政治的な意図があることも見え見えだ。

とはいえ、裁判は弁論する者の手八丁、口八丁で白が黒になってしまう世界だから手は抜けない。A氏は持ち前の明晰な思考とユーモア、そして皮肉たっぷりの雄弁さで裁判に応じた。自分は正しいことをしたまでだと。人々に対して、自分が本当に正しいのかどうか吟味する機会を与えないと、皆堕落してしまうと。それが決して善いことであるはずがない。未来ある若者にとっては特にそうだろう。

自分の考え方、生き方が正しいかどうか吟味しないと、ただのお金の奴隷になってしまう。A氏はそう信じていたのだ。もしかしたら彼は、素直にかわいく謝ってさえいれば、このようなはめにはならなかったかもしれない。でも、そんな人間ではない。それではだ。自分は善く生きることができないとわかっているから

さて、もうお気づきかもしれないが、これは哲学者寄川条路氏が不当に解雇された「明治学院大学事件」の話ではない。哲学の父ソクラテスの裁判に関する話だ。プラトンが書いた『ソクラテスの弁明』という本に記された、ソクラテス裁判の話である。ところが、おそらく多くの方は、寄川氏の話だと思って読み進められたに違いない。なぜか？

それは、哲学者寄川条路氏の身にふりかかった災難が、哲学の父ソクラテスにふりかかった災難と同じ本質を有していたからにほかならない。本書の読者はご存知のことと思うが、寄川氏は所属する大学の建学精神であるキリスト教批判を行ったかどで、勤務先から不当に解雇されてしまった。そこで寄川氏は大学を相手どって裁判を起こしたのだ[1]。

もちろんソクラテスの方は訴えられたのに対して、寄川氏は解雇されたのがおかしいとして自ら訴えを起こしたという違いはある。しかし、事件の本質は同じなのだ。つまり、どちらも正しさを吟味するために知を愛したにすぎない。

ソクラテスの場合も寄川氏の場合も、その行為が不

1　ここでは事件の概要を簡略化しているが、詳細については寄川条路編『大学における〈学問・教育・表現の自由〉を問う』（法律文化社、二〇一八年）を参照いただきたい。

当にも権力によって押さえつけられているのである。ソクラテスは裁判の結果死刑になるが、現代を生きる私たちは、誰一人としてソクラテスに非があったなどとは思っていない。当時は陪審制だったので、投票する人々の中に保身に走る者が多かっただけのことである。

だからこそソクラテスは哲学の父となり、二千数百年の時を超え、世界中で尊敬されているのである。正しさを吟味するために知を愛するということが、いかに大切か。それはこの二千数百年の間に人間が犯してきた罪を思えば、容易に答えが出る。ヨーロッパの宗教戦争や、先の世界大戦を思い浮かべるだけでも十分だろう。

寄川氏は地裁での裁判に勝利した。こちらは職業裁判官が判断するので、当時のギリシアのようなことにはならなかった。いや、仮に寄川氏が裁判で負けても、寄川氏の行為が哲学者として正当なものであったことは、歴史が判断するに違いない。

あるいは裁判所の判断は、権力が肥大化しつつある今、寄川氏のような勇敢な行為が求められていることのメッセージなのかもしれない。三権分立が死んでいないとすればの話だが。そうでないと、社会がさらに閉塞的になってしまうことを予感し始めているのだろう。

そんな事態を防ぐためには、私たちは時に神を信じる気持ちさえ疑う必要があるのだ。ソクラテスはそのことを教えてくれている。そしておそらくは寄川氏も。ソクラテスは、自らをアブに喩えた。ブンブンと人にまとわりつく、うっとうしい存在だ。だけどそのうっとうしさのおかげで、皆道を踏み外さなくてすんでいるのだ。

この世の中では、誰かがその嫌な役割を担わなければならない。そうでないと、多くの人たちが道を踏み外してしまいかねないからだ。大学教授はすべからくそうした役割を担う必要があるように思われる。皆さんの中には、これは哲学者という特殊な存在にとっての受難話であって、大学教授全体にかかわるものではないと思われているかもしれない。はたしてそうだろうか？　筆者はそうは思わない。すべての大学教授はソクラテスのはずだからだ。

ソクラテスは、正しさを吟味するために知を愛することにこだわった。たとえそれが自らの属する共同体を批判する結果になったとしても。そしてたとえそれが自分の社会的立場を危うくする結果になったとしても。

正しさを吟味するために知を愛するというのは、哲学者に限らず、あらゆる大学教授にとっての使命だからだ。もし、お金のため、保身のため、その他の理由からこの使命を犠牲にするとすれば、もはや大学教授の仕事を放棄しているといわれても仕方ない。

大学が高校までの教育機関と大きく異なるのは、研究機関でもある点だ。つまり、大学教授とは、教育者であると同時に研究者である点が特徴なのだ。先ほどの、正しさを吟味するために知を愛するというのは、まさに研究の言い換えにほかならないわけである。

多くの大学教授は博士の学位を取得している。それは研究者としてその専門を究めていることの証である。英語ではPh.Dと表記されるが、このPhはphilosophyを意味している。その点でも、あらゆる大学教授は哲学者たることを求められているのではないだろうか。

それを実現するためには、環境が整っていないといけない。先日、「大学教授とは何か？」というテーマで市民と共に「哲学カフェ」を行った。議論が進むにつれ、大学には自由が保障されていないと、いい研究やいい教育ができないという意見が広がっていった。賢明な市民はわかっているのだ。

現状はその逆である。大学はますます自由を失い、大学教授は不自由な中で知を愛することを制限され続けている。これは多くの先人たちがすでに警告していた事態である。大学教授を主題にした本を図書館で探していたとき、ふと『大学教授――知識人の地獄極楽』という本に出くわした。著者は当時法政大学教授であった本多顕彰氏。出版はなんと昭和三一年。この本は大学教授の学内事情を暴露したものとして、ベストセラーになったようだ。その中に次の一節がある。

「学者たちに、それぞれの可能性を十分に試（た）めさせ、十分に発揮せしめよ。月給が少ないとか、研究設備が不完全だとか、研究書が不足だとか、研究の自由が制限されるとか、といったような、学者が怠けうる口実となる悪条件をいっさい排除して、全部の責任を彼らに負わせて、弁解を許さない研究をさせてみよ[2]」。

日本が戦後発展してきたのは、こうした大学教授の警告に真摯に耳を傾けてきたからではないだろうか。とするならば、今の日本が国際競争に負け、国内でも先の見えない閉塞感を抱えてしまっているのは、大学教授の自由を奪ってしまっているからだといってはいい過ぎだろうか。

筆者自身、大学に勤める者の一人として、大学教授の自由を守る責務があると自覚している。本章の執筆を引き受けたのもそうした思いからだ。大きな力を持つ者や組織を批判すると、自分自身がにらまれることになる。それが世の中だ。しかし、哲学する者として、ソクラテスの遺志を受け継ぐ者として、筆者は逃げ隠れすることはできなかった。そんなことをするのは、哲学の死を意味するのだから。

この世にはまだまだソクラテスを必要としている人たちがたくさんいる。言論の自由が封殺されているのは大学だけではない。社会全体がそうなのだ。とはいえ、皆さんが大学教授に何を求められているのか、本当のところ筆者にはわからない。もしかしたら、中には大学教授はもっと大人しくしていればいいと思っている人もいるだろう。自分の子どもが批判的精神を植え付けられ、ひねくれてしまったら困ると思う親もいるかもしれない。

あるいは大学の中にも、権力批判などされては行政や政治からにらまれるだけだからやめてほしいと思っている人もいるかもしれない。しかしそれが正しい態度なのかどうかよく考えてもらいたい。そのヒントに

2　本多顕彰『大学教授――知識人の地獄極楽』（光文社、一九五六年）一三六頁。

していただくためにも、『ソクラテスの弁明』の最後に出てくるソクラテス本人の言葉で本章を締めくくりたい。

「ですが、もう去る時です。私は死ぬべく、あなた方は生きるべく。私たちのどちらがより善き運命に赴くのかは、だれにも明らかではありません。神は別にして（3）」。

3　プラトン『ソクラテスの弁明』納富信留訳（光文社、二〇一二年）一〇六頁。

第二章

# 大学人の理性の「公的使用」

福吉勝男

今回の「明治学院大学事件」（教養教育センター教授・倫理学担当の寄川条路氏解雇事件）において、授業の盗聴、秘密録音、教科書検閲等が行われていたことが明らかになった。それらの行為が寄川教授と同僚の教員、および同大学職員によって行われていた。

為してはならない行為が、該当してはならない人たちによって行われていたことの有する意味は重大、かつ深刻である。

なぜなら、大学はその設置形態の相違にかかわらず、国公私立のいずれの場合であっても公的性格をもっているからである。その法的根拠は、いかなる大学も国による学校法人の認定のもとで税の優遇措置を受け、また大学運営のために国民の税金からの補助金を交付されている点にある。

公的性格をもつ大学に勤務する教員と職員は、職務の違いがあっても相補関係にあり、互いに協力して研究環境を整備し、研究に基礎をおいた学生への教育の充実のために努力すべきなのである。とりわけきわめて多様な要求やニーズを有する、国民の子弟である学生への教育に直接タッチする教員の授業の内容や方法については、ほぼ完璧にといってよいほどに教授者の自由に委ねられるべき事柄である。

ヨーロッパの中世期から発する大学の歴史からして、またとりわけ近代大学の出発点での重要な確認事項を振り返ってみても、大学の自治と学問の自由、教授や表現の自由とは一体的なものとして重視されてきた。

〈教員の授業の内容や方法はほぼ完璧に自由〉だと先に書いたが、文字通り何をやってもよい自由ではない。何もの・何人への根拠のない誹謗や中傷、また暴力行為の伴う反対行動等の自由が認められないのはいうまでもない。教員に自己規律が求められるのは自明のことである。

大凡の私立大学において、創立者の言動の特徴が大学の理念ないし精神として尊重され、文書として配布される。この点が国公立大学との大きな違いだ。創立者ないしそれに準ずる人物の言動を尊重すべしは大切なことではある。だが尊重し過ぎてはならないと思う。尊重過剰はその人物を絶対化し、その人物の言動の特徴を経文化しかねない危険性をはらむ。すなわちそれらへの批判を許さず、批判者を魔女狩りしたり追放・抹殺へと向かいかねないからである。

では、創立者らの言動の特徴への批判は本来どうあるべきなのか。根拠なき誹謗や中傷は許されない。しかし真っ当な批判は当然あって然るべきなのである。というよりも、正当な批判は批判された当のものの価値をむしろ高め、その輝きをいっそう増大させるはずである。批判に耐えられない創立者らの言動はもともと価値のなかったものとみなされねばならないであろう。そして批判のない従順や暗黙の同意なる精神のあり方こそ、大学の沈滞の原因にさえなると筆者は考える。

寄川教授の授業に対する同僚教職員による盗聴、秘密録音や教科書検閲などが決して許されないことの法律上の根拠づけや説明は、憲法学者・教育法学者・弁護士から詳しく行われている。諸氏と異なって当該問題に対する筆者のスタンスは、冒頭の説明から理解していただけるように、大学および大学人の有する公的性格に鑑みてのものになっている。私学（の教職員）といえどもそうなのだ。その理由はすでに述べたとおりである。

では、公的性格を有する大学人にとって、つねにこころし大切にしておかねばならない精神態度はどういうものだろうか。それは理性の「公的使用」に留意するということである。理性の「公的使用」については理性の「私的使用」との対比で、その重要性を強調した一八世紀のヨーロッパを代表するドイツの哲学者I・カント（一七二四‐一八〇四）を想起される方も多いであろう。

そのとおり筆者も念頭においているのはまさにカントにほかならない。ただし、カントのこれらの言葉の原語と和訳語とのズレ、それらの真の意味内容には十分に注意して理解し直す必要がある。それは以下の事情からだ。

「公共の（öffentlich）目的」を推進させるべく「公的な（bürgerlich）業務」に携わる人における、理性の「公的使用」・「私的使用」とカントがよぶ場合の〈公的〉は〈öffentlich〉で、〈私的〉は〈privat〉なのである。この原語に関連してとりわけ留意すべきは、〈公的〉と従来和訳されてきている原語の〈öffentlich〉についてである。これは英語の〈open〉にあたるのはいうまでもないが、大事なのは何に・誰に対して〈開かれている〉のかという点だ。

「公共の目的」を推進すべく「公的な業務」に携わる人の〈開かれている〉方向は、カントが明記する〈Publikum〉、つまり「公共・公衆」（英語のpublic）——今の場合「市民」（Bürger）といっても違いはない——へ向かっての他にはない。決して国家や政府としての〈公〉へということではないことに留意が必要である。

だから理性の〈公的使用〉の〈公的〉は〈公共・公衆に開かれた〉であり、逆に〈私的〉は組織や機構内向きに限られた、つまり〈公共・公衆に閉じられた〉ということになる。カントは前者の、〈公共・公衆に開かれた〉理性使用の勇気をもつことこそ、近代化（啓蒙）を切り拓いていく推進力になるとして重視したのだ（カント『啓蒙とは何か』篠田英雄訳（岩波文庫、一七八四年）一〇‐一一頁参照）。

こうしたカントの考えを援用しながら、公的性格を有する大学に関わる大学人には理性の〈公的〉、つまり〈公共・公衆に開かれた〉使用が本質的に求められるということを筆者は強調したい。その場合、前提としてないし基本構成要素として少なくとも次の二つがあることの確認が重要である。大学内での自由な意見交換があることを前提として、①開かれた対象である公共・公衆の第一は学生たちであり、次には大学外の一般市民たちだということである。②発言・表現の自由はどこまでも保証されるということであり、論評・批判・反論等の自由がそこに含まれるのはいうまでもない。

以上の点に照らし合わせて今回の「明治学院大学事件」を評価すると、大学人の理性の「公的使用」とは根本的に相応しくない事項が満載である。授業の盗聴や秘密録音、また教科書内容の検閲にあたる行為、大学理念への批判に対する不寛容、あげくに当該の寄川教授の解雇措置など。これら〈盗聴〉や〈秘密〉、また〈検閲〉といった事柄はすべて、公開や公表とは正反対のものであり、それゆえそれに関わる行為は大学人の理性の「公的使用」とは無縁の、理性の「私的使用」というべきか。否、そればかりではなく、理性ではない非理性の「私的使用」と称さねばならない様相を呈していると筆者は思う。

したがって解雇を通告された寄川教授が原告となって地位保全等を求めて大学（被告）を訴えた裁判において、東京地方裁判所が下した判決内容は正当なものといえる。

判決内容の主文は、すでに明らかなように五項目からなっていて、その要点はこう――①原告の労働契約上の地位確認、②と③原告に対する被告の金品支払命令、⑤訴訟費用の原告・被告の負担割合は各々一四分の五：一四分の九。これらは原告の寄川教授に対する解雇は認めず、地位確認と賃金請求を認め、その履行を被告の大学に命じた点などは、裁判事項に不案内の筆者などからみても正当だと思える。

問題は④「原告のその余の請求をいずれも棄却」した点だ。「原告のその他の請求」とは、寄川教授の授業に対してなされた秘密録音が、同教授の人格権（学問の自由）を侵害するものとして教授の請求した損害賠償（慰謝料）のことである。判決は授業の秘密録音という事実を認定しながら、録音したのは「主として、ガイダンス部分」であり、「研究や教育の具体的な内容」に関わっていないとして、損害賠償請求を認めなかった。

しかし、この④の判決内容は実情等への重大な無理解のうえに成り立っている。秘密録音を行ったのは授業の第一回の〈ガイダンス部分〉であり、これは研究・教育の具体的内容に関わっていない、といういい方は詭弁以外の何物でもない。秘密録音も目的次第では許されるかのような表現が見られるのに加えて、ガイダンスへの著しい理解不足がある。

通常、ガイダンス部分では当該授業科目の目的や主旨について、授業に益するテキストや参考書について、成績評価の方法や基準について等々、個別授業内容より以上に総論として重要な事項の説明を行う重要な機会である。そのため受講希望の学生たちにとっては出席必須の場であり、教授者にとっても自らの本領を端的に示す一つのハイライトの場なのである。その場を教授者に無断で、秘密に録音するなどというのは到底許されない行為である。教授者以外の、他の教職員から聴講の願いがあれば、教室の余裕等の条件に合えさえすれば教授者は許可するはずだ。今は教育力の向上の参考にすべく、教員間での授業の相互聴講が推奨される時代である。聴講の願いもせずに秘密に録音するとは卑劣きわまりない振る舞いだ。録音に不純な意図がはっきりと示されているといえる。授業の秘密録音ほど、大学人の理性の「公的使用」と無縁の、それとはむしろ正反対の行為はないといわねばならない。こうした点への熟慮の欠如が判決主文の④は示しているといえる。

先に判決主文の五項目中四項目は正当なものと思われるとして、筆者は高く評価した。だが、もう一つの項目・④があることによって高い評価の価値も半減といってはいい過ぎであろうか?

最後に一つ付け加えておきたい。今回の裁判において原告勝訴、被告敗訴の確定がなされても、大学内で精神的な亀裂が大きく生じているのは想像に難くない。この事態を払拭するには今こそ大学人にふさわしい理性の「公的使用」を奮う勇気をもつことだと思う。その具体的な行動としてたとえば、建学の精神と教育理念として掲げる「キリスト教による人格教育〈Do for Others〉」の今日的意義をめぐって、教職員・学生参加の全学的な連続講演会・討論会・シンポジウム等を開催することである。さらに本格的な「公的使用」として、その意味通り〈公共・公衆に開かれた〉ものとして一般市民向けの同行事を開催することだ。開催にあたって、まずもって先頭に立つべきは大学の最高責任者・管理者たち（理事長・総長・学長ら）であろう。こうした行事の場で、賛同や批判を含めさまざまな多くの意見を交換し、闘わせ合うことが肝要だ（「多事争論」・福沢諭吉）。批判者・批判的意見を排除してはならない。批判的意見にはしっかり耳を傾け、理念の理解の深化に活かさねばならない。こうした行為を継続していってはじめて、明治学院大学の再生が可能になると筆者は思うのである。

第三章

# 生態系の問題と集団思考の問題として

宇波　彰

明治学院大学が、寄川条路氏を解雇した事件につい て私見を述べたい。この事件の内容を知るにつれて、大学当局、つまり寄川氏の解雇を決めた人たちに、判断の誤りを生じさせた状況があったのではないかと考えた。盗聴によって事件が始まったというのは、きわめて不快なことであり、大学の「品位」に関わることだと思うが、それについてはここでは言及せず、今の私の関心の対象と絡めて述べる。

## 第一節　生態系の問題として

エンゲルスは、同時代の自然科学の成果を摂取しようとして、一八六九年に創刊されたイギリスの科学雑誌「Nature」を講読して勉強したといわれている。「他者の欲望は私の欲望である」というラカンのテーゼの通りで、私もエンゲルスのひそみに倣いたかった。しかし、ワイズマンの映画で見た「ニューヨーク公共図書館」のようなものすごいとしかいいようのない図書館が近くにあればいいが、それは夢物語であり、「Nature」は普通の公共図書館には置いてない。しかし、数年前のことであるが、エンゲルスのこの話を聞いた私の若い友人のひとりが「Nature なら私が講読しているので、読み終わったら差し上げます」といってくれたので、彼の好意を受けることにした。「Nature」は週刊誌であり、内容はきわめて高度で、専門的である。しかし、時にはジャーナリストが分かりやすい解説的エッセーを書いていることもある。全部の記事を読むことなど到底できないが、巻頭に日本語による要約が付いているので、それを眺めた上で、面白そうなものを読み、ものによってはコピーして友人・知人に送ることもある。最近に読んだもので面白かったのは、フィリピンで発見された、身長一メートルほどの古代人類の骨についての論文、十数年前にロシアのシベリア西部の高地で発見されて話題なったデニソワ人の骨が、今度は中国の学者によって、チベットでも発見されたという論文などである（この問題はTBSラジオの午後一〇時からの番組「セッション22」でも「特集」として取り上げられていた）。

私はアメリカの言語学者ノーム・チョムスキーの仕事に、以前から深い関心を持っていて、最近もチョムスキーの仕事の意義を明らかにした、酒井邦嘉の著作『チョムスキーの言語脳科学』（集英社、二〇一九年）を読んだばかりである。チョムスキーの著作を読むと、彼は多くの文献のほかに、「Nature」とアメリカの科学雑誌「Science」をつねに参照しているように思える。その「Nature」二〇一九年六月六日号に「共同体の危機」（Community crisis）という論文が載っている。これはカリブ海の小さな島々に棲息するトカゲの生態学的研究である。そこで中心になるキーワードは「niche divergence」である。

niche divergence というタームは、niche structure「ニッチ構造」とほぼ同じ意味で使われているが、具体的には「（生物の）共存を安定化させる空間的ニッチや食物ニッチの構造」のことだと説明されている。「ニッチ的多様存在様式」といった意味であろう。niche は、手元にある研究社『グローバル英和辞典』（一九八三年）によると、「壁龕（像、花瓶などを置くための壁のくぼみ」のことである。ロシアなどで、家のなかにイコンを置く場所でもある。それには、独立していて、よそからの干渉を拒否するというような意味が含まれている。そこからほかのばあいにも使われるようになり、ある種の生物が支配的に棲息している領域のことを示す。プリンストン大学のオズワルド・J・シュミッツ（Oswald J. Schmitz）は、次のようにその論文を書き始めている。「カリブ海とその周辺の地域には、信じられないほど多様なアノールトカゲが棲息している。それらのトカゲは、かたちも大きさも多様であり、草叢と樹木のさまざまな場所に住んでいる。」多様な種のアノールトカゲが「棲み分け」をして、相互に共存しているということである。実はシュミッツたちの研究は、そのような生態系を人為的に破壊するとどうなるかというテーマであるが、ここではその研究成果については言及しない。トカゲの世界でも、「生態系」というものが厳として存在するということである。

寄川条路氏が、大学の方針に反する見解を教室で述べたことを理由に解雇された事件は、一種の「生態学的問題」である。つまり、大学は多様な共同体のある部分を排除しようとしたのである。しかし、それはひとつの大学を生態系として考えるならば、けっして誉められた話ではない。さまざまな意見を持った教員がそれぞれの niche に存在して、ほかの niche の存在を相互に尊重するならば、多様体としての大学は、かえって魅力を増すはずである。その認識が、共同体としての明治学院大学には不足していたのではないか？これはまさに「共同体の危機」ではないのか？　そしてこの問題は、次に述べる「集団思考」という論点とも深く関係する。

## 第二節　集団思考の問題として

「集団思考」（group think）は、「集団で考える」ことがダメな思考だということである。もちろん、「衆知を集める」ということばもあり、その場合は、大勢の人が集まって知恵を集めると、いい判断ができるということである。他方、「衆愚政治」という表現もあり、これは多数の人が集まって判断をしてもろくなことにならないということである。

すでに述べた「主体の欲望は他者の欲望である」は、ラカンの有名なテーゼのひとつであるが、このテーゼを言い換えると「私の考えは他者の考えである」ということになる。自分の意見は、実は他者の意見であり、自分が属している集団の意見を反復することである。ラカンはそこから「我思う故に我なし」というテーゼを提示したが、それとほぼ同じことを「集団思考」(group think) という概念で示したのが、アメリカの心理学者アーヴィング・ジャニスであった（ジャニスの存在を知ったのは、『毎日新聞』日曜版の海原純子さんの連載エッセーによってである）。

もともとは政治・軍事などについての政府の意志決定について考えられたものであるという。研究社の『リーダーズ英和辞典』第二版（一九九九年）によると、これには「集団順応思考〈集団の価値観や倫理に順応する思考態度〉」という意味がある。ウィキペディアの英語版には、「面倒な問題を避けるために、集団のメンバーに忠誠が求められること」(a group where loyalty requires each member to avoid controversial issue) だとする、一九八二年のジャニス自身の定義が引用されている。ウィキペディア日本語版には「集団浅慮」という訳語もある。ウィキペディアの二〇一六年ごろのフランス語版では「羊的思考」、つまり「集団の意向に逆らわない従順な思考」とされていたが、現在では「集団無思考」(non-pensée de groupe) と規定されている。思考が「主体的」ではなくなっているということである。ひとつの集団が何かを決めようとするとき、「順応」が優先され、「羊」のような「従順」が原理になる。

大学が所属する教員を処分するのには、一定の手続きが必要である。通常は教授会で決めたことを評議委員会、理事会で決めるのであろう。しかし、最初はまず教授会が討議して、処分を決めるはずであり、今回の事件でも、寄川氏が所属していた学部（明治学院大学教養教育センター）の教授会が、解雇を決定したと伝えられている。そのときに、「集団思考」が働いていたのではないか。教授会といってもさまざまであり、学長のいいなりになっている教授会もあり、私がかつて聞いた話では、そもそも教授会というものが存在しない大学もあるという。教授会やその他の集団が「集団浅慮」「集団無思考」の場と化したのではなかったか。

# 第四章　「学問の自由」は成り立つか？

末木文美士

明治学院大学事件について、私は詳しく知っているわけではありません。寄川条路氏から支援を求められた時も、だいぶ迷いました。ただ、大学という学問の場のあり方について少し考えたいと思っていた時ですので、その手掛かりとしたいということで、支援者に名を連ねました。大学を批判したという理由だけで解雇されるというのは尋常ではありません。

そんなわけで、第三者として十分に事態を把握しているわけではなく、また、自分の考えがまとまっているわけでもありませんが、求められるままに少し意見を書いてみます。事件とそれに関する諸氏の説については、「明治学院大学事件」のホームページ、並びに寄川氏の編集したシリーズのうち、最初の二冊に基づいています。

『大学における〈学問・教育・表現の自由〉を問う』（法律文化社、二〇一八年）
『大学の危機と学問の自由』（同、二〇一九年）

事件の概要としては、明治学院大学教養教育センター教授の寄川条路氏の授業を、無断で職員が録音し、大学を批判し、大学の基本方針であるキリスト教を批判したという理由で、氏を解雇したという程度の理解です。それに対して、寄川氏は裁判に訴え、第一審の東京地方裁判所では、氏の解雇を無効として地位を確認したが、慰謝料の請求は認めませんでした。そこで双方が控訴し、東京高裁で審議中、二〇一九年一一月に和解が成立したということです。和解条件は、大学側が無断録音を謝罪するとともに、寄川氏は解決金をもらって退職するということだということです。寄川氏としては、こうした和解での解決は必ずしも本意でなかったようですが、そのあたりの事情はまだ十分に公開されていません。

上記の二冊の冊子を読んでやや違和感を感ずるのは、はたして「学問の自由」ということを正面に据えて問題にすることが適切なのか、ということです。こういう言い方はやや誤解を招くので注意が必要ですが、ある意味では、今回の問題は「学問の自由」以前の問題であり、ある意味では「学問の自由」以後ではないか、ということです。「以前」というのは、そもそも大学に限らず、労働者の解雇を雇用者側が勝手になしうるか、という問題です。「以後」というのは、近代的な価値観が崩壊している今日、近代的な「学問の自由」を旗印にできるか、という問題です。その二点から少し考えてみましょう。

## 第一節 「学問の自由」以前

第一の「学問の自由」以前という点ですが、ここの問題は雇用と解雇という雇用者と被雇用者の問題の特殊例であって、「学問の自由」というのはその一部をなすものの、それが争いの正面に出るべき問題なのかどうか、ということです。そもそも雇用者が勝手に被雇用者を解雇できないのは当然であり、解雇するには正当な理由がなければなりません。もちろん原告側の情報だけで判断できませんが、この事件の解雇は、どう考えても無理であろうと思います。そのことは一審の判決でも明らかですし、二審の途中で和解した際の条件も、大学側が無断録音を謝罪し、教授側は解雇ではなく自主退職ということなので、形式上では大学のほうが落ち度を認めたことになります。もっとも大学としては、お金で厄介払いをしたという実利を取ったとも言えましょう。

確かに争われた内容には研究・授業の自由というこ

とが含まれるにしても、ここで中心となる問題は、より一般的に被雇用者の地位の問題として捉えられるのではないかと思います。つまり、研究者でなくても、被雇用者が雇用者に都合の悪い言動を行なった時に、勝手にその権利を侵害して、解雇できるか、という問題です。何か実力行使に及んだというのであればともかく、口頭で雇用者を批判したら解雇するというのは、きわめてブラックな企業ということになります。

かつては労働組合の力が強かったので、このような問題が起ったら、組合に訴え、組合が雇用者と交渉するという手順で解決を図りました。それが、今日では組合の力が弱体化して、組合の力で被雇用者の立場が保護されないようになりつつあります。教職に関して言えば、かつて自民党などから目の敵にされた日教組（日本教職員組合）というのが大きな力を持っていました。

私が大学の助手をしていた一九八〇年前後頃は、衰えたと言ってもまだ組合がそれなりの力を持っていました。私も当然のお付き合いのように組合に入ることになって、かなり高い組合費をボヤキながらも払っていました。親睦組合のようなものでしたが、私が転職先なしに助手を退職することになった時には、組合で地位保全の交渉をしてくれるということでした。ただ、私自身激務に耐えかねて自分から退職を望んだことですし、教授陣と気まずくなってまでも争うつもりはありませんでしたので、組合の申し出は断りました。でも、そのように応援してくれる味方がいてくれることは心強いことでした。

今日、日教組は総崩れ状態で、ほとんど力がありません。また、私立大学で経営側の力が強いところでは、そもそもはじめから組合を認めないところも多く、たぶん明治学院大学もそうであろうと思います。逆に今でも組合が力を持っている私立大学もあります。イデオロギー的な問題はさておき、少なくとも自分たちの雇用条件を向上させるために、組合は必要ではないかと私は考えます。日教組の場合、小学校から大学まで含むので、広い範囲の教職員の交流という意味も大きかったと思います。今日、小学校の教員の過重労働が問題になっていますが、現場の教員の方たちの声が十分に聞こえてきません。上からの改革だけでは実効性が乏しいように思います。

かつての労働組合は、五五年体制下で日本社会党や共産党と結びついて、政治運動的な面を強く持っていました。今日そのような形態はあり得ませんが、労働者が自分の権利を守るために、現場の声の集約としての組合の活動は、社会全体にとっても必要ではないかと思います。もちろん第三者的な無責任な発言でしかありませんが。

組合とともに、多くの国立大学や教員の力の強い私立大学では、教授会が自分たちの権利を守る砦として一定の役割を果たしてきました。しばしば「教授会の自治」などと言われて、大学自治の基盤とされてきました。脆弱なものでも、「学問の自由」が言えるのは、このレベルかと思います。このことは、後でもう少し触れますが、今日、国立大学も、国や経済界の意向に従って、次第にトップダウン方式に向かい、教授会の力は弱められつつあります。経営側の力の強い大学では、はじめから教授会は上意下達の機関とされて、独自の力がありません。明治学院大学の場合も、教授会は大学側に立って、寄川氏を非難する側に回ったようです。同僚の応援なしに孤立するのは、きわめてしんどいことです。

「学問の自由」以前というのは、こういう状況の中で、大学教員だけ特別の「学問の自由」という理念を旗印にするよりも、もう少し大きく、戦後の労働運動の崩壊の中で、被雇用者の権利をどのような形で主張できるか、というところから考えるべきではないかということです。「働き方改革」の名の下で、注目されるようになった裁量労働制が、すでに大学教員においては採用されていることはあまり知られていません。国立大学の場合、大学が法人化した段階で、多くの大学では裁量労働制を採用しています。裁量労働制のもとでは、一応形式として、労働者側の代表が経営側と毎年交渉して労働条件を承認することになっています。しかしそれがある意味では労働組合に代わるものです。しかし、はたして大学教員が裁量労働制に当てはまるものか、また、毎年の交渉が単なる儀式以上の機能を有しているかは疑問です。

## 第二節　「学問の自由」以後

「学問の自由」以後というのは、そもそも近代の「学問の自由」という理念が今日通用するのか、という問題です。「学問の自由」という理念は西欧において、近代的な市民社会の確立の中で、大学自身が闘って勝ち取った権利でした。オランダのライデン大学に行ったとき、そこの教授はライデン大学の自由な学風はオランダの独立とともに勝ち取ったものだということを誇らしげに語っていました。

それに対して、日本の大学制度ははじめから帝国日本のための有為な人材を育成することが目的でした。その中で、わずかに京大の瀧川事件が学問の自由の確立として言われるのですが、それはかなりの曖昧決着であって、とても輝かしい勝利とは言えません。ただ、大学の教授会がある程度の力を持ち、限られた範囲とは言え、「教授会の自治」が形成されてきたことは事実です。教授会が人事権を握り、それが象牙の塔としてのアカデミズムの砦を作ることになりました。

第二次大戦後、大学の立て直しが図られる中で、「学問の自由」「大学自治」が旗印とされ、ある程度リベラルな形で大学の再建が図られました。ただ、その自由は与えられた自由であり、はじめから限定付きのひ弱なものでした。それでも、かつてはタテマエとして大学の自治がうたわれ、学問の自由が語られた時期もありました。しかし、全共闘によって教授会は目の敵にされ、その後、今度は国や経済界が大学に口を出すようになって、彼らの意向で左右されるようになって、もはや「学問の自由」を正面から言える段階ではなくなりました。近代の価値観が崩壊する中で、「学問の自由」もまたそのままでは通用しなくなってきています。

これは大学という場の中だけの問題ではありません。先日の名古屋の「表現の不自由展」で、はからずも文字通り表現がいかに「不自由」であるかが如実に示されました。この展覧会は、さまざまな理由で発表が認められなかった作品を集めて、何が問題視されたのかを考えるという企画でした。ところが、慰安婦を象徴する「平和の少女像」と天皇の肖像を燃やす動画が物議をかもし、ネットで炎上し、主宰する愛知県へも抗議が殺到する事態となって、中止され、後に限定付きで再開されました。もっとも私自身は見に行っていないので、報道された範囲のことしか知りません。ただ、どこまで表現が自由であり、不自由であるかが問題にされたという点では大きな意味があったと思います。今日、表現の自由や学問の自由は無制限に認められるものではなく、表現の不自由、学問の不自由とのセットの中で考えなければならなくなっています。

かつては「表現の自由」「学問の自由」は左派、進歩派の専売特許でしたが、今日、逆転現象が起こっています。ヘイトスピーチをする人たちは「表現の自由」を前面に押し出します。また、「学問の自由」が言えるのであれば、大学における軍事研究や生殖医療だって自由ではないか、という議論も可能です。確かに、ヘイト言説だからと言って、直ちにすべて禁止するのは、それはそれで行き過ぎることになるでしょう。その限界は流動的で、慎重に決めていかなければなりません。川崎市で刑事罰を含むヘイトスピーチ禁止条例が成立して大きなニュースになっています。その際も、かなり厳格にヘイトスピーチの範囲を限定しようとしています。東大の准教授がツイッターで差別発言をしたことは絶対に許されることではありませんが、当の准教授は逆に、自分の研究の自由が奪われたと大学を非難しています。

このように、今日では抽象的に「学問の自由」「表現の自由」を謳い文句にすることでは何にもならない状況に、私たちはいるのです。大学における言動もまた、アカハラやセクハラ、パワハラなどがかなり厳しく対処されるようになっています。多くの大学では、そのための対策室があり、客観的な立場からの対応をするようになってきています。その為に「自由」が制限されるのは当然です。

そんなわけで、「学問の自由」「表現の自由」を正面から唱えるだけでは、何の解決にもなりません。それだけに、きめ細かい具体的な状況が開示され、検討されなければなりません。寄川教授の場合がどうであったかは、その具体的な内容を私は知りません。ただ、授業で大学を批判したというだけでは、やはりどう考えても解雇の理由にはならないであろうと思います。それが成り立つとしたら、それは大学側のどのような原理に基づくものなのか。キリスト教主義の崇高な理念に基づく大学だけに、大学側の主張もまた公開されて、公的な討論に委ねられる必要があるように思います。

# 第五章　「表現の自由」「学問の自由」がいま侵される

島崎　隆

「大学破壊」[1]といわれるような事態が、とくに国立大学内部で文科省などによって進められてきた。私は二〇一二年に国立大学を退職したが、かつて一九九一年に開始された「大学設置基準大綱化」、つぎの「大学院重点化」をはじめとして、二〇〇四年からの「国立大学法人化」の大改革がその「破壊」の大きな契機となった。「大学設置基準大綱化」によってカリキュラムの設置基準が大幅に緩和されたが、その結果、各大学でおのずと就職重視の実学志向が強まり、哲学、文学など人文教養系の科目と教員が次々と削減され、その結果、教養部などがつぶされていった。私も哲学の教科を教えていたので、大学で哲学はいらないのかとおおいにショックであった。「大学院重点化」によって、無計画なままに大学院生の定員が倍増し、「高学歴ワーキングプア」というような状況も出現した。「国立大学法人化」のもとでは、大学の経費である「運営費交付金」を大幅に削減し、企業などの外部から資金を導入すべしという指示が広まり、一層文科省の介入が激しくなった。そして人文社会系不要論がさらに強まった。私はこの法人化の少し前に組合の仕事に携わり、当時流布した多くの関係資料を熟読し、この制度がいかに

1　全国大学高専教職員組合編『大学破壊――国立大学に未来はあるか』旬報社、二〇〇九年。『情況』二〇一九年冬号、特集「壊れゆく大学」を参照。

恐ろしい結果を生むかを実感した[2]。大学がますます就職予備校化していき、その傾向は私立大学をも呑み込んでいった。『大学破壊』では、「法人化以後五年が経過した。この五年間に国立大学は大きく変わったが、この変わりようは法人化以前の五〇年間のそれを上回るものであった」[3]とさえ指摘される。そうした大激変であるにもかかわらず、名称はすべて穏やかでけっこうなものであり、国民にはその実態がほとんど知らされていない。

この論考では、これ以上、大学全体の状況には触れられない。そうした大状況を考慮しつつも、私は以下で、明治学院大学「授業盗聴」事件を念頭に置いて、まず広く憲法に掲げられる多様な個人的自由について確認したい。これがすべての問題の解決のための大前提になると考えるからである（以上第一節）。そしてさらに、とくに「表現の自由」が現代で多方面から問題にされている状況を考察したい（以上第二節）。以上の状況を前提にして、明治学院大学における今回の事件をどう見たらいいのかを、私なりに考察したい（以上第三節）。そして最後に、国立大学と私立大学の差異を踏まえて、今回の事件をさらに振り返りたい（以上第四節）。

## 第一節　憲法と「表現の自由」「学問の自由」

私は、これらタイトルにある自由について現代的に議論するさいに、日本国憲法について少しおさらいをしてみた。こうした問題群については、まずは憲法にどう明記されているかを振り返ることが必要だと思われるからである。

「表現の自由」や「学問の自由」というのは、「戦争の放棄」（第九条）などとともに、日本国憲法に大書されている国民の重要な権利である。憲法第二一条では、「集会・結社・表現の自由、通信の自由」が保障され

2　拙論「大学の独立行政法人化と哲学の運命」（東京唯物論研究会編『唯物論』第七四号、二〇〇〇年）は、この法人化の危険性を予見したものである。

3　前掲『大学破壊』の「はじめに」。

るべきことが書かれ、さらに「検閲」を禁止することも、ここに規定される。これらの自由は、国民一人ひとりがもつべき自由であり、国家などの権力者に向けて、国民のもつこれらの自由を侵してはならないと述べている。検閲の禁止なども、検閲という権力をもつ者にたいして、その禁止を述べているわけである。

憲法二三条は「学問の自由」について簡潔に、「学問の自由は、これを保障する」と書かれているだけである。そのさい、「学問の自由」というものも、何も大学などの研究者だけが関係するものではなくて、一般の国民が、その一人ひとりが自由に学問し研究する権利をもっているということだろう。

ところで、憲法二一条、二三条などに含まれている意味内容を順序立てて並べてみると、丹羽徹氏が指摘するように、たしかに①学問研究の自由、②研究成果の発表の自由、③(大学などにおける)教授・教育の自由、④さらにそれらの自由を支える基盤となる、大学などの自治の保障、ということになるだろう。[4] 研究上の成果は、しかるべき場所で自由に発表されたり、出版されたりしなければ意味がない。そしてまたその成果は、自由に教授され、教育されるべきである。さらに、そうした活動の場である大学では、構成員による自治がなされなければ、安定的に研究したり、教育したりすることができないだろう。それに関連して、私が今回学んだのは、「学問研究を主たる社会的使命とする研究者」[5] についての見解である。それによれば、学問研究を専門にやる研究者には、生活資料を与え、また研究手段を供与する必要があるという。つまり研究者が単なる使用人であるならば、真理の探究を自由にできず、それが国であれ、何らかの私的な企業者であれ、その権力組織に忖度せざるをえないということである。学問研究も教育も、基本的には国民に責任を

4 寄川条路編『大学における〈学問・教育・表現の自由〉を問う』法律文化社、二〇一八年、六頁参照。
5 前掲書、九頁。高柳信一氏の意見とされる。

負っていると考えられる。もちろん大学などの研究者は学問的成果を出すように義務づけられているが、いたずらに成果主義や競争主義に縛られては、短期的に、目先の矮小化されたことしか考えられなくなるだろう。さらに付け加えれば、大学などの研究者は、教育も担当して講義、ゼミナールなどをいくつもおこない、さらに大学の各種委員会に参加して、その方面の仕事もおこなうのである。私は若いころは五つの委員会を兼務していた。さらにまた、入試関係の仕事、各種学会での発表や仕事、学会出張などもあって、大学の研究者は意外と多忙である。以上の意味で、寄川氏の場合も多忙であったことだろう。

## 第二節　「表現の自由」をめぐる現代的問題

いま問題とされている明治学院大学の倫理学の教授の寄川氏の場合も、とくに関係があったのは授業をめぐる、つまり教授・教育についての自由であるわけだが、その意味で、学問的成果の啓蒙を兼ねた「表現の自由」の問題でもあったといえるだろう。こうして広くいえば、氏の場合は、基本的人権にもとづく、以上の個人的自由の一連の問題に関わっている。

さて、「表現の自由」に関して大学で起きた事件といえば、最近、私にとって印象深く思われたのは、東洋大学の学生である舟橋秀人氏によるキャンパス内での意思表示の事件であり、愛知トリエンナーレの一環である「表現の不自由展・その後」の中止問題である。以上二つの事件について、簡単に触れたい。

前者は、タテ看による、大学にたいする抗議行動であった。氏は「竹中平蔵による授業反対！」というタテ看を設置したが、竹中氏が「若者には貧しくなる自由がある」などと発言したことへの怒りがあったという。竹中氏が小泉政権のもとで経済財政担当相であったときに、労働者派遣法が改定され、非正規雇用が増えたのである。タテ看を出した舟橋氏は、ただちに大学職員らに取り囲まれ、タテ看を撤去させられ、学生支援課で、退学処分の可能性がある、両親に連絡する、などと詰問されたという。もちろんこうした「表現の自由」は、中身はどうあれ、許容されるべきものであろう。そこには、「批判の自由」というものもある。自分の所属する大学への批判はするべきではない、などという発想は日本国憲法の精神にはないだろう。そうなれば、日本人であるからには、選挙で選ばれた日本の政府の批判などはしてはいけない、というような妙な論理にもつながりかねない。

私が感心したのは、舟橋氏の勇気であり、これには本当に頭が下がる。しかも個人で実行したのだ。また氏が文学部哲学科の四年生だったことも、注目に値する。私はかつて国立大学で哲学なるものを研究し教えていたが、同じ哲学をやる者として、おおいに印象に残った。氏によれば、「企業に役立つ人材を育成するという実学偏重の流れに今、東洋大学も乗っかっている」、その点で、「全国の大学の文系学部で今、文学部の廃止が取りざたされている」とされる。国立、私立を問わず、まさに現在、大学はそうした危機にあり、こうして、「真理探究という大学本来の役割が軽視されている」(6)というのである。学生ではあるが、実にしっかりした現実認識といえる。氏が指摘するとおり、私の意見でも、たしかにいま大学はどんどん悪い方向へと変貌してしまった。就職にあたり、氏はいま不利益な扱いを受けていないだろうか。氏のような学生こそ、社会へ出て、有為な人材として活躍できる人物であると、私は確信する。氏はまさに、自分の信念にもとづいて、憲法で保障された「表現の自由」を積極的に行使したのである。いまや学生自治会などの組織の衰退とともに、明らかに、大学生のあいだで「表現の自由」の積極的行使は後退している。

また愛知トリエンナーレの一環である「表現の不自由展・その後」に関わる事件は、出品者のみならず、広く市民社会の関心を呼んだものである。だが、韓国の慰安婦の「少女像」などの出展をめぐって、政治的圧力によって一時中止に追い込まれてしまった（そ

6　以上、『週刊金曜日』一二二四号、二〇一九年。『東京新聞』二〇一九年一月三一日、朝刊「こちら特報部」など参照。

れ以後再開され、無事に終了した)。芸術的・思想的な作品による「表現の自由」は、問題を生ずることがあっても、当然守られるべきであり、それにたいして暴力的脅迫や政治的圧力によって中止へと追い込むことは、やはり「表現の自由」への侵害であろう。「ガソリン携行缶をもって行く」などという匿名のファックスは言語道断だが、主催者側が作品の中身に介入して、「日本人の心を踏みにじるものだ」と安易に決めつけることは政治家としてのセンスも疑わせる[7]。

この事態のなかで、状況に忖度して、文化庁がこの芸術祭全体に及ぶ七八〇〇万円の補助金不交付を決定してしまった。こうして「文化庁は文化を殺すな」と批判された。そして菅官房長官(当時)は、「交付は精査して対応する」旨の発言をして、作品の内容に介入することを示唆した。文化庁も菅氏も、十分な警戒体制をとるとともに、芸術における「表現の自由」をここであえて守るべきだという対応は、まったくしていないのである。責任者側のこうした一連の行動が、この展覧会開催への抗議の電話やメイルを加速させたことは疑いない。文化芸術基本法の前文に、「我が国の文化芸術の振興を図るためには、文化芸術の礎たる表現の自由の重要性を深く認識し、文化芸術活動を行う者の自主性を尊重すること」とあるにもかかわらずである[8]。

さらに近年では、広く市民へ向けて、「表現の自由」は大きく制約されている。国会周辺の集会・デモによる音声による表現行為がときの政府によって「テロ」扱いされてしまったり(特定秘密保護法の条文に示される[9])、市民の自由な活動が、無限定に「組織犯罪

7　田島泰彦「メディアと東京オリンピック、『表現の不自由展・その後』」、『季論21』二〇一九年秋号、五五頁以下参照。「日本人の心を踏みにじるものだ」というのは、河村たかし名古屋市長(トリエンナーレ実行委員会会長代行も務める)の発言。

8　『週刊金曜日』一二四五号、二〇一九年所収の「特集3」を参照。

9　拙論「特定秘密保護法・反対集会参加記」、季報『唯物論研究』第一二六号、二〇一四年、一六六頁以下参照。石破茂幹事長(当時)は大音声・大音響を発するデモについて、それは「テロ行為」と変わりないと述べた。こ

集団」とみなされたりしてきた[10]。要するに、愛知トリエンナーレでの事件、特定秘密保護法問題、「共謀罪」法問題については、ときの政府という権力者が率先して、国民の「表現の自由」を奪おうとしているといってさしつかえないだろう。つまり政府がこぞって、憲法違反の行為を推し進めているのだ。東洋大学の学生のタテ看による抗議への阻止は、ときの政府が直接におこなったものではないが、大学という権力者が学生という身内の者にたいして、「表現の自由」を否定したのだ。寄川氏の場合も、大学当局という権力者が氏の教授・教育の自由、意見表明の自由を奪おうとして、解雇を試みたわけである。総じてここで、日本において、ときの権力者たちが該当する国民・市民に向かって、彼らの「表現の自由」などの基本的人権を奪ったといえよう。ここに、権力者による一連の憲法違反の行為が見られるといったら、いいすぎだろうか。

以上の点に関する最新のトピックは、現政権による日本学術会議会員の任命拒否の問題であろう。菅新首相が、学術会議会員の候補者のなかの六名を、理由も明示せずに拒否したことが明らかになった。政権に批判的な言動があったからということ以外に、おそらく拒否の理由は考えられない。この問題が、多くの学者・研究者の研究の自由、表現の自由を奪うことへと連動し、その活動を萎縮させることにつながることは明らかである。

## 第三節　明治学院大学「盗聴事件」とは

ここで、明治学院大学教授の寄川氏がどのようにし

---

の説明は、この特定秘密保護法の第五章「適正評価」の第二項で、テロリズムをまず最初に、「政治上その他の主義主張に基づき」「国家若しくは他人にこれを強要」すると規定することに合致するだろう。「政治上その他の主義主張に基づき」、人命に危害を加え、建物の破壊などをおこなうことはたしかにテロといえるだろうが、なぜ大音声、大音響がそのものとしてテロといえるのだろうか、違和感を覚える。これはかえって、「表現の自由」への侵害ではないか。

10　高山佳奈子『共謀罪の何が問題か』岩波ブックレット、二〇一七年、四八頁参照。

て「解雇」という事態へ追い込まれ、裁判に至ったのかをあらためて簡単に述べておこう。[11]

簡潔にいうと、寄川氏は二〇一五年四月の、授業でのガイダンスのときに、大学当局の命を受けた職員によってその内容を盗聴されてしまった。以前から氏は、要注意人物であったのだろう。氏がその無断録音の事実を公表したことにたいして、当局は「名誉棄損だ」ということで、氏を解雇するに至った。そこで調停にはいった東京地裁の労働審判委員会はすぐさま解雇を無効として氏の復職を提案したが、大学側がそれを拒否した。そののちに正式の裁判となり、東京地裁は解雇の撤回と無断録音の謝罪を和解案として提示したが、大学側がさらにそれを拒否し、和解は不成立となった。そしてついに二〇一八年六月に、解雇は無効であるという判決が下ったのである。

11　以下は、寄川条路編『大学における〈学問・教育・表現の自由〉を問う』法律文化社、二〇一八年所収の、「まえがき」、第四章、第五章、終章などに依拠。さらに寄川条路編『大学の危機と学問の自由』法律文化社、二〇一九年所収の、第一章などに依拠した。

以上で明らかなように、この裁判では大学側の違法性が一貫して認められている。まさに正当な判決といえるだろう。また幸いなことに、多くの学生たちも今回の事件を知り、寄川教授を支援して、大学の盗聴行為を「犯罪」だとして非難したという。それなのになぜ、大学側は和解をあえて拒否して、執拗に解雇にこだわったのか。ここに私は、大学という理性の府であるはずの場所で、権力者たちが研究や教育の自由を一向に尊重しないという、長年の病弊を見たのである。

私は大学の非常勤講師組合の人たちの出しているニュースを多年にわたって読んできたので、多くの非常勤教員が安易に解雇されてきた事実をよく知っている。だが実は、教授職など、常勤の教員も不当な解雇にあっていることも、私は何件か見聞してきた。寄川氏も私も大学の哲学の研究者であり、教員である。すでに私は退職しているが、倫理学や哲学担当の教員が、大学当局の都合で解雇されやすいというようなことを聞いているので、まさに人ごとではない。とくに私は、氏と同じように、一九世紀ドイツのヘーゲルの哲学を専門にやって来たので、その点でも親近感が湧くのだ。氏も私も同じヘーゲル学会に所属しており、そうした学会でも氏は、おおいに活躍しているすぐれた研究者であり、私も氏の著作からはいろいろと学ばせていただいている。そのような氏を、理不尽な理由で簡単に解雇するとは、優れた人材を大学側が失うということを意味し、まことに残念な話である。

寄川氏によれば、大学側は「組織を守るために一つの手段として録音が必要だったわけですから、何も問題はないです」と述べたという。もしそうならば、これはそもそもあきれた話である。自分たちの組織が正しいことをやってきたのかどうか、さらに、教育や学問をやっている研究者たちにたいして、一体自分たちが憲法などを尊重しつつ対応してきたのか――そもそもそうした吟味なしに、ただ単に組織を守るためにという理由で、無断録音という非紳士的な行為をやることが正当化されることはありえない。第一節で述べたように、授業などは研究者個人の学問的成果の応用の場所であって、教育という「表現の自由」が発揮される場所でもあり、その意味でいわば聖域である。無断で介入されるべき場所ではない。授業が聞きたければ、その正当な理由を述べて、許可を得るべきであろう。大学当局といえども、無断録音などとんでもない話である。

寄川氏によれば、この大学では、いくつも不当解雇の前例があるようだ。明治学院大学では、かつて盗聴も当たり前であり、言語文化論の講師、倫理学や哲学の教授たちも解雇されたという。それどころか、大学の建学の理念であるキリスト教主義を授業のなかで批判しないように、そこで使用される教科書を検閲したり、学生の答案用紙を抜き取って検閲したり、プリントや教材も事前に検閲していたという。これはまさに、憲法に掲げられた「表現の自由」や「検閲」の禁止とは正反対の活動である。そういう不当な行動をしてきたのに、大学が無断録音をしていたことを寄川氏が公表すると、それを「名誉棄損だ」ということで、氏を逆に解雇したのだ。まさに転倒している。「表現の自由」など、憲法で書かれた基本的人権を、大学の責任者であるはずなのに、まったく理解していないことが見てとれる。「人格の完成」（教育基本法）を旨とする教育を目標とするはずの大学の関係者たちが、こうした態度を取っていることには、背筋が寒くなる思いがする。

## 第四節　国立大学と私立大学の共通性と差異

ここでは、公立の大学は国立の大学に準じて考えることとして、もっぱら国立の大学を念頭に置きたい。その点では、国立大学であれ、私立大学であれ、日本という国で教育が営まれる以上、それは憲法と教育基本法の枠内で遂行されるという公共的な共通性をもつだろう。このことに疑いの余地はない。この点からすれば、改定された教育基本法でも、教育の目標として「人格の完成」が依然として掲げられている。実は私は、「人格の完成」というような表現はどうも大仰で、面はゆい感じがして好きではない。人格など一生かかっても完成されるはずがない。そこには、かなり形式主義的な人間観が感じられ、カント的な厳格主義の匂いがする。とはいえ、政治上の責任者には、いま述べた憲法と教育基本法の精神は守ってもらいたいと思う。

むしろ私は《教育＝人格・人間の形成》と定式化して、そのもとで、教育の内容を一般的に、《（狭義の）学力（基礎学力＋専門学力）＋民主的精神と科学的精神》と考えてきた。つまり大学までの教育で、基礎と専門の学力的知識を学ぶとともに、単に知識だけでなく、民主主義的な精神と科学的認識の精神を実践的に身につけるべきではないかということである。前者の民主主義的な精神とは、他人とコミュニケーションし、また対話し議論して、相互に共感し批判しあい、こうして相互に合意し、承認しあう能力のことである。後者の科学的認識の精神とは、ものごとをしっかり観察し、分析し、事実と真理を客観的に系統立てて把握するような能力である。前者が対人的能力だとすれば、後者は対物的な能力であり、そこには対立的な側面がある。こうして前者のみでは、人びとの協調はあるが、事物のしっかりした認識能力は育たないし、後者のみでは、孤立的に事物に向き合う学者的な偏屈に陥りがちとなる。だから教育においては、むしろこの二つの能力を、相互補完的に統一して形成するべきであると考える。[12]

とはいえ、国立大学と私立大学との微妙な差異を考える必要があるだろう。私はずっと国立大学に在職していたので、私立大学というものを実際にはあまり知らない。だが、そこにある差異を認知することは必要なことだろう。その点では、二段階の議論が必要に思われるので、順に検討していこう。

第一段階は、国立大学などと比較して、私立大学一般の特殊性である。つまり私立大学は、何らかの企業（学校法人）による経済活動として運営されているということである。だから、国民の税金で運営される国立大学とは性格が異なる。この点、私立の明治学院大学

12　詳細は、日本科学者会議編『教育基本法と科学教育』創風社、二〇〇四年所収の、第三章「民主的精神と科学的精神を目ざして」（拙論）を参照。

を念頭に置くと、憲法学者の志田陽子氏が指摘するように、「本件では、『表現の自由』や『学問の自由』といった精神的自由と、企業経営に代表される経済活動の自由とが衝突している」[13]といえないこともない。たしかにその点で、私立大学は経営上、利潤が確保できなければ成立しないだろう。それでも、憲法的価値が優先されるべきであって、人格形成をおこなう教育は、単に製品を製造し販売する企業のレベルとは同列に扱えないと思われる。そしてまた、私立大学も私学助成金を国から受けているのであって、国による制約を免れない。

また別の面でいうと、大学が私立として学校法人によって設立されるとしても、憲法が保障する「大学の自治」というのは、その学校法人の自由や自治ではなくて、大学の研究・教育をおこなう人びとの自治なのである。少しややこしい話かもしれないが、丹羽氏が指摘するように、「確かに設置者には建学の理念を定

13　寄川編『大学における〈学問・教育・表現の自由〉を問う』二一九頁参照。

め、教育の自由（私学の自由）にもとづく大学設置が認められているが、それは設置にかかわってに過ぎない」。この意味で、設置者の学校法人が「大学の自治の担い手ということはできないであろう」[14]。私立大学の学校法人（理事会）といえども、学問の自由は否定できない。だが、ここまで干渉してきたのが、明治学院大学の事件であった。彼ら大学当局は、大きな勘違いをしているのである。

### 第五節　キリスト教主義の大学のあり方

さて第二段階は、私立大学のなかでも、キリスト教など、宗教的な建学の趣旨をもっていた場合はどう扱われるのか、ということである。もちろん近代以後は、国家宗教などは否定され、公的な場で宗教が支配することはありえない。ところで、寄川氏の所属する明治学院大学は、キリスト教主義によって運営されてきた。

14　丹羽徹「大学の自治の担い手――私立大学を中心に」『日本の科学者』二〇一九年一〇月号、四九頁参照。

そして寄川氏がそのキリスト教主義を批判したということで、当局によれば、それが解雇の一つの理由ともされている。だがそれでも、裁判所はキリスト教主義の記載が「風刺、批判とも解釈することができるものであるから、普通解雇事由に該当しないと判断した」[15]。さらにもう一つ論拠を挙げれば、学生には「批判能力や相対化能力」があると前提されている大学教育では、こうした批判が授業でおこなわれることは不適切ではないという、志田氏の指摘である。この点で付加すると、寄川氏のキリスト教批判について、聴講した学生の側からとくに「不快感などの訴え」[16]などはなかったのである。

だから裁判所も法律の専門家も、寄川氏のキリスト教主義批判は問題とはならなかったと判断したのである。以上のようにして、明治学院大学の建学の精神と

15　前掲寄川編『大学における〈学問・教育・表現の自由〉を問う』八七頁における弁護士の太期宗平氏による判決の説明。

16　以上、同上、五七頁参照。

してのキリスト教主義への批判は、それが授業でおこなわれても、それは教育的「表現の自由」の範囲内だったと判断されたのである。私はその内容まで実際に見ていないから具体的にいえないが、キリスト教主義が建学の趣旨にあるからといって、その大学に所属する教員が授業などでそのキリスト教主義の批判を述べても、それが解雇の理由にはならないということである。そこでは「大学の自治」が認められ、「教育の自由」が認められる。研究者は、大学経営者に忖度する使用人ではない。とはいえ、教育的配慮は必要であるから、キリスト教について批判する場合は、学生に多様な見解を示して、彼らに考えさせる余地を与えることが必要だろう。

さて私は、哲学研究者として宗教哲学なども勉強してきたので、この明治学院大学でキリスト教や聖書がどう説明されているのか、少し気になった。インターネットで明治学院大学の案内を見ると、「聖書のことば」という箇所がある。[17] そこでは聖書に即して、実に麗しいことばの数々が引用され、解説されている。私はただちに、今回の大学当局の言動が、ここでの聖書の教えに合致しているのかどうか、疑問に思った。

たとえば、聖書のある箇所では、「教会に属するひとりひとりが、偽りのない関係を結ぶように」と指示されており、これは教会に限ったことではないとも述べられる。さらに「大小さまざまな組織の中で仲間に対して真実を語ること」、「力ある者たちの嘘をきちんと批判すること」、「この現実を無気力に受け入れることなく、むしろあらがうこと」などが勧められている。まさに立派なことで、大賛成である。とすると、大学当局は、仲間でもあるはずの寄川氏にたいして、偽りのない真実の関係を結ぶように努めてきたのだろうか。「盗聴」はそれに値する行為だったのだろうか。そして、無気力な現実にあえて抗おうとしたのは、むしろ寄川氏のほうではなかったのだろうか、という気がす

17　https://www.meijigakuin.ac.jp/about/christianity/join/voice/（二〇一九年一〇月二〇日採取）

る。私はキリスト者ではないので、読み方がおかしいのかもしれないが、むしろ氏のほうが、ここで簡単に描かれた聖書のことばに合致しているような気もする。

「聖書のことば」が飾りでないとすれば、明治学院大学はその初志に戻るべきではないのかと思う。

第七部

# メディアの報道

# 第一章 「学問の自由」の侵害——新聞報道から

明治学院大学事件は東京新聞・中日新聞等のマスコミでも大きく取り上げられたので、その中からいくつかの記事を紹介しておきたい。

## 第一節　東京新聞「無断録音〈学問の自由侵害〉——解雇の元教授、明治学院を提訴」（二〇一七年一月七日）

授業を無断録音された上、懲戒解雇されたのは不当などとして、明治学院大（東京都港区）の元教授寄川条路さん（五五）が、同大を運営する学校法人「明治学院」に教授としての地位確認と、慰謝料など約一、三七〇万円を求める訴訟を東京地裁に起こしたことが、関係者への取材で分かった。

訴えなどによると、寄川さんは一般教養で倫理学を担当。二〇一五年四月の授業で、大学の運営方針を批判したことなどを理由に、同一二月に大学側から厳重注意を受けた。大学側は、授業の録音を聞いて寄川さんの批判を知ったと認めたため、寄川さんは学生が何らかの情報を知っているかもしれないと推測。テスト用紙の余白に、大学側の教授の名前を挙げ「録音テープを渡した人を探している」と印刷し、呼び掛けた。これに対し大学側は、その教授が録音に関わった印象を与え、名誉毀損に当たるなどとして昨年一〇月に懲戒解雇した。

寄川さんは「大学側が授業を録音したのは、表現の自由や学問の自由の侵害だ」と主張。労働審判を申し立てたが解決に至らず、訴訟に移行した。大学側は審判で職員による録音を認めた上で「録音したのは実質的には授業でなく、（年度初めに授業方針を説明する）ガイダンス。授業内容を根拠としての解雇ではない」と説明していた。

同大広報課は、本紙の取材に「懲戒処分は手続きに沿って適正に判断した。個別案件についてはコメントできない」としている。

## 第二節　上智新聞「揺らぐ学問の自由――〈盗聴〉告発の明治学院教授」（二〇一七年二月一日）

二〇一六年の学長選任規則改正による学長選挙の廃止を受け、本紙一月号は「問われる『大学の自治』」と題した記事を掲載した。

機を同じくして、東京新聞一月七日朝刊に「無断録音――学問の自由侵害」という記事が掲載された。明治学院大学の寄川条路教授が、講義の無断録音及び懲戒解雇は不当だとして学校法人「明治学院」に対し、地位確認や慰謝料などを求める訴訟を起こしたという内容だ。「学問の自由の侵害だ」とコメントを出している寄川教授に対し、本紙が独自に取材した。

寄川教授は以前から、講義の受講上限人数などをめぐり大学側と対立していた。大学側は学期初めの講義を無断で録音し、教員の処分を検討する会議で使用していたという。寄川教授が秘密録音を「組織的な盗聴」だと関係者の名前とともに告発し、学生に情報提供を呼びかけると、大学側は名誉毀損だとして同教授を懲戒解雇。また教科書や講義内容が大学の理念にそぐわず教員不適格だとして、普通解雇を重ねて行ってきたという。寄川教授は「懲戒解雇だけでは、判例などから不当と判断されやすいため、より確実に解雇したいのだろう」と推測する。

大学側は労働審判で録音の事実を認めながらも、録音したのは学期初回のガイダンスであり、解雇理由に講義内容は関係ないと主張。復職を求める寄川教授と金銭解決を目指す大学側とで決着がつかず、訴訟へと至った。現在も係争中で、寄川教授は今後訴訟の経過に応じて順次情報を公開する予定だという。

寄川教授は「言論と表現の自由が保障されるべきなのは大学に限った話ではない」としながらも「講義の盗聴は教員のみならず学生たちの間にも不信感を招く。信頼関係を確立すべき教育の場では最も不適切な行為だ」と語る。また、学生に向けて「大学は何を言いたいか、何を聞きたいかを自分で考えることができる場。それを大事にしてほしいが、今行われているのはそうした場の破壊にほかならない」と大学の価値とその危機に目を向ける重要さを訴えた。

## 第三節　東京新聞「明治学院大元教授の解雇〈無効〉——東京地裁判決　授業無断録音訴訟」（二〇一八年七月四日）

授業を無断録音され、懲戒解雇されたのは不当として、明治学院大学（東京都港区）の元教授寄川条路さん（五六）が、教授としての地位確認などを求めた訴訟で、東京地裁（江原健志裁判長）は、同大を運営する学校法人明治学院に解雇無効を命じる判決を言い渡した。授業の録音については違法性を認めなかった。三日、記者会見した寄川さんは「無断録音は客観的事実なのに違法性を認めないのは筋が通らない」と述べた。判決言い渡しは六月二八日。

訴えなどによると、寄川さんは同大の教授だった二〇一五年、授業で大学の運営方針を批判したことなどを理由に大学側から厳重注意を受けた。大学側が授業の録音を聞いて寄川さんの批判を知ったと認めたため、寄川さんは教授名を挙げて「録音テープを渡した人を探している」とテスト用紙の余白に印刷し、学生に情報提供を呼び掛けた。

大学側は、その教授が録音にかかわった印象を与え、名誉毀損に当たるなどとして、一六年に寄川さんを懲戒解雇。寄川さんは「授業の無断録音は表現の自由や学問の自由の侵害だ」と訴えていた。

江原裁判長は判決理由で、授業での寄川さんの態度が不適切だったと認定したが、解雇は「客観的に合理的な理由を欠く」として無効と結論付けた。一方、録音した授業は年度初めのガイダンスで、講義ではなかったなどと判断、「大学の管理運営のための権限の範囲内」と指摘した。双方が控訴する方針。

**第四節 日刊ゲンダイ「盗聴告発教授の解雇は〈無効〉——改めて問われる明学の体質」(二〇一八年七月四日)**

明治学院大学が揺れている。大学当局が教授に無断で授業を録音し、それを告発した教授が解雇され、その無効を争った裁判の判決が先月二八日に下された。東京地裁は「教授の解雇は無効である」と判断した。

三日、原告の寄川条路教授と太期宗平弁護士、法学者の小林節慶大名誉教授が司法記者クラブで会見を行った。

寄川教授の担当は倫理学。盗聴が行われたのは、二〇一五年四月の授業で、三〇〇人の学生を相手に行われたものだった。

寄川教授によると明治学院大学では大学組織を守るために、授業の盗聴が慣例として行われており、今回とは別の教員も授業を盗聴されて解雇されたという。

大学に批判的な教員を選別して盗聴している可能性が高い。小林氏はこう言う。

「学者は個性的で、それをお互いに許容し合って、歴史のなかで評価が定まってくるもの。個性を尊重しない多数決で押さえ込もうということが日本中で起きている」

大学側は判決について同日付の文書で、解雇理由は録音を告発したことではなく、原告の「不適切な言動」と説明。具体的な内容については、係争中の事柄につきコメントを控えるとし、控訴を予定している。

学問の自由がどこまで守られるのか注目が集まる。

**第五節 弁護士ドットコム「大学の方針を批判、明治学院大教授の〈解雇〉は無効——東京地裁」(二〇一八年七月四日)**

明治学院大で、倫理学を担当していた寄川条路教授が、不当な解雇をされたとして、大学を運営する学校法人「明治学院」（東京都・港区）を相手取り、教授としての地位確認や賃金の支払いなどを求めていた訴訟で、東京地裁（江原健志裁判長）は、解雇は無効とする判決を下した。判決は六月二八日付。

寄川さんと代理人弁護士らが七月三日、東京・霞が関の司法記者クラブで会見を開いて、明らかにした。寄川さんは「地位確認が認められて、ホッとしている」と心境を打ち明けた。一方で、大学側は、判決を不服として、控訴する方針を示している。

解雇権濫用で「無効」に

判決によると、大学側は二〇一五年四月、寄川さんに断りを入れず、授業のガイダンスなどを録音。さらに同年一二月、寄川さんが、大学の方針を批判していたとして、厳重注意とした。寄川さんは授業の中で、特定の教員の名前をあげて、無断録音に関する情報提供を学生たちに呼びかけた。大学側は二〇一六年一〇月、寄川さんを懲戒解雇とした。

東京地裁の江原裁判長は、原告に、教職員や学生に対する不適切な言動や、大学の方針に反する言動があったことは認めながらも、「職務上の義務に反したとまでいえない」「酌むべき事情があった」と判断。大学による解雇権の濫用だとして、教授としての地位確認と賃金の支払いを命じた。

寄川さんは、大学側による授業の録音行為を「教授の人格権」（学問の自由）を侵害するものとして、慰謝料をもとめていた。こちらについては、江原裁判長は「録音対象は、講義そのものではなく、ガイダンス部分だった」「録音は不当な目的や動機によるものではない」として棄却した。

明治学院大は、弁護士ドットコムニュースの取材に「解雇は録音を告発したことを理由にされたものではない」「（東京地裁で）録音の対象は、初回授業におけるガイダンスの部分であって講義そのものではなく、大学の管理運営のための権限の範囲内において適法におこなわれた、と判示された」などと回答した。今後、控訴する予定としている。

### 第六節　山岡俊介「〈いじめ対策せず〉元高校女生徒に続き――大学でも〈盗聴〉に抗議する教授を懲戒解雇し提訴されていた〈明治学院〉」（『アクセスジャーナル』二〇一八年二月二〇日）

「明治学院」（東京都港区）といえば、ヘボン式ローマ字で知られるアメリカ人宣教師ヘボン博士夫妻が開いた私塾が源流。一五〇年以上の歴史を誇り、わが国最古のミッション・スクール。

そんな博愛精神を説く由緒正しい学校法人傘下の「明治学院東村山高等学校」（東京都東村山市）の女生徒（当時）が、いじめに会っていると訴えたにも拘わらずキチンと対策をしてくれなかったとして校長を相手取り、提訴したことは以前、本紙でお伝えしたが、同じく傘下の「明治学院大学」（東京都港区）でも、懲戒解雇された教授が、地位確認と約一三七二万円の慰謝料を求めて提訴していたことはわかったので報じる。

この訴訟、大学側が教授の授業中に無断で教室に立ち入り〈秘密録音〉した内容を根拠に懲戒解雇しており、「大学自治」「学問の自由」「信教の自由」にも関わる重大な点が問われているのだが、なぜか大手マスコミではまったくというほど報じられていない。

もっとも、すでに一六年一二月に提訴され、今年一月二五日には証人尋問が行われ、いよいよ一審判決が迫っている。

原告は愛知大学法学部教授を経て、一〇年四月から明治学院大学へ移籍、教養教育センターの教授として一六年九月まで、教養科目の「倫理学」を教えていた寄川条路氏（五六）。

訴状などによれば、被告が懲戒の最大の理由にあげたのは、授業の無断録音の事実を知った原告がだれが録音したか、またその録音を聞かせて欲しいと要求したが拒否されたことから、止む無く授業で配るレポート用紙の欄外に情報提供を求める書き込みをした点。

また、原告の授業は生徒に大人気だったところ、学校側が一方的に三〇〇名に履修制限したことから、その是非と理由を問う質問を、生徒向けの授業評価アンケートの質問内容に加えたこと。それから、授業で用いた原告の著書のなかに、キリスト教主義に批判的な内容が一部含まれていたことも懲戒理由としてあげられている。

読者のなかには、原告が政治的発言を行う者だったからではないかと推測する方もいるかも知れないが、原告はそんなことはなく、上記のような行為をしたに過ぎない。

ところが、被告側は授業の盗聴は今回に限らず、以前から大学組織を守るために「慣例」として認められていると、「違法行為」と抗議する原告に言い放っていたという。

そして、盗聴に限らず、以前から大学の権威やキリスト教主義を批判しないように、授業で使う教科書を検閲したり、教材を事前に検閲し配布禁止にしたりしていた。また、原告に限らず、以前にも些細と思われる理由で懲戒解雇された事例があるそうだ。

横に（編者注：本書の第七部第二章第一節）、会員制情報誌『ベルダ』に寄稿した慶應大名誉教授で弁護士の小林節氏の記事（一七年一〇月号）を転載しておいたが、同氏もいうように、教授は大学と契約した授業に関して自由に研究や発言する「学問の自由」（憲法二三条）が保障されている。そして、教授の使う教科書を「検閲」するのも、まして「盗聴」など論外というか「違法行為」のはずだ。

実際、一六年一〇月、寄川氏が労働審判の申し立てを東京地裁に行なったところ、同年一二月、解雇は無効として地裁は寄川氏を復職させるように明治学院を説得。ところが拒否したことから本訴訟に移行している。

かつては東大ポポロ事件のように、大学構内に警官を入れることさえ大学の「学問の自由」と「自治」を犯すとして大問題になったのに、いつしか警官導入は当たり前に。本来、大学側の「盗聴」行為と聞けば大学内外から大きな批判の声が起きて当然とも思うのだがそれもなく、報道もなく、原告がほとんど孤立している状況は世も末というべき。

遅ればせながら、今後の判決など注視したい。

## 第七節 山岡俊介「明治学院大学――授業無断録音に抗議した教授の解雇は「無効」判決（東京地裁）」（『アクセスジャーナル』二〇一八年七月一二日）

本紙で今年二月二〇日に取り上げた、明治学院大学教授が大学側に授業中に無断録音されていたことを知り抗議したところ、目を付けられ、その後、授業で使用していた教科書や授業内容がキリスト教を批判しているなどとして解雇されたことに端を発する「授業無断録音訴訟」につき、六月二八日に一審判決が出ていた。

もっとも、大手マスコミで報じたのは唯一、「東京新聞」のみのようだ。

七月三日、原告の教授側が司法記者クラブで記者会見まで開いたにも拘わらずだ。

この訴訟、いくら教授も雇われとはいえ、授業に関して自由に研究や発言する「学問の自由」（憲法二三条）が保障されないようではとんでもないということで本紙は注目していた。

何しろ、明治学院大学（東京都港区。経営は「明治学院」）では、授業の盗聴が慣例として行われているという。大学の権威、キリスト教主義を批判していないかなど授業を担う教授らをチェックするためで、授業で使う教科書や教材の検閲も同様だという。

そんななか、授業中に無断録音されたことに倫理学担当の寄川条路教授（五六）が抗議したところ、一五年一二月、大学から「厳重注意」に。それを告発したところ、一六年一〇月、今度は懲戒解雇されたという。

そこで寄川氏は東京地裁に地位確認の労働審判を申し立て。

一六年一二月、地裁は解雇は無効として寄川氏の復職を提案したが、大学側が拒否したことから提訴して争われていた。

東京地裁は六月二八日、解雇権の濫用だとして、教授としての地位確認と賃金の支払いを命じた。

もっとも、この一審判決、（一）無断録音に関与したと思われる教員の氏名を公開したこと、（二）教授会の要請に応じなかったことに寄川氏も落ち度があると認定。しかしながら、教授会の要請が原告の認識に反するような見解を表明させるものであるなど、原告にも酌むべき事情があるとして、解雇は相当でないと判断した。

また、寄川氏は無断録音は学問の自由を侵害する違法なものなどとして、損害賠償請求も行っていたが、これに対し一審判決は、録音対象の大半は授業ではなくガイダンス部分だったとして、これを認めなかった。

一方、大学側は「解雇は録音を告発したことが理由ではない」―「（東京地裁判決は）録音の対象は、初回授業におけるガイダンスの部分で講義ではなく、大学の管理運営のための権限の範囲内において適法に行われた、と判示された」としている。

こうした見解の相違から、大学側も原告側も控訴する方針。

なお、寄川氏、代理人の太期宗平弁護士と共に記者会見に同席した小林節慶應大学名誉教授は、「学者は個性的で、それをお互いに許容し合って、歴史のなかで評価が定まって来るもの。個性を尊重しない多数決で押さえ込もうということが日本中で起きている」と懸念を表明した。

学問の自由がどこまで守られるか、控訴審の行方にも要注目だ。

## 第八節　山岡俊介「和解も無断録音につき大学側謝罪――明治学院大学「授業盗聴」事件の結末」（『アクセスジャーナル』二〇一九年一二月一三日）

報告が遅くなってしまったが、一一月二八日、東京高裁において和解が成立したという。

和解内容は、大学は授業を無断で録音したことを謝罪し、これに抗議したところ解雇された教授には和解金を払って円満に退職するというもの。

本紙では、この明治学院大学（東京都港区。経営は「明治学院」）における「授業盗聴」事件、「大学自治」「学問の自由」「信教の自由」にも関わる重大案件と見て、大手マスコミはほとんど無視したが、二度に渡り報じていた。

明治学院大学は以前から、大学組織を守るために「慣例」として授業を無断録音。そして、これに寄川条路教授（五八）が抗議すると、寄川教授が授業で使用していた教科書や授業内容がキリスト教を批判している（同大はわが国最古のミッション・スクール）などという理由で解雇したからだ。

一八年六月、東京地裁で一審判決が出、解雇権の濫用だとして、寄川教授の地位確認と賃金支払いを命じた。

しかし、この一審判決、録音対象の大半は授業ではなくガイダンス部分だったとして無断録音が違法とは認めなかったことなどから寄川教授、一方、キリスト教批判に関しては授業でそれほど重要なものではなく風刺と理解できるので普通解雇に該当しないとした部分などに大学側は納得できないとして、原告・被告双方、告訴していた。

# 第二章　明治学院大学の「犯罪」――論説記事から

明治学院大学事件についてはすでに多数の雑誌で論評されているので、ここでは代表的なものを四つほど選んで紹介しておきたい。一つ目は、憲法学者・小林節の「学問の自由と信教の自由を弁えない大学」であり、二つ目は、ジャーナリスト・浅野健一の「授業を無断録音し教授を解雇した明治学院大学の犯罪」であり、三つ目は、編集者・タケナカシゲルの「授業盗聴・教科書検閲・理事会乗っ取り――いま大学で何が起きているのか?」であり、四つ目は、大学生ライター・中村眞大の「現役学生も知らなかった明治学院大学の暗い影」である。

## 第一節　小林節「学問の自由と信教の自由を弁えない大学」(『月刊ベルダ』二〇一七年一〇月号)

明治学院大学の寄川条路教授(倫理学担当)が懲戒解雇された。理由は、同教授が、大学の教育方針と大学の設立母体であるキリスト教派の教義に批判的だからだそうである。その決定のために、大学は、同教授の教科書の内容を確認し、さらに、同教授の年度初回のオリエンテイション講義を無断で録音してその内容を確認したとのことである。

私は、かつて日本とアメリカの大学で学んで憲法学者になり、その後、日本とアメリカ等の大学で教授として働いた大学人として、この話に接した時、その信じ難い内容を、俄には理解できなかった。

人間は、文明を持つ特異な存在として、この地球上に君臨して来た。この世には、天変地異から人間関係や病気に至るまで、あらゆる出来事に因果関係がある。そして、人々を幸福にする因果関係を発見・増進し、逆に人々を不幸にする因果関係を発見・減殺しようと努力して来たのが、人類文明の歴史である。

この、あらゆる事象の因果関係を追究する自由を「学問の自由」と言い、これは全ての人間に保障された人権である。しかし、高度の文明を生きる近代以降の人類は、職業としての学問に人生を懸けた人々が権力による弾圧と誘惑を逃れて学問の自由を享受する場としての「学問の自治」を確立した。

だから、大学において、教授は、担当科目として大学と契約した科目に関する限り、その研究・教育の対象・方法・発展に関する自由を憲法二三条により保障されており、教授の自由は、法に触れない限り、歴史の中で学問的評価以外により裁かれることはない。

だから、大学当局が、教授の教科書を「検閲」したのも論外であるが、さらに、教室に不法侵入して講義を録音するという違法行為まで犯して、それが「大学の方針に反する」など評価して、その地位を奪うことは論外である。

教授という地位で採用された学者には、大学の方針に合わせて学説を曲げて講義をする義務などない。寄川博士の学説に反対な者には、それを批判する学問表現の自由が許されているだけで、そういう討論を経て発展して行くのが学問である。

さらに、宗教団体が設立したいわゆるミッション系大学における学問の自由について、この際、言及しておきたい。

まず、ある教団がその博愛主義と経済力の故に大学を設立した例は多い。そこでは、教団の人々が国家に対して大学設立の認可を申請し、その認可が下りた瞬間に、教団とは別人格の大学（学校法人）が生まれたのである。つまり、それは大学であり宗教団体ではないということである。

大学において「宗教」が語られる場合、それは哲学、歴史学、民族学、社会学等の科学の対象として語られるもので、信仰・布教の一環として語られてはいけないのである。そこでは、学者として教授が、様々な宗教・宗派を科学の対象として批判的に論評する学問の自由が保障されている。

だから、宗派内の日曜学校の説教師ではあるまいし、大学の一教授が学説として特定の宗派の教義に批判的であるからといってその地位を奪うなどという発想自体が大学人として論外である。これも、学説には学説批判で対応するのが大学人としてのマナーである。

まるで、単なる人間的な好き嫌いに起因するパワハラを見ているようで、情け無い。

## 第二節　浅野健一「授業を無断録音し教授を解雇した明治学院大学の犯罪」（『紙の爆弾』二〇一七年三月号）

東京都港区白金台にある明治学院大学（明学大、松原康雄学長）といえば、日本最古のミッション・スクールで、いまでは「ＳＥＡＬＤｓ」が誕生したリベラルな学風で知られるが、この大学で教職員がある教授の講義を無断録音して、教授が教室で大学批判をしたとして懲戒解雇し、教授側が東京地裁に地位確認の裁判を起こすという紛争が起きている。

筆者も三年前、理解不能の理由で定年延長を拒否されて同志社大学から完全追放され、京都地裁で地位確認訴訟を起こしており、今年三月一日に判決が言い渡される。一方、文部科学省の元高等教育局長が早稲田大学教授に天下りした問題も発覚した。明学大事案をきっかけとして、「大学教授」のあり方を考えたい。

### 大学ぐるみで隠し録り、盗聴

一月七日付の東京新聞に〈無断録音「学問の自由侵害」解雇の元教授、明治学院を提訴〉という記事が載った。このニュースは他紙には出ていない。同記事によると、授業を秘密録音（盗聴）されたことを告発して解雇されたのは倫理学を担当する寄川条路・明学大教養教育センター教授（五五歳）だ。

寄川氏は昨年一二月二八日、明学大を運営する学校法人明治学院に教授としての地位確認と、慰謝料など約一、三七〇万円を求める訴訟を東京地裁に起こした。

訴状などによると、寄川氏は二〇一五年四月の講義で、大学の運営方針を批判したことなどを理由に、同一二月に大学側から厳重注意を受けた。大学側は、授業の録音を聞いて寄川氏の批判を知ったと認めたため、寄川氏は学生が何らかの情報を知っているかもしれないと推測。テスト用紙の余白に大学側の教授の名前を挙げ「録音テープを渡した人を探している」と印刷し、呼び掛けた。これに対し大学側は、その教授が録音に関わった印象を与え、名誉毀損に当たるなどとして昨年一〇月一七日付で懲戒解雇した。

寄川氏は文学博士で、『ヘーゲル哲学入門』や『初期ヘーゲル哲学の軌跡』などの著書があり、「紀川しのろ」の筆名で随筆家としても知られ、和辻賞（日本倫理学会）、日本随筆家協会賞などを受賞している。一四年一〇月には、東京都内の古書店でドイツの哲学者ヘーゲルの自筆書き込み本を発見し話題になった。

寄川氏は同年一〇月二八日、東京地裁に労働審判の申立を行なった。一二月八日に地裁は「解雇は無効だから復職を勧める」とし、復職させるよう大学側を説得したが、大学側は「復職ではなく金銭解決を望む」と表明、寄川氏は「金銭解決ではなく復職」と要望したため、地位確認訴訟に移行することになった。

大学側は労働審判で秘密録音の事実を認めた。寄川氏の授業を盗聴したのは教養教育センター長の黒川貞生教授で、実際に授業を録音したのは、大学によれば「教職員」とのことで特定されていない。

授業を録音していたのは大学の方針を批判している教員を処分するためで、録音テープを使用していたのは、調査委員長の嶋田彩司教授（元センター長）。解雇理由は「懲戒解雇と普通解雇」の二つがある。懲戒解雇の理由は「授業の秘密録音が行われていたことを、関与した教員の名前を挙げて告発した行為。授業で学生に公表し、学内の人権委員会、教授会、教員組合に、学外の裁判所、マスコミ、文部科学省などに、通知したこと」など。普通解雇の理由は、「授業の内容と教科書の内容が大学の権威とキリスト教主義を批判しているから」だとされた。

東京新聞の記事によると、大学側は労働審判で職員による録音を認めたうえで「録音したのは実質的には授業でなく、（年度初めの）ガイダンス。授業内容を根拠としての解雇ではない」と説明した。

## 授業の盗聴は教育の自由の侵害

これに対し、寄川氏は「授業の盗聴や秘密録音、録音テープの無断使用は不法行為である」「授業や教科書の検閲は、表現の自由、学問の自由、教育の自由の侵害である」と主張している。

寄川教授はこう訴えている。

〈副学長によれば、明治学院大学では、授業の盗聴が「慣例」として行なわれており、今回の秘密録音も大学組織を守るために行ったとのことだ。同大学では、大学の権威やキリスト教主義を批判しないように、授業で使われる教科書や配付される資料を事前に検閲したり、提出された学生の答案用紙を無断で抜き取って検閲したりしていた。今回の事件については、授業を秘密録音して教員を解雇した「目黒高校事件」と同様、表現の自由、学問の自由、教育の自由をめぐって、これから本裁判で争われることになる。

なお、明治学院大学は今年（一五年）、教養教育センターの教員と科目の二〇パーセント削減を決めていた。〉

寄川氏はメディア関係者へ送ったメールに、次のような〈小論「盗聴される大学の授業」〉を付けた（要約・抜粋）。

〈相手に知られることなく無断で会話や電話を録音する「秘密録音」が社会に急速に広がっている。（中略）大学の授業も例外ではない。熱心な学生が復習のために授業を録音するのではない。休んだ学生のために録音するのでもない。そうではなく、教授が何を話しているのかをチェックするために、大学が授業を録音するのだ。

大学では、教室にこっそり忍び込んで、学生に気づかれないように授業を録音して、教員を処分するための証拠に仕立て上げる。録音資料は本人のいないところで使用し、だれが録音したのかはわからないように隠しとおす。

先生たちは、自分の授業が録音され、ほかの先生たちに聞かれているのではないかと、おびえながら授業を進めていく。教員同士の信頼関係はくずれ、そこに学生たちも巻き込まれていく。（中略）

大学の講義を盗聴しても、秘密録音しても、録音テープをかってに使用しても、何とも思わない大学教授の集団が、体制に順応し、組織を守り、規則に従い、国家に奉仕する、そうした模範的な青年を作り上げていく。標的とされるのはまずは思想系の教員で、哲学や倫理学を担当する教員が大学から排除される。空いたポストに実務経験者が学長推薦で採用され、就職のための教育を施す。実務教育に馴らされた学生たちは、飼育されて去勢され、りっぱな大人となって社会へ送り出されていく。異様な光景を見た若い先生は別の大学に移っていき、ベテランの先生はうつ病で辞めていく。こころの病で休んでいる先生は大学にも多い。

かつて、授業の盗聴をめぐって裁判があった。録音資料をもとに教員を解雇した学校は違法ではないと主張し、解雇された教員は違法だと主張した。裁判所の判決は、教員の同意なく授業を録音することは適切な手段ではなく、そのようなことをすれば、「教育の自由の空気」が失われ、「教員の授業における自由および自主性」も損なわれるから、不当な支配に当たるというものだった。

まっとうな判決だが、ことは法律の問題だけではないだろう。（中略）

いつだれがどこで自分の声を録音しているのかわからない。大学のキャンパスからは、雑談や世間話をする声が消えてしまった。教室とは盗聴とか秘密録音とかをするところではなく、安心して教員と学生が自由に議論のできる場でなければならない。〉

寄川氏の解雇理由には、彼が教科書にしていた紀川しのろ著『教養部しのろ教授の大学入門』（ナカニシヤ出版、二〇一四年）も挙げられ、大学側は、「大学一般、明治学院大学、キリスト教主義への愚弄」などを問題にしている。

この本では、平成学院大学（仮名）での教養科目を教える教授の一年がユーモラスに描かれ、無意味な教授会、大学の教員採用人事のいい加減さ、大学紀要の実態を知ることができる。本の帯には「大学で教えるためには国家資格も教員免許もいらない。大学の先生になるための採用試験もなければ、教育実習もない」などとある。あとがきには、「世間の常識は大学では通用せず、大学の常識は世間では非常識となる」とあった。受験生や保護者が、日本の大学がどういうところかを知るには最適の本だ。

**名前も名乗らない明学大広報課長**

東京新聞の記事では、明学大広報課は「懲戒処分は手続きに沿って適正に判断した。個別案件についてはコメントできない」としている。私は一月一六日、同広報課に電話したところ、「ソメカワ」という職員が対応した。彼女は、「（寄川氏の件は）係争中の案件なのでお答えできない。個別の案件の取材には応じられないということだ」と取材を拒否した。

彼女は電話の最初に名前を名乗ったが、「大学の見解を広報課が伝えているので、私の名前、役職は言えない」と言い張った。「いまどき、広報課スタッフが氏名を言わないのは官庁にもない。課長などの管理職に代わってほしい」と私が言うと、「私が広報課長だ」と言った。そこで、広報課長の姓名を確認するため総務課に電話した。アオヤマと名乗った課長は「取材なら、広報課にすべて任せる。広報課が判断したことについて何も言えない。私の氏名も言えない」と述べた。大学の総務課によると、私に対応したのは染川真由美・広報課長と青山尚史総務課長（元教務課長）だ。

寄川氏は一月二四日、私の取材に次のように述べた。

「大学側がいう『その教授が録音に関わった印象を与え、名誉毀損に当たる』とする教授は、調査委員会委員長の嶋田彩司教授です。録音者は教務課職員か黒川センター長と思われるが、特定されていません。録音が確認できているのは、全一五回のうちの第一回目の授業。大学側は、一回目の授業を『通常の授業』ではなく『授業ガイダンス』と呼んでいます。一回目の授業で行なわれたのは、大学の授業の運営方針（＝履修者制限）への批判です。五五六人収容の大教室なので教職員がいても気付かず、実際、教室の中に職員らしき人がいたことがあります。教室のドアの向こう側で教務課職員がスマートフォンを操作していたことや、教授会を教務課職員が盗聴していたこともあります」

寄川氏がこの事案を知らせた団体、組織の反応については、こう話した。

「学内の人権委員会、教授会、教員組合は取り上げない。朝日新聞と読売新聞は電話取材。東京新聞は面談取材。文科省は反応なしでした。メディアで報道したのは、私が知るかぎり、東京新聞・中日新聞だけです」

寄川氏は「言いたいことは多々あるが、代理人の弁護士と相談したところ、裁判が終わるまでは、情報は大学側にも伝わるため、できるだけ公開しないほうがよいということなので、しばらくがまんしている。裁判が終わってから、存分に表現したい」と言っている。確かに、裁判になると、どんな組織も自己防衛のために何でもやってくる。裁判に勝つことが何より大事なので、賢明な判断だと思う。

東京新聞以外の報道機関がこの事案を報道しないのはおかしい。新聞社にとって大学は重要な広告収入源なので、記事にしないのではないかと疑ってしまう。

「日本最古のミッション・スクール」で盗聴

明治学院はヘボン式ローマ字で知られるジェームス・カーティス・ヘボンが一八六三年横浜に開いた「ヘボン塾」を起源として「キリスト教主義教育」を掲げ、教育の理念を「Do for Others」（他者への貢献）としている。

明学大の寄川氏に対する解雇攻撃と被告・明治学院の言動は常軌を逸している。弾圧された側が授業で学生に無断録音の事実を公表し、大学内外に事案を伝えるのは当然だ。解雇理由が「大学の権威とキリスト教主義を批判しているから」というのは、大学とキリスト教主義の自殺行為だろう。教員の授業を盗聴した者が処分を受けるのならわかるが、「授業を盗聴され秘密録音されたことを大学に告発した」教授が懲戒解雇されるというのは理不尽だ。

中山弘正・明学大名誉教授（元明治学院院長、経済学）

は「大学が教員の教室で話したことを録音するなどということは、あってはならない。退職して一三年もたつので、この件については何も知らないが、私がいた時には、そういうことは一度もなかった」と話している。

中山氏は一九九五年六月に、明治学院の戦争責任を告白した。学校法人明治学院はこの告白文を入れた『心に刻む　敗戦五〇年・明治学院の自己検証』を発行、その冒頭にこう書いている。

〈日本国の敗戦五〇周年に当たり、明治学院が先の戦争に加担したことの罪を、主よ、何よりもあなたの前に告白し、同時に、朝鮮・中国をはじめ諸外国の人々のまえに謝罪します。また、そのことを、戦後公にしてこなかったことの責任をもあわせて告白し、謝罪します。〉

また、この告白文には、戦時中に国策に協力した「日本基督教団」の〈「統理」冨田満牧師は自らも伊勢神宮を参拝したり、朝鮮のキリスト者を平壌神社に参拝させたりしました（一九三八年）〉という指摘や、〈一九三九年、明治学院学院長に就任した矢野貫城氏は、宮城遥拝、靖国神社参拝、御真影の奉戴等々に大変積極的に取り組みました〉という記述があった。最後に告白は、海外に軍隊を派遣し始め、「殉国」の思想が現代的装いをもって、じわじわと日本社会のなかに浸透していると指摘し、この邪悪なる時代に対処する力を備えるよう訴えている。

明学大がいまやるべきは、教員の「監視」ではなく、戦前を取り戻そうとする邪悪な安倍政治への批判ではないか。

## 第三節　タケナカシゲル「授業盗聴・教科書検閲・理事会乗っ取り――いま大学で何が起きているのか？」（『紙の爆弾』二〇一八年四月号）

おどろいたことに、大学の教職員の手で寄川元教授の授業の盗聴が行なわれたのだ。その真相を究明しようとして学生に情報提供を呼びかけたところ、懲戒処分の理由にされたのである。

大学側が問題視しているのは些細なことばかりだが、講義の根幹にかかわるものもある。明治学院大学（横浜の教養教育センター）では大教室授業の問題点が指摘されていた。学生の私語で講義に集中できないというものだ。そこで大教室の授業を三〇〇人に制限しようとしたところ、寄川元教授がこれに反対したのである。寄川元教授の担当課目は、共通科目の倫理学である。受講生はトータル一二〇〇人ほどで、元教授は学内外で人気教授として知られている。明学の卒業生が非公式サイトとして運営している「明学ＬＩＦＥ」から紹介記事を引用してみよう。

「明治学院大学でもっとも知名度が高い、倫理学を担当している寄川条路先生をご紹介します」「寄川先生は学内でもっとも人気のある先生です」「倫理学とは捉え方によってはどんな見方もできる学問です。寄川先生の授業では、日々の生活に潜む事象を俯瞰的に見てみる授業だった気がします」

この記事は救済措置のレポート提出にもふれて、就活で出席できない学生への配慮に感謝が述べられている。「話し方も優しさに溢れていて、授業の内容がすんなり耳に入ってくる」

ややバイアスがかかっているとはいえ、寄川元教授が人気講師であることに間違いはないだろう。単に人気講師というだけではなく、彼は和辻賞（日本倫理学会）を受けるなど、ヘーゲル研究の第一人者のひとりである。著書や論文の業績も多い。「紀川しのろ」という筆名で日本随筆家協会賞を受賞している随筆家でもある。

## 受講生三〇〇人限定をめぐる攻防

五〇〇人をこえる大人数でも授業を切りまわせる人気教授にとって、三〇〇人限定は、来る者は拒まずという信念を侵されたに等しい。しかし、その反対意見は封殺された。受講生制限に例外は許されないとセンター長から通告された寄川元教授は、思いきった対抗措置に出る。学生向けのプリントに「抽選に漏れた人たちは、私にではなく教務課に抗議してください」と書き添え、教務課との軋轢が生まれた。

そして極めつけは、教科書の内容が解雇理由になっていることだ。およそ焚書と呼ばれる行為でなくて、これが何であろうか。処分は懲戒解雇とはべつに一般解雇というかたちで補強されているが、その理由が教科書採用していた『教養部しのろ教授の大学入門』（ナカニシヤ出版）なのである。同書では架空の平成学院大学を舞台にユーモラスに大学が語られ、読者が大学を知るには格好の書だ。掛け値なしにおもしろい本だが、大学を「人間動物園」に例えたくだりが問題にされた。

公判では「先生はこの大学にきて五年になりますが、その前は一三年間、愛知の幼稚園の園長をしていました」と授業で話したことも問題にされた。事実は愛知大学の法学部教授である。公判で「原告は、（幼稚園の先生だと）学生にウソをついたのですか?」と被告側弁護人に問われた寄川元教授は「（弁護士）先生、講義は事実を述べる場ではないんです」と答えて、傍聴席を笑わせた。おそらくここに、この懲戒処分事件の本質の一端が顕われている。というのも、冒頭の弁護人の「誤解」がじつは、ためにする「曲解」であるからだ。人気講師の講義をこころよく思わない、派閥的な組織の意志がそこに働いているのではないだろうか。自身も停年延長を恣意的に拒否され、地位保全の裁判闘争を行なっている浅野健一・同志社大学大学院教授は公判を傍聴して「嫉妬ですよ、研究者特有の。人気のある研究者を陥れようとする陰謀です」と感想を述べていた。

組織の一員でありながら、個人事業主としての側面をもつ研究者たちの競争意識は、しばしば醜い嫉妬として顕れる。派閥をつくっては保身し、ライバルを追い落とそうとする。それは明治学院大学に限ったことではない。

それにしても、講義内容の盗聴と教科書の検閲である。思想・表現の自由を、大学がみずから掘り崩したのだ。そして明らかに意識的な「誤解（曲解）」をもって、懲戒解雇という処分が行なわれたのだ。これまで大学の教員はハレンチ犯罪で逮捕されない限り、処分は受けない存在だと考えられてきた。それがリベラルアーツの教養主義がほんらい持っている、学問の自由・独立という精神の礎であるからだ。

ところが、大学を舞台にした解雇事件やパワハラ、ガバナンスをめぐる紛争は少なくない。札幌学院大学の片山一義教授が主宰する情報サイト「全国国公私立大学の事件情報」には、おびただしい数の不当解雇や権利侵害事件が掲載されている。その根っこにあるのは大学経営の危機であろう。十八歳人口がいく度目かの減少に転じる二〇一八年、二〇二〇年問題（入試改革）に備えて、各大学が人員削減につとめてきた。その基調は、人文科目の削減と理系科目の統合・新設である。

明治学院大学においては一六年に教員の二〇%削減が発表され、非常勤講師の雇い止めが行なわれてきた。人文系のカリキュラムを削る代わりに、人間環境学部という新学部の準備が進んでいるのだ。これで解雇の背景がわかった。この解雇は最初から計画されたものだったのだ。寄川元教授の解雇に積極的だった黒川貞生教養教育センター長が、まさに体育の教員として、副学長とともに新学部設置の先頭に立っているのだから。スポーツ学科を擁する新学部設置のためにこそ、寄川元教授が狙い撃ちにされたのだ。事実、現代思想系の教員が二人雇い止めになっている。

かように、リベラルアーツと学問の独立が危機に瀕する事態が頻発している。そして文部科学省官僚の天下りがそれに拍車をかける。

## 第四節　中村眞大「現役学生も知らなかった明治学院大学の暗い影」（『情況』二〇二三年秋号）

僕の通う明治学院大学は、ローマ字で知られるヘボンが創設したプロテスタント系の私立大学だ。社会運動関係で言えば、学生運動全盛期は結構盛り上がっていたそうだし、近年では二〇一五年安保の際に「ＳＥＡＬＤｓ」の奥田愛基などの主要メンバーが在籍していたという歴史もある。当時は国際学部の高橋源一郎ら教授陣が中心となって応援し、リベラルな校風を改めて印象付けた。

そんな明学で起きた事件が、この「明治学院大学事件」だった。僕はこの事件を、入学から四か月ほど経った二〇二一年八月十四日の東京新聞一面に掲載されていた新聞広告で知ることになる。「東京の感染最多更新」とのおどろおどろしい見出しで新型コロナウィルスの猛威を伝える記事の下の方に、「実録・明治学院大学〈授業盗聴〉事件」というもっとおどろおどろしいタイトルの広告（筆者の既刊）を見つけて仰天し、インスタグラムのストーリーに「なんじゃこりゃ」というテキストを付けて投稿したのを覚えている。

とは言えその後、特に事件を意識することもなく、わいわい楽しい華のキャンパスライフを一応まあ謳歌していた僕のもとに、塩野谷編集長から「寄川条路という人から明治学院大学事件に関する本が届いている。良かったら書評を書いてみない？」といった電話があったのは今年初夏のこと。僕は二年前の新聞広告の記憶が蘇ったのと、センセーショナルなタイトルに好奇心を掻き立てられたこともあって、この依頼を引き受けることにした。

ここまで少し前置きが長くなったが、ここで明治学院大学事件がどういったものなのか、簡単にご紹介したい。

二〇一六年十月、明治学院大学教養センターの寄川条路教授が解雇された。きっかけは、教授が倫理学の授業で「大学の名誉を毀損する不適切な教科書」を使用していたとされたことだった。その後、大学職員が教授に無断で授業に忍び込み、講義内容を録音、授業の中で大学を批判していたとして、教授は厳重注意処分を受ける。このことに怒った教授と学生たちが、この一件を告発しようとしたところ、教授はなんと「名誉毀損」として懲戒解雇されてしまった。結局この処分については、裁判で二〇一八年に「解雇無効」との判決が下ったが、最後は二〇一九年十一月に、大学が無断録音を謝罪し、五千万円を支払って和解が成立した。

この本は、「大学における〈学問・教育・表現の自由〉を問う」（法律文化社）や「実録・明治学院大学〈授業盗聴〉事件」（社会評論社）などの「学問の自由」シリーズ第八弾として出版され、明治学院大学事件について、教授側と大学側それぞれの主張と裁判所の判断および裁判記録が客観的な視点から掲載されている本である。「教授はキリスト教主義に反し、大学を中傷・愚弄した教科書を執筆し使用していた」という大学側の主張と、「内容や登場する大学は日本の大学に共通して言えるテーマを扱った架空のものであり、明治学院大学のことではない」という教授側の主張、及び「教科書も授業も不適切ではない」とする裁判所の判断が三章に分けられて詳細に記述されており、事件の概要を知らない読者もスラスラと両者の言い分が理解できる構成になっている。確かに、当事者である寄川教授が執筆したものではあるが、大学側の主張についても、裁判記録などを基にして、私情を挟まず客観的事実を記すことにとだわったことがよくわかった。

大学が運営方針に批判的な教授に難癖をつけて解雇してしまうという「犯罪」は、現役の学生にとっても許しがたいことだ。僕は学生として、大学側の運営に妄信的な教員の授業ばかり受けたいとは思わないし、批判的な教員が排除される職場など、極めて非民主的で不健全な空間であると指摘したい。もう既にこの事件は決着がついてしまったようだが、果たして大学側はこの一件を反省しているのだろうか。もし反省していないのならば、また似たような事件が起きても不思議ではないし、いつ学生に矛先が向くかもわからない。クリスマスには巨大なツリーが白金のキャンパスを照らし、有名デザイナーによる黄色のロゴで、おしゃれなブランドを確立している明治学院大学の暗い影を見た気がした。

「これは明治学院大学の歴史としてしっかり保存されるべき本だ」。そう思って僕は、明治学院大学図書館（ちなみに、この原稿も明治学院大学白金図書館の五階で書いている）に本書を含む明治学院大学事件に関する著作二冊の購入希望を申請した。今まで僕は何冊か購入希望を出していて、いずれも許可され配架された。大学の暗い歴史とはいえ、もう裁判も終わっているし、なんなら勝てずに謝罪して終わった裁判だ。「無茶なことをしてしまったな」とさすがに大学側も反省しているだろうし、買ってくれるに違いない……。

購入希望申請から二日後、僕のもとに届いたメールには次のように書かれていた。

「明治学院大学図書館購入希望担当です。9月30日に頂きました下記図書の購入希望につきましてご連絡させていただきます。

・実録　明治学院大学〈授業盗聴〉事件：盗聴される授業、検閲される教科書

・キリスト教学校の「犯罪」：明治学院大学〈教科書検閲〉事件

上記図書購入につきまして、慎重に検討を重ねた結果、以下の理由により購入をしないという結論に達しました。

・真実と異なる内容のため

ご希望に添えず申し訳ありませんが、ご理解のほどよろしくお願いいたします。」

（二〇二三年十月二日、明治学院大学図書館から僕宛に届いたメールより引用）

# 第三章　大学の危機と人権侵害——学術書籍から

## 第一節　「明治学院大学事件」を取り上げた本

明治学院大学事件について言及した本が出版されているので、代表的なものを二つほど紹介しておきたい。一つは、公共哲学を実践する小川仁志の『公共性主義とは何か』であり、もう一つは、教育行政に詳しい髙木秀男の『基本的人権としての自由をめぐる攻防』である。

### 一　小川仁志『公共性主義とは何か——〈である〉哲学から〈する〉哲学へ』（教育評論社、二〇一九年）

大学教授は偉そうにしているように思われがちだが、ただの被用者にすぎない。だから解雇をちらつかせられれば、もう何もできなくなってしまうのだ。それこそ終身身分を保障するなどよほどの保障がない限り、ただのサラリーマンにすぎない。上司の恫喝の前では何もいえなくなってしまうか弱い立場なのである。

さすがに国立大学ではそこまで露骨なことはないが、私立大学では建学の精神を批判したことが遠因で、最終的に大学教授が解雇されるに至ったケースもある。最近の例でいうと明治学院大学事件がそうである[1]。

所属するキリスト教系大学の建学の精神を批判した

1　事件の概要については、寄川条路編『大学における〈学問・教育・表現の自由〉を問う』（法律文化社、二〇一八年）に詳しい。

ことで、授業を無断録音されたY教授は、そのことを大学に抗議した。すると、こともあろうに大学側は、Y教授に解雇をいい渡したのである。地裁ではY教授が勝訴したが、そもそもこんなことがまかり通ること自体に問題がある。

国立私立の別を問わず、大学という存在はすべからく公共空間であるべきである。皆が自由に発言し、批判し合える場であるべきだということである。そうでないと、学問の発展は見込めない。忖度や遠慮があってはいけないのである。真理の探究は政治とは異なる。現実に合わせるための妥協は議会や取締役会でやればいいのであって、学問の場でやることではない。まさに大学の危機である。(2)

2　この問題については、寄川条路編『大学の危機と学問の自由』（法律文化社、二〇一九年）に掲載された拙稿「大学教授とは何か?」を参照。

## 二　髙木秀男『基本的人権としての自由をめぐる攻防——大学人・知識人・文化人たちの戦前・戦中・戦後』（科学堂、二〇一九年）

二〇一五年に起きた明治学院大学不当解雇事件を紹介したい。この事件は、大学当局が寄川条路教授に無断で授業を録音し、無断録音を告発した寄川教授を逆に懲戒解雇した事件である。大学当局の真の狙いは、大学の運営方針に批判的な教員をマークし、授業内容を盗聴し、使用している教科書の検閲を行なって弾圧の材料とし、大学から排除することにあった。そのため、この事件はまさに学問の自由や教育の自由が争点となって裁判で争われた。事件の核心については、寄川条路編著の『大学における〈学問・教育・表現の自由〉を問う』(3)に詳しいので参照されたい。この本は、主として裁判所に提出された憲法学者の、この事件に対する優れた意見書によって構成されている。

3　寄川条路編『大学における〈学問・教育・表現の自由〉を問う』（法律文化社、二〇一八年）。

中でも志田陽子武蔵野美術大学教授の「懲戒における適正手続の観点から見た解雇の有効性」は、私立大学教授の懲戒解雇事件という「学問の自由」や「教育の自由」に直接関わる問題を、日本国憲法と労働関係法に基づいてまず判断のための原則を論じたうえで、その原則に照らして懲戒処分手続が適正であったかどうか、詳細かつ丁寧に理路整然と論を進めて「本件解雇は無効」との結論を出しており、筆者の憲法学者としての並々ならぬ力量が一読してわかる傑出した論文となっている。

大学教員も労働法による各種の権利保障を受ける被雇用者である。労働者の権利保障の背後には、日本国憲法による人権保障の要請が存在する。また一方で、大学教員の職務には、憲法二三条によって保障される「学問の自由」という枠組みの中で研究および教育活動を行なうという特殊性があるために、その雇用のあり方や勤務実態についても特有の要素を考慮すべき部分がある。[4]

本件はこうした複合的な要素を含む事件であり、ここで生じている法的論点は、大学内部における慣習的対処と、労働者としての大学教員に対する法的権利保障という両者の背後に存する、憲法論上の緊張関係が顕在化したものである。したがって、本件における労働法上の論点を考察する際にも、憲法を議論の射程に含めなければならない。このような観点から志田教授は、この意見書で被告による原告への処遇が、憲法上の基本的人権、具体的には「法の適正手続」「表現の自由」および「人格権」に照らして不当なものでなかったかという点を考察した。[5] この意見書は、いま多くの大学で起きている不当解雇事件[6]に普遍的に使える貴重な内容を含んでいるので、基本文献としてぜひ多くの人に読んでもらいたいと思う。

4　寄川前掲書。
5　寄川前掲書。
6　ホームページ「全国国公私立大学の事件情報」(http://university.main.jp/blog/)。

なおこの裁判で東京地裁（江原健志裁判長）は二〇一八年六月二八日、被告が原告に対してなした解雇は、解雇権の濫用に当たり無効であると判示し、原告が労働契約上の権利を有する地位にあることを確認し給与の支払いを命じた。ただしこの裁判は、現在も東京高裁で引き続き争われている。[7]（編者注：その後、東京高裁で和解が成立して終結した。）

## 第二節　ブックレット「学問の自由」シリーズ

編者は、明治学院大学事件をきっかけにして、大学における学問・教育・表現の自由について考えるようになった。そして、大学関係者と協力してこれまでにもさまざまな主張や意見をまとめたブックレットを刊行してきた。本書はブックレット「学問の自由」シリーズの総集編に当たるので、本書に収めた各章の初出一覧を兼ねて、シリーズの第一弾から第八弾までの内容を手短に紹介しておきたい。

### 一　寄川条路編『大学における〈学問・教育・表現の自由〉を問う』（法律文化社、二〇一八年）

明治学院大学事件の原審に当たって、三名の憲法学者が裁判所に提出した意見書を編集して収録したものである。まずは、学問の自由・大学の自治・信教の自由についてその理念を歴史的に説き起こし、つぎに、私立大学における建学の精神や公権力からの自由について論じ、そして、明治学院大学事件における懲戒解雇と普通解雇が無効であることを適正手続論から綿密に論証していく。これによって学問・教育・表現の自由が失われつつある日本の大学の現状を問い直す。

序　章　盗聴される授業、解雇される教員（寄川条路）
第一章　学問の自由、大学の自治、信教の自由（小林節）
第二章　私立大学における教育の自由（丹羽徹）
第三章　懲戒における適正手続の観点から見た解雇の

7　寄川条路「実況中継「明治学院大学事件」」『情況』（二〇一九年冬号）。

有効性（志田陽子）
第四章「明治学院大学事件」判決の主文（東京地方裁判所）
第五章「明治学院大学事件」判決の解説（太期宗平）
終　章「明治学院大学事件」についてのよくある質問Q&A（寄川条路）

## 二　寄川条路編『大学の危機と学問の自由』（法律文化社、二〇一九年）

日本の大学が直面する危機を乗り切ることで、大学における学問・教育・表現の自由を守ろうとする論集である。まずは、明治学院大学事件をきっかけにして大学教授とは何かという基本的な問題提起があり、大学本来の公共的なあり方を構築するための積極的な提言がなされる。つぎに、法人化した大学運営と弱体化した教授会自治の帰結として、国公私立大学の諸事件が扱われる。そして、軍産官学連携へ向かう昨今の大学に対し、人文・社会科学による倫理を構築する提言がなされる。

序　章　大学教授とは何か？（小川仁志）
第一章　明治学院大学「授業盗聴」事件とその後（寄川条路）
第二章　大学人の理性の「公的使用」（福吉勝男）
第三章　国立大学法人化による教授会運営の変化——教育学部を例として（野中善政）
第四章　岡山短期大学「障害者差別」事件（山口雪子）
終　章　人間学的〈学問の自由〉を求めて——軍産官学連携への警鐘（石塚正英）

## 三　寄川条路編『大学の自治と学問の自由』（晃洋書房、二〇二〇年）

大学の自治をメインテーマにして、まずは、大学の現状を踏まえ開かれた大学の自治への転換を予測し、つぎに、学問の自由の基盤変化を振り返って法人化とガバナンス改革を問い直す。そして、法の立場から大学の自治と学問の自由を検討して、そこから大学で発生したさまざまな事件を解明していく。さらに、建学の精神や教育理念に反して大学が排他的になり順応が優先されていることを指摘し、大学の管理運営方法を再現することで大学の現状を把握して対策を考えていく。



**四　寄川条路編『表現の自由と学問の自由――日本学術会議問題の背景』（社会評論社、二〇二一年）**

近代的な価値観が崩壊した今日、表現の自由や学問の自由という西洋的な思想も多方面から問題視されている。そこで、現代日本の大学において学問・教育・表現の自由が阻害されている事例を指摘し、ついで大学の教員が本来の職務である研究と教育に専念する方法を検討し社会に貢献できる方法を模索する。このためにも、リベラルな民主主義を基礎として、私たちがオープンな対話に耐えられる力を身に付け、互いを認め合う文化を作り上げることが大切であると説く。

研究・教育を阻害する雑務（榎本文雄）
第五章　日本学術会議の軍事的安全保障研究に関する声明と報告について（稲正樹）
第六章　学問の自由と民主主義のための現象学（渡辺恒夫）
終　章　未来に開かれた表現の自由――志田陽子『「表現の自由」の明日へ』を読む（寄川条路）

**五　寄川条路編『実録・明治学院大学〈授業盗聴〉事件――盗聴される授業、検閲される教科書』（社会評論社、二〇二一年）**

大学当局が教授に無断で講義を録音し、告発した教授を解雇した明治学院大学事件。本書は、事件の発生から東京地裁による解雇無効判決を経て東京高裁での和解にいたるまでの事件の全貌を明らかにする。事件の概要、教授側の主張、大学側の主張、関係者の証言、地裁の判決文、高裁の和解案、法学者の意見、マスコミの報道、メディアの記事など、明治学院大学事件の基本資料を収める。

序　章　明治学院大学〈授業盗聴〉事件とは
第一章　授業の盗聴と教科書の検閲――教授側の主張
第二章　組織を守るための秘密録音――大学側の主張
第三章　無断録音を謝罪して和解へ――裁判所の判断
第四章　教員解雇事件と職員解雇事件――二つの明治学院大学事件
第五章　「学問の自由」の侵害――新聞報道から
第六章　明治学院大学の「犯罪」――論説記事から
第七章　大学の危機と人権侵害――学術書籍から
終　章　紛争終結ではなく真相究明を――裁判経験から

**六　寄川条路編『学問の自由と自由の危機――日本学術会議問題と大学問題』（社会評論社、二〇二一年）**

日本学術会議の会員任命問題から、国立大学の学長人事問題、私立大学の教員人事問題までを論じる。まずは学術会議が誕生した経緯を原点に遡って探り、国民の理解と支持という観点から任命拒否問題を取り上げる。そして、会員の任命問題を法的観点から考察して、その主張や処置の是非を冷静に検討していく。そのうえで次の問題として国立大学の学長人事問題を指摘し、私立大学の自由と学問の自由が衝突した事例を取り上げる。

第一章　戦前日本の学術体制と日本学術会議の誕生——「学問の自由」の現代的意義に関わって（細井克彦）
第二章　「学問の自由」の論じ方——日本学術会議会員任命拒否問題を契機として（鈴木眞澄）
第三章　日本学術会議の会員任命の拒否問題についての法的考察（清野惇）
第四章　筑波大学における学問の自由と自由の危機（平山朝治）
第五章　明治学院大学における学問の自由と自由の危機（寄川条路）

**七　小磯仁・寄川条路著『ヘルダリーンとヘーゲル——学問の自由と自由の思想』**（社会評論社、二〇二二年）

前半は魂の漂泊者ヘルダリーンの自由論について、後半は生の探求者ヘーゲルの自由論について論じる。およそ二〇〇年前にヘルダリーンとヘーゲルの二人がともに獲得しようとしていたのは、学問の自由と自由の思想であった。ドイツの大学にある神学校で哲学と神学を学んでいた二人は、フランス革命に触発されて自由の精神に目覚め、キリスト教に反発しながらも、のちに偉大な詩人となり哲学者となっていく。

第一章　ヘルダリーンと自由——魂の漂泊者（小磯仁）
第二章　ヘーゲルと自由——生の探求者（寄川条路）

**八　寄川条路編『キリスト教学校の「犯罪」——明治学院大学〈教科書検閲〉事件』**（社会評論社、二〇二三年）

本書は、明治学院大学事件の概要を説明し、教科書の使用について大学側の主張と教授側の主張をそれぞれ紹介したうえで、裁判所の判断に基づいて事件の要点を整理したものである。キリスト教学校による教科書の検閲は、私立学校が建学の精神を守っているといえるのか、それとも、特定の宗教を強要することで個人のもつ信教の自由を侵害しているといえるのか。学問・教育・表現の自由の観点から、キリスト教学校の宗教問題を取り上げる。



最後に、ブックレット「学問の自由」シリーズが成立した経緯について説明しておきたい。

編者は、憲法学者に明治学院大学事件についての意見書を作成してもらい、東京地裁に提出したあと、『大学における〈学問・教育・表現の自由〉を問う』（法律文化社、二〇一八年）というブックレットを公刊した。

一〇〇頁ほどのこの小冊子を大学関係者に配布したところ、多くの方々の関心を引いた。法律学や教育学や倫理学などを専門にする大学教員からは、貴重な情報を提供していただいたり、法律上の助言をいただいたりした。そのようなことで編者は、全国国公私立大学の事件情報、ちきゅう座などのウェブサイトを知り、大学フォーラム、大学オンブズマン、大学非常勤講師組合などの会にも参加することができた。

大学の関係者からは、学問・教育・表現の自由を守るためにも、大学教員が率先して自分たちの意見を表明する必要があるとの指摘もいただいた。もっともなことである。そこで編者は、明治学院大学事件にとらわれずに、ひろく大学の事件を取り上げ、現場で生じているさまざまな問題を共有し、みんなで情報を交換して議論をする場を設けることにした。こうして編者は、ブックレットをシリーズ化した。

ブックレット「学問の自由」シリーズは、大学における学問・教育・表現の自由をめぐる意見交換の場であり、議論をするためのプラットフォームである。編者としては、問題を共有して、議論をするための環境を整備し、それによって大学の現状を世間に伝え、少しでも改善することができるのであれば、ブックレットを刊行した意義はあったのではないかと考えている。

国公私立を問わず、さまざまな大学の事件を扱う本シリーズは、大学関係者の関心を引いたのか、数多くの大学図書館に収蔵された。意外なことに、文部科学省や法務省などの国立図書館にも所蔵されていたので、教育関係者や法曹関係者も大学の事件に関心をもったのだろう。

残念ながら、本書の第七部第二章第四節の中村眞大「現役学生も知らなかった明治学院大学の暗い影」にあるように、明治学院大学では、学生たちに事件を知られたくなかったのか、ブックレットは大学図書館に収蔵されなかった。編者としては、明治学院大学が真摯に、学問・教育・表現の自由を侵害した事件に向き合ってくれることを心より願っている。

あとがき

# 未来に開かれた表現の自由

「表現の自由」とは広い海であり、その中にはいくつもの島がある。その一つひとつが他者の権利であり、この島をまとめて「公共の福祉」という。とすれば、公共の福祉とは全体の利益、全員の幸福となるだろうか。他者の権利という島にぶつからないかぎり、表現は自由である。これが、『「表現の自由」の明日へ――一人ひとりのために、共存社会のために』（大月書店、二〇一八年）の著者・志田陽子の基本的なスタンスである。

公共の福祉だからといって、表現の自由を規制することはできない。表現の自由が無制限ではないとしても、公共の福祉とのバランスを考えて規制が必要なのではなく、踏み込んだ議論が必要なのだ。

表現活動が他者の権利を侵害する場合、表現に制約をかけることもあるだろう。しかし、表現の内容を事前に検閲することは許されない。表現の良し悪しは、いったん社会に出したあとで、被害を受けた者が訴え出るのが原則となる。

そうはいっても、差別表現は規制すべきではないだろうか。民族や国籍など、ある属性をもった人たちへの憎悪表現は、社会的な弱者を追い詰めているのだから。ヘイトスピーチを規制すべきなのかどうか。このあたりの対応については、本書ではかなり慎重だ。

ネットの中ではだれもが自分の考えを表現できるから、場合によっては新たな衝突を引き起こし、紛争が増えていくかもしれない。本書は、現代社会の抱えるこうした問題状況を整理して、未来に開かれた表現の自由論を説く。二一世紀のグローバル社会では、異なる思想や信仰をもった人々が、正しさや優位さを競って争うことをせず、互いに違いを個性として認め合いながら共存できる社会を構想する。しかしこうした寛容論は、本書の中でもまだ、達成されてはいない課題にとどまっているように見える。

表現の中身が問題となるのではなく、表現の場が確保されていればよい。どの表現に価値があり、どの表現に価値がないのかは問われない。個々の表現は玉石混淆であってもよいとすれば、志田が指摘するように、表現のあり方は「自由市場」となる。内面にある思想や感情は、憲法一九条の「思想・良心の自由」で保障されるまでもなく、そもそも法で強制したり規制したりできるものではない。

表現の自由に支えられた民主主義の社会は、ハンドルを右に切ったり左に切ったりするように、「間違う自由」をも許容しながら、自由な批判や修正を認め、より良い考え方に少しずつ近づいていく。志田はこうした考えに立って、表現内容の正しさや誤り、良し悪しの判断を思想の「自由市場」に任せる。

公共的対話の作法ともいうべき討論のリテラシーを育てる本書の目標は、多様な文化の中での共存であり、善悪や優劣ではなく多様な文化のあり方の違いを見て、平等に尊重することである。そうであれば、文化の多様性とは、人種・民族・性別・外見・宗教など、さまざまな違いをもった人たちが、一つの文化への同化を強制されずに、多様なあり方のままで尊重され共存できる社会のことを意味している。

コミュニケーション手段の発達と人の流動化が進んだ今日の世界では、地理的な棲み分けによって衝突のない世界をつくることはできない。自分と相容れない他者を社会から排除することは、もはやできないのである。

編者は、「シャルリー・エブド襲撃事件」や「明治学院大学事件」をきっかけに、言論の自由と宗教への侮辱とのバランスを考えるようになった。私たちがオープンな対話に耐えられる力を身に付け、それを認め合う文化をつくることこそが大切なのだから、志田が指摘するように、現代においては議論が起こることそれ自体を歓迎してもよいのだろう。

志田陽子『「表現の自由」の明日へ』は、そうした公共的対話の作法ともいうべき討論のリテラシーを育てる、未来に開かれた「表現の自由」への最適な入門書である。一読をお勧めしたい。

## ■編　者

**寄川条路**（よりかわ・じょうじ）

一九六一年生。早稲田大学文学部卒業、ボーフム大学大学院修了、哲学博士。愛知大学教授、明治学院大学教授などを歴任。専門は思想文化論。日本倫理学会和辻賞、日本随筆家協会賞などを受賞。単著に『哲学の本棚』（晃洋書房、二〇二〇年）、『教養としての思想文化』（晃洋書房、二〇一九年）、『ヘーゲル』（晃洋書房、二〇一八年）など。編著に『キリスト教学校の「犯罪」』（社会評論社、二〇二三年）、『ヘルダリーンとヘーゲル』（社会評論社、二〇二三年）、『学問の自由と自由の危機』（社会評論社、二〇二二年）、『実録・明治学院大学〈授業盗聴〉事件』（社会評論社、二〇二一年）、『表現の自由と学問の自由』（社会評論社、二〇二一年）、『大学の自治と学問の自由』（晃洋書房、二〇二〇年）、『大学の危機と学問の自由』（法律文化社、二〇一九年）、『大学における〈学問・教育・表現の自由〉を問う』（法律文化社、二〇一八年）など。筆名：紀川しのろ（きかわ・しのろ）で『シノロ教授の大学事件』（世界書院、二〇一九年）、『教養部しのろ准教授の恋』（ナカニシヤ出版、二〇一五年）、『教養部しのろ教授の大学入門』（ナカニシヤ出版、二〇一四年）、『日々の栞』（角川学芸出版、二〇一〇年）など。

## ■著　者［担当箇所］

**小林　節**（こばやし・せつ）［第五部第一章］

一九四九年生。慶應義塾大学名誉教授・弁護士。専門は憲法学。著書に『市民と野党の共闘で政権交代を』（共著、あけび書房、二〇二一年）、『「人権」がわからない政治家たち』（講談社、二〇二一年）、『憲法の真髄』（共著、ベストセラーズ、二〇一八年）など。

**丹羽　徹**（にわ・とおる）［第五部第二章］

一九六一年生。龍谷大学法学部教授。専門は憲法学・教育法。著書に『入門　憲法学――憲法原理から日本社会を考える』（共著、法律文化社、二〇二〇年）、『子どもと法』（編著、法律文化社、二〇一六年）、『戦後法学と憲法――歴史・現状・展望』（共著、日本評論社、二〇一二年）など。

**志田陽子**（しだ・ようこ）［第五部第三章］

一九六一年生。武蔵野美術大学造形学部教授。専門は憲法学・言論法。著書に『表現者のための憲法入門（第二版）』（武蔵野美術大学出版局、二〇二四年）、『日本は本当に戦争に備えるのですか?――虚構の「有事」と真のリスク』(共著、大月書店、二〇二三年)、『合格水準　教職のための憲法(第二版)』(編著、法律文化社、二〇二三年)など。

**山田省三**(やまだ・しょうぞう)〔第五部第四章〕

一九四八年生。中央大学名誉教授・弁護士。専門は労働法。著書に『トピック労働法(第二版)』(共編著、信山社、二〇二三年)、『リアル労働法』(共著、法律文化社、二〇二一年)、『現代雇用社会における自由と平等――24のアンソロジー』(共編著、信山社、二〇一九年)など。

**幸津國生**(こうづ・くにお)〔第五部第五章〕

一九四三年生。日本女子大学名誉教授。専門は倫理学。著書に『『この世界の片隅に』の人間像――「修身」・「図画」と戦時下の日常生活』(花伝社、二〇一七年)、『『あさが来た』の人間像――ある女性実業家の「学問」と女子高等教育』(花伝社、二〇一六年)、『『あまちゃん』の人間像――3・11/「逆回転」/〈自分〉探し』(花伝社、二〇一五年)など。

**小川仁志**(おがわ・ひとし)〔第六部第一章〕

一九七〇年生。山口大学国際総合科学部教授。専門は公共哲学。著書に『運を哲学する』(ビジネス社、二〇二四年)、『60歳からの哲学――いつまでも楽しく生きるための教養』(彩図社、二〇二四年)、『『ロッチと子羊』で学ぶ中高生のための哲学入門――君のお悩み、哲学プラクティスで解決します。』(ミネルヴァ書房、二〇二三年)など。

**福吉勝男**(ふくよし・まさお)〔第六第二章〕

一九四三年生。名古屋市立大学名誉教授。専門は哲学・倫理学。著書に『福沢諭吉と〈多元的〉市民社会論』(世界思想社、二〇一三年)、『現代の公共哲学とヘーゲル』(未来社、二〇一〇年)。論文に「福沢諭吉とG・W・F・ヘーゲル――〈理想主義的現実主義〉の思想」(『理想』二〇一九年三月号)など。

**宇波　彰**(うなみ・あきら)〔第六部第三章〕

一九三三年生~二〇二一年没。明治学院大学名誉教授。専門は現代哲学。著書に『ラカン的思考』(作品社、二〇一七年)、『21世紀のマダム・エドワルダ――

バタイユの現代性をめぐる6つの対話』（共著、光文社、二〇一五年）、『書評の思想』（論創社、二〇〇九年）など。

**末木文美士**（すえき・ふみひこ）［第六部第四章］

一九四九年生。東京大学名誉教授・国際日本文化研究センター名誉教授。専門は日本思想史。著書に『近世思想と仏教』（法藏館、二〇二三年）、『絶望でなく希望を――明日を生きるための哲学』（ぷねうま舎、二〇二三年）、『日本の近代仏教――思想と歴史』（講談社、二〇二二年）など。

**島崎　隆**（しまざき・たかし）［第六部第五章］

一九四六年生。一橋大学名誉教授。専門は哲学。著書に『《オーストリア哲学》の独自性と哲学者群像――ドイツ哲学との対立から融合へ』（創風社、二〇一七年）、『戦後マルクス主義の思想――論争史と現代的意義』（共編著、社会評論社、二〇一三年）、『地球環境の未来を創造する――レスター・ブラウンとの対話』（編著、旬報社、二〇一〇年）など。

**決定版　明治学院大学事件**
授業盗聴と教科書検閲
2024年7月10日初版第1刷発行
編　者／寄川条路
著　者／小林節・丹羽徹・志田陽子・山田省三・幸津國生・
小川仁志・福吉勝男・宇波彰・末木文美士・島崎隆
発行者／松田健二
発行所／株式会社 社会評論社
〒113–0033　東京都文京区本郷2-3-10　お茶の水ビル
電話　03（3814）3861　FAX　03（3818）2808
印刷製本／倉敷印刷株式会社
感想・ご意見お寄せ下さい　book@shahyo.com